ことば探偵

金田一京助の秘密

郷原宏
GOHARA HIROSHI
著

双葉社

ことば探偵　金田一京助の秘密

ことば探偵　金田一京助の秘密　目次

第一章　京助と耕助　5
第二章　恋と友情　19
第三章　花明かりの時　33
第四章　木隠れの花　45
第五章　歌とのわかれ　59
第六章　アイヌへの道　71
第七章　心の小径　83
第八章　中学教師　95
第九章　友情合宿　107
第十章　二人の校正者　119
第十一章　結婚　131
第十二章　啄木昇天　143

第十三章　アイヌのホメロス　155
第十四章　近文と札幌の一夜　167
第十五章　三冊のノート　179
第十六章　幸恵上京　193
第十七章　美しい鳥　205
第十八章　恩賜賞への道　219
第十九章　ニシキギの家　233
第二十章　父と子　245
第二十一章　監修名義人　257
第二十二章　新しい日本語　269
第二十三章　天真一路　283
あとがき　296
年譜　298
参考文献　316

装丁　鈴木徹（THROB）

第一章　京助と耕助

1

　太平洋戦争の敗北から半年ほど経った昭和二十一年（一九四六）の早春、岡山県の農村に疎開していた横溝正史のもとに、東京の城昌幸から手紙が届いた。今度『宝石』という探偵小説専門誌の編集長を引き受けることになった。ついては、創刊号から長編の連載をお願いしたい。ただし、用紙不足で誌面が限られているので、一回三十枚程度に抑えてほしいという、近況報告を兼ねた原稿依頼状だった。

　長らく休筆状態で無聊《ぶりよう》をかこっていた横溝は、一も二もなくこの申し出に飛びつき、さっそくその日から、十年前に村の旧家で起きた「妖琴殺人事件」（のちの『本陣殺人事件』）の話を書きはじめた。大まかな構想はすでにできていたので、執筆は順調に進んだ。第七章まで書き進んだところで、いよいよ探偵を登場させることにしたが、そこではたと筆が止まった。探偵の名前をまだ決めていなかったことに気づいたのである。

　探偵の容貌や風采は、旧知の劇作家、菊田一夫をモデルにしていた。菊田は身なりに構わない男で、モジャモジャの髪をむやみにかき回す癖があった。その癖までそっくりいただくことにしていた。だから、探偵の名字も「菊田一＊＊」にしようかと思ったが、それにつづく、いい名前が見つからなかった。

あれこれ考えているうちに、疎開するまで住んでいた東京吉祥寺の家の隣に金田一安三《きんだいちやすぞう》という人がいたことを思い出した。なんでも金田一京助という偉い学者の弟で、本人は鉄道省に勤めているということだった。金田一という姓はインパクトがあって覚えやすい。よし、これで行こう。ついでにお兄さんの名前を半分だけ拝借して「金田一耕助」としよう……。戦後のミステリーを代表する名探偵、金田一耕助はこうして生まれた。

ちなみに菊田一夫がNHKのラジオドラマ『鐘の鳴る丘』（一九四七〜五〇）や『君の名は』（一九五二〜五四）で一世を風靡したのはその数年後のことで、当時はまだ知る人ぞ知るといった程度の台本作家にすぎなかった。一方の金田一京助にしても、学者としてはすでに一家を成していたが、社会的な知名度は、まだそれほど高いわけではなかった。

あとで詳しく見るように、金田一京助の名が広く知られるようになったのは、昭和二十五年（一九五〇）に三省堂から金田一京助博士編『中等国語』（略称『中金』）が刊行され、各社の教科書に彼の随筆「心の小径」が掲載されて以後のことである。つまり知名度という点では、容貌や名前を借用した探偵のほうが、借用された本人たちに先行していたことになる。名探偵金田一耕助が有名になったおかげで、実在する多くの金田一さんたちは「お名前、何と読むんですか？」などと訊かれる煩わしさから解放されて喜んだという。

それはさておき、名探偵金田一耕助の初登場シーンは以下のとおりである。

《伯備線の清──駅でおりて、ぶらぶらと川──村のほうへ歩いて来るひとりの青年があった。見たところ二十五、六、中肉中背──というよりはいくらか小柄な青年で、飛白《かすり》の対《つい》の羽織と着物、それに縞の細い袴《はかま》をはいているが、羽織も着物もしわだらけだし、袴は襞《ひだ》もわからぬほどたるんでいるし、紺足袋《こんたび》は爪が出そうになっているし、下駄はちびているし、帽子は形がくずれているし……つまり、その年頃の青年としては、おそろしく風采《ふうさい》を構わぬ人物なのである。色は白いほうだが、容貌は取り立てていうほどの事はない》(『本陣殺人事件』)

勝手にモデルにされた菊田一夫がこれを読めば、「おれのことをこけにしやがって」と怒りだすかもしれないが、作者はちゃんとそれを見越して、こんな注釈を付けている。

《その時分東京へ行くと、こういうタイプの青年は珍しくなかった。早稲田あたりの下宿にはこういうのがごろごろしているし、場末のレヴュー劇場の作者部屋にも、これに似た風采の人物がまま見受けられた》(同)

つまり、これは昭和十年代の東京の青年たちのごくありふれたファッションで、「場末のレヴュー劇場の作者部屋」にいる人物も例外ではありませんよというわけである。つづけて作者は、この青年の来歴を語りはじめる。

《金田一──と、こういう珍しい名前から、諸君もすぐ思い出されるであろうが、同じ姓を持った人で有名なアイヌ学者がある。この人はたしか東北か北海道の出身だったと思うが、金田一耕助もその地方の出らしく、言葉にかなりひどい訛《なま》りがあったうえに、どうかすると吃《ども》ることがあったという》(同)

こうして見ると、『本陣殺人事件』の作者が有名なアイヌ学者から無断借用したのは、たんに探偵の名前だけではなかったことがわかる。金田一耕助は大正二年（一九一三）に岩手県で生まれ、昭和六年（一九三一）に旧制盛岡中学を卒業したことになっているが、金田一京助は明治十五年（一八八二）に盛岡市で生まれ、明治三十四年（一九〇一）に盛岡中学を卒業しているから、彼らはちょうど三十年違いの旧制中学同窓生ということになる。

しかし、その後の二人は、まったく別の道を歩むことになった。

《かれは十九の年齢《とし》に郷里の中学校を卒業すると、青雲の志を抱いて東京へとび出して来た。そうして某私立大学に籍をおいて、神田《かんだ》あたりの下宿をごろごろしていたが、一年も経たぬうちに、なんだか日本の大学なんかつまらんような気がして来たので、ぶらりとアメリカへ渡った。ところがアメリカでもあまりつまるような事はなかったと見えて、皿洗いか何かしながら、あちこちふらふら放浪しているうちに、ふとした好奇心から麻薬の味を覚えて、次第に深みへおちこんでいった》（同）

もしそのまま何事も起こらなければ、彼は麻薬中毒者として朽ち果てていたに違いない。ところがまもなくサンフランシスコの在留邦人社会で奇怪な殺人事件が発生し、危うく迷宮入りしそうになった。そこへふらふらとやって来た金田一耕助が、見事にこの事件を解決し、たちまち一種の英雄に祭り上げられた。

ちょうどそのころ、岡山で果樹園を経営する久保銀造という男が新事業開拓のためサンフランシスコに来ていた。在留邦人会の席上で金田一に会った久保は、もし麻薬と縁を切って真面目に勉強する気があれば自分が学費を出してもいいと申し出た。ぼつぼつ麻薬にも飽きがきていた金田一は、ありがたくそれを受け入れた。

それから三年後の昭和十一年（一九三六）、カレッジを卒業して帰国した金田一は、岡山の久保を訪ねて探偵になりたいと打ち明けた。そのとき久保にもらった五千円の小切手をもとに東京日本橋に探偵事務所を開いた。最初は閑古鳥が鳴いていたが、半年後に某重大事件を解決して新聞に報じられ、探偵稼業はようやく軌道に乗った。たまたま大阪で手がけた事件が早く片づいたので、骨休めを兼ねて岡山に立ち寄ったときに一柳家の事件（本陣殺人事件）が起こり、現地にいた久保に招かれて冒頭の登場シーンとなったのである。

この事件を解決したあと、彼は陸軍に入隊して中国大陸に渡り、フィリピン、ボルネオ、ジャワなどを転戦し、ニューギニアで終戦を迎えた。昭和二十一年（一九四六）、つまり横溝正史が『本陣殺人事件』を書き始めたころに復員してすぐに『獄門島』事件を解決し、今度は新橋に探偵事務所を開いた。

その後は『黒猫亭事件』（一九四七）、『悪魔が来りて笛を吹く』（同）、『犬神家の一族』（一九四九）、『八つ墓村』（一九五〇）などの難事件を次々に解決し、名実ともに日本ミステリー史上最高の名探偵となった。七十六番目の事件『病院坂の首縊りの家』（一九七三）を解決したあと、ふたたび渡米してロサンゼルスへ向かったと伝えられるが、以後の消息は不明である。

一方の金田一京助は、盛岡中学を卒業したあと仙台の第二高等学校（後の東北大学教養部）をへて東京帝国大学の文科大学言語学科に入学し、アイヌ学者への道を歩むことになる。探偵と学者――彼らの選んだ道は対照的だったが、そこにまったく共通点がなかったわけではない。

金田一耕助はパトロンの久保銀造に「やはり天眼鏡や巻き尺なんか使うのかね」と尋ねられたとき、「いや、僕はこれを使います」といって、もじゃもじゃ頭を叩いてみせた。また、別のところでは「足跡の捜索や指紋の検出は、警察の方にやって貰います。自分はそれから得た結果を、論理的に分類総合していって、最後に推断を下すのです。これが私の探偵方法であります」と語っている。

証明はあと回しにして結論だけをいえば、金田一耕助のこの探偵方法は、そのまま金田一京助の言語研究法にあてはまる。京助もまた、集められたデータを論理的に分類総合することによってアイヌ語の、そして日本語の秘密を解き明かそうとした。つまり、耕助が殺人事件の謎を追究する名探偵であれば、京助はことばの謎を探求する名探偵にほかならなかった。とすれば、私たちはいま、この「ことば探偵」誕生の秘密を探るために、その来歴を遡ってみなければならない。

2

ウェブサイト「名字由来ｎｅｔ」の全国名字ランキング（二〇二三年十一月現在）によれば、金田一は、佐藤、鈴木、高橋、田中と多いほうから順に数えていって六千六百七十五番目に位置する名字で、金田一姓の人は東北、北海道を中心に全国で約一千四百人しかいない。発祥の地とされる岩手県でも順位は四百五十二番目、人数は約三百十人だというから、京助と耕助のおかげで有名になったいまでも、金田一はきわめて珍しい名字であることに変わりはない。

この名字のルーツは、陸奥国二戸《にのへ》郡金田一村（現在の岩手県二戸市）にあるとされている。岩手県の北のはずれ、馬淵川の岸辺に開けた小さな村で、古くからリンゴの産地として知られ、いわて銀河鉄道金田一温泉駅の近くには同名の放射能泉がある。キンダはアイヌ語で山間を、イチは市場を意味するというから、もともとはアイヌの集落だったと思われる。ただし、金田一氏がアイヌの血を引いているかどうかは定かではない。

金田一京助の自伝『私の歩いて来た道』（講談社現代新書、一九六八）によれば、金田一家の先祖は陸奥南部氏の祖、光行の庶子で、一戸城主の一戸氏から分家して隣の金田一城に住み、金田一氏を名乗ったのが始まりだという。『南部根源記』という古文書には金田一右馬之助《うまのすけ》という勇士が登場し、幕末の南部藩には百石取りの金田一氏が二軒あったことが確認されているが、京助は「私の家は、そういう古い金田一の直系ではなしに、支流も支流、分かれの分かれです」とことわっている。

江戸時代の末期、紫波《しわ》郡見前《みるまえ》村出身の伊兵衛勝澄という人が、盛岡四ッ家町の武家、金田一長左衛門義明の妹と結婚、分家して町人となり、大豆屋という米穀商を営んだ。この人が京助の曾祖父にあたる。

伊兵衛は一代で産を築き、安政の大飢饉の年に米倉を開いて町民を飢餓から救った功績で五十石取りの士分に取り立てられた。京助が子供のころ、横町で道に迷って泣いていると、近所のおばあさんに「お家はどこ?」と声をかけられた。「四ツ家の金田一」と答えると、その人は「ああ、伊兵衛さんとこの子か」といって家まで送ってくれた。伊兵衛は死んだあとまで町の人々に慕われていたのである。

金田一家の菩提寺は、盛岡市北山寺院群の名刹、龍谷寺である。ここは石川啄木の父、一禎《いってい》が小坊主として修行した寺でもある。その墓地の一画に金田一家三代の墓が並んでいる。初代伊兵衛勝澄、二代伊衛門直澄、三代勝定。京助はこの三代勝定の妹、ヤスの長男である。

金田一家は代々学問好きの家柄で、二代直澄は和学を、三代勝定は漢学を学んだ。穀物蔵と向かい合って建つ文庫蔵には和漢の書籍が収蔵されていた。少年時代にこの文庫蔵への出入りを許された京助は『三国志』などを借り出して読んだ。

伯父の勝定は南部の藩校「作人館」の那珂通高《なかみちたか》の門下で、同門には原敬（首相）、佐藤昌介（北海道帝国大学総長）、阿部浩（東京府知事）などの逸材がいた。学問好きだったこの伯父が、やがてアイヌ語研究を志した京助に理解を示し、経済的に援助することになる。

京助の父、久米之助は安政二年（一八五五）に、盛岡の郊外、厨川《くりやがわ》村の検断《けんだん》、梅里長六の長男として生まれた。その利発さを金田一直澄の妻（京助の祖母）リセに見込まれ、明治十一年（一八七八）に末娘ヤスの入り婿となった。検断とは近在の庄屋を束ねる大庄屋のことだから、こちらも相当な家柄である。このとき久米之助は数え年で二十四歳、文久二年（一八六二）生まれのヤスは十七歳だった。

明治十二年（一八七九）に長女ヨネが生まれ、三年後の明治十五年（一八八二）五月五日に長男京助が生まれた。のちに京助は「私の生年月日には五が三つも並ぶ」といって自慢した。京助の下に六人の弟と三人の妹が生まれ、金田一家は当時でも珍しい大家族になった。ちなみに横溝正史の隣人となった安三は三男で、明治二十年（一八八七）に生まれている。

明治二十三年（一八九〇）秋、久米之助は四ツ家町の本家を出て中津川沿いの大沢川原小路《おおさかわらこうじ》に分家した。義父の直澄は、この娘婿に資産を分ける代わりに事業で儲けさせようと考え、盛岡駅前にあった「清風館」という料理旅館を買い与えた。しかし、久米之助はおよそ事業には向かない人だった。

この分家にはほとんど収入がなかったので、生活費はすべて本家の丸抱えだった。毎月決まった日に、本家の下働きの者が、米、味噌、炭、薪の類いから魚や野菜に至るまで、生活物資のいっさいを荷車に載せて運んできた。

だから、この家の子供たちは、裕福とはいえないまでも、生活の苦労というものを知らずに育った。京助がのちにアイヌ語研究という実入りのない学究の道に進んだのは、こうした豊かな生育環境と無関係ではなかったはずである。

とはいえ、京助の幼年時代は必ずしも安楽とはいえなかった。生後十ヶ月にして母ヤスが弟の次郎吉を身ごもったため、彼は早々と母乳から引き離された。当時はまだ粉ミルクなどという便利なものはなかったので、父の久米之助は乳母を探して駆けずり回ったすえに、町外れの農家のおかみさんに赤ん坊を預けた。しばらくたって久米之助が様子を見にいくと、農家の夫婦が畑仕事をしているあいだ、京助は近くのあぜ道でヤブ蚊に刺されて泣いていた。

久米之助はその場で京助を引き取り、今度は花屋町の川井という士族の家に預けた。川井夫人は性格のきつい人で、京助が粗相をしたりすると、お尻をつねり、頭をぴしゃぴしゃ叩いた。すると、この家のおばあさんがいつも京助をかばってくれた。

ある日、このおばあさんが京助をおんぶして金田一の本家へやってきた。父母、祖父母、伯父伯母の三家族のほか、下男や女中までが加わってにぎやかに京助ぼっちゃんを迎えた。みんなにもてはやされて、すっかりいい気分になった京助は、夕方になって川井のおばあさんが連れて帰ろうとすると、いやだいやだと駄々をこねた。「お乳がないぞ」とおどかされると、「お乳なんかいらない」と意地を張った。

それを見ていた伯父の勝定が「この子はなかなか根性がある。いやだというものを無理に戻すことはないだろう」と断を下し、京助はそのまま生家にとどまることになった。母のふところはすでに弟の次郎吉に奪われていたので、それからしばらくは父の腕に抱かれて寝た。そのせいで、京助はすっかりお父さんっ子になった。

久米之助には事業の才はなかったが、絵や字だけは上手だった。金田一の本家では、毎年正月三日に新しい大福帳をつくる習わしがあったが、真っさらな縦長の表紙に「大福帳」と大書するのはいつも久米之助の役目だった。京助はそれを誇らしい思いで見ていた。久米之助はまた、子供たちのために絢爛たる武者絵の絵凧《えだこ》をつくって一緒に凧揚げを楽しみ、夜は炬燵にあたりながら面白い昔話を聞かせてくれた。京助にとって、彼はまさしく理想的な父親だった。

義父の直澄は、今度は久米之助に屋根瓦の製造工場をやらせようとした。東北では寒中に瓦が凍って割れやすくなる。それを防ぐには表面に釉薬《うわぐすり》をかけて強化すればいい。この瀬戸物瓦の製造は、なかなか見込みのある事業のように思われたが、久米之助にはまったくやる気がなく、経営を人任せにして書画骨董や音曲にのめり込んだ。やがて部下の使い込みによって経理に大穴をあけ、分家の際にもらった大沢川原小路の家屋敷も借金の形《かた》に取られてしまった。

それにひきかえ、久米之助が分家したあとで勝定の養子として本家に入った国士《くにお》には事業の才があった。青森県三戸《さんのへ》町出身で旧名は矢幅《やの》二郎。系列企業で働いているところを勝定に認められ、娘りうの婿養子となった。小学校を出ただけの人だったが、経理に強くて先見の明があり、勝定が創立した盛岡銀行の支配人として手腕を発揮した。勝定の死後は頭取に就任し、地域経済の発展に尽くした。

花巻温泉といえば、いまでは東北を代表する有名な温泉地だが、これも国士が手がけた事業のひとつである。「東北の宝塚」をめざして原野を拓き、温泉を引き、旅館やホテルを建て、鉄道まで敷いた。この温泉街の入り口には、かつて京助が愛した文庫蔵が移築されて、おしゃれな喫茶店になっている。

「雨ニモマケズ」の詩人宮沢賢治は、この温泉ホテルの薔薇園のなかに「南斜花壇」と呼ばれる花壇を設計造園した。彼は詩人であると同時に、盛岡高等農林の農学科を卒業した農業技師でもあったのである。

賢治の童話『注文の多い料理店』には、立派な風采をした俗物の実業家が出てきて森の動物たちにとっちめられるが、「あの人士たちのモデルには、実はこの国士も入っているのではないか」と、京助の孫の金田一秀穂《ひでほ》が『金田一家、日本語百年のひみつ』(朝日新書、二〇一四)のなかで書いている。あるいはそうかもしれない。

それはともかく、京助のすぐ下の弟の次郎吉は、腕白を絵に描いたような子供だった。父の久米之助は当初、この子を「次郎」と名づけるつもりだったが、誰かが「それではカネダ・イチジロウと読まれてしまう」といったので、祖父の直澄が「下に吉をつければ、まさかイチジロウキチと読む者はあるまい」といって「次郎吉」と名づけた。しかし、本人はこの名を嫌って、生涯「次郎」と名乗りつづけ、周囲の者もそう呼んだ。

兄の京助から母乳を奪った次郎吉は成長が早かった。七、八歳のころにはすでに二つ違いの京助と背丈が変わらず、よく双子と間違えられた。京助はどちらかといえば小柄でおとなしい性格だったが、次郎吉は気のつよい乱暴者で、朝から晩まで取っ組み合いの兄弟げんかが絶えなかった。やられるのはいつも兄のほうで、京助の顔から引っかき傷が消えることはなかった。

京助は明治二十一年（一八八八）四月、仁王尋常小学校に入学した。現在の盛岡市立仁王小学校である。次郎吉も翌年、学齢より一年早く同じ学校に入った。入学後も、次郎吉の乱暴はやまなかった。年上の子と取っ組み合いのけんかをし、地面に組み伏せられながらも腕に噛みついて、相手を泣かせてしまったことがある。あとで気がつくと、前歯が一本欠け落ちていた。そんなわけで、毎日のように、罰として教員室の前に立たされていた。

京助が十三歳、次郎吉が十一歳のとき、例によって兄弟げんかが始まった。二人がまだ小さかったころは母のヤスが止めに入ったが、男の子が十歳を超えると、もう女親の手には負えない。ヤスは下の弟に命じて父親の久米之助を呼びに走らせた。

けんかは最高潮に達し、兄弟は組み合ったまま障子を蹴倒し、もんどり打って縁側に転げ落ちた。痛めた足をさすりながら起き上がってみると、障子の桟が折れてバラバラになっていた。さすがに気がとがめて、二人で折れたところを接ぎ合わせているところへ、久米之助が駆けつけた。

久米之助は雨戸の心張り棒を手に取って次郎吉に向かい、「おまえのように道理のわからないやつは、こうするよりしようがない」といいながら何度もぶちのめした。京助に対しては「おまえは弟が憎いからけんかをするのだろう。おれが代わりにこらしめてやる」といいながら、また次郎吉を打ちすえた。たまらなくなった京助が「ごめんなさい、ごめんなさい」といって心張り棒にしがみついたので、父はようやく打擲《ちょうちゃく》するのをやめた。この家にはまだ武家時代の長子優先の気風が残っていたのである。

第二章　恋と友情

1

明治二十一年（一八八八）四月、金田一京助は仁王尋常小学校に入学した。四ツ家町の生家から日影門外の学校までは二町（約二百二十メートル）ほどで、子供の足でも十分とかからなかった。いつも姉のヨネと一緒だった。翌年、弟の次郎吉と従妹のりうが入学すると、今度は年下の二人と一緒に通学するようになった。

冬になって大雪が降ると、三人は箱橇《はこぞり》に乗せられ、下働きの男に引かれて学校の下足場まで運ばれた。その箱橇を風呂に見立てて、りうの指を握りしめながら「さあ、お湯に入れ」「あつい、あつい」などといって遊ぶことが多かった。京助にとって、それはなぜか胸がキュンと熱くなるような不思議な体験だった。

そのころ、盛岡にはまだ女学校がなかった。市議会議長をしていたりうの父、金田一勝定は「女にも教育が必要だ」といって市議会を動かし、盛岡高等女学校を創設した。りうはその第一回入学生で最初の卒業生になった。

りうはその後、東京目白の日本女子大学校にも開校第一回生として入学した。『青鞜』の平塚らいてう、高村光太郎の妻として詩集『智恵子抄』にうたわれた長沼智恵子、のちに野村胡堂夫人となる橋本ハナなど、当時の「新しい女」はみんな、この日本初の女子大学校で学んだ。

しかし、りうの東京生活は一ヶ月ほどしか続かなかった。娘のことが心配で上京した勝定が、近くの宿屋に泊まってそれとなく監視していると、りうが学校の便所掃除をさせられていた。良妻賢母の育成が同校のモットーのひとつで、便所掃除もその一環だったのだが、勝定はそれを知らなかった。金田一家の大事な娘に便所掃除をさせるとは何事かと息巻いて、いやがる娘の手を引いて盛岡へ連れ帰った。ひょっとすると、勝定は、りうが「新しい女」になるのを恐れたのかもしれない。

それでも向学心を失わなかったりうは、『女子の友』『女学世界』などに秘かに詩や短歌を投稿し、懸賞小説に入選したこともあった。京助がのちに上京して歌人の尾上柴舟《おのえさいしゅう》や佐佐木信綱に会うと、「盛岡の金田一りうさんは、あなたの奥さんですか?」と訊かれた。詩人の河井酔茗《すいめい》には「君の妹さんだろう?」といわれた。

京助は知らなかったのだが、盛岡の金田一りうといえば、宮古の長谷川時雨《しぐれ》とともに、中央でも名の通った女流文学者だったのである。しかし、前述の金田一国士と結婚したあとは、筆を折って実業家夫人に徹したらしい。

りうの姉のまさも頭のいい女性で、小学校入学以来、ずっと男子生徒を抑えて首席で通した。のちに早稲田大学の西洋史の教授になった煙山《けむやま》専太郎が「小学校の同級生に金田一まささんという勉強のよくできる女生徒がいて、ぼくはどうしてもかなわなかった」と同僚教師の京助に打ち明けたという。

京助にも、どうしてもかなわない女の同級生がいた。米田しゅんという人で、のちに海軍大将から総理大臣になった米内光政《よないみつまさ》の従妹にあたる女性である。しゅんは小学校入学以来、男女共学のクラスで常に首席を守りつづけたが、それを鼻にかけるようなことはなく、どちらかといえば控えめな少女だった。

ある日、担任の先生が生徒ひとりひとりの名を呼んで試験の答案を成績順に返したことがあった。どうしたことか、その時に限って、いつも一番先に呼ばれるはずのしゅんではなく、京助のほうが先に呼ばれた。すると、日ごろ女の子に首席を奪われて気勢の上がらなかった男の子たちが、「やーい、米田のやつ、とうとう落っこちやがった」とはやしたてた。

京助は普段そんな尻馬に乗るような子供ではなかったのだが、その時ばかりは、一番になったうれしさというよりもむしろ、しゅんに秘かに好意を抱いていることを周囲にさとられないために、みんなと一緒になってはやしたてた。すると、しゅんは何も言い返せないまま、和服のたもとに顔を伏せて、きらりと涙を光らせた。こうしてしゅんを傷つけながら、ひとこととの詫びもいえなかった自分の不甲斐なさが、その後長らく京助の心を苦しめた。

なにしろ「男女七歳にして席を同じうせず」といわれた時代である。同級生といえども、男女が気軽に口をきくことはできなかった。京助はしゅんの美しい横顔を遠目にうかがいながら、じっとその思いに耐えるしかなかった。その後何年もたってから、京助は「両の袖に顔をうずめて泣き入りし幼きおもわ忘れかねつつ」という歌を詠んだ。

京助が三年生になったとき、一家は大沢川原小路三十四番戸に引っ越した。偶然にも、そこはしゅんの家の隣だった。隣とはいっても、両家とも敷地が広く、周囲は鬱蒼とした木立に囲まれていたので、隣同士の二人が顔を合わせることはなかった。

一度だけ、その機会があった。小学校の高等科に進んだころ、京助は親に頼まれて米田家へ何かの荷物を受け取りに行くことになった。どきどきしながら米田家の裏門をくぐると、しゅんが綺麗な風呂敷包みをかかえてやってきた。それを見た途端、胸が高鳴り、顔から汗が噴き出した。京助は物もいわずに風呂敷包みを引ったくると、後ろも見ずに自宅へ逃げ帰った。

小学校を卒業してからは、たまに風のたよりにしゅんの噂を耳にするだけで、半世紀の時が流れた。その間に京助のほうはアイヌ学者として功成り名を遂げていたから、その噂はしゅんの耳にも達していたに違いない。

昭和の初めごろ、盛岡から上京したという老女と、その娘と思われる上品な奥様風の二人連れが、杉並区成宗の金田一邸を訪れた。京助は外出中で、長男の春彦がひとりで留守番をしていた。旧制高校の受験勉強で忙しかった春彦がそっけなく父の不在を告げると、二人は突然の来訪を詫びながら、お土産のりんご籠を置いて帰って行った。あとでその名札を見た京助は「ああ」と嘆声をあげて頭をかきむしった。何かの用事で上京したしゅんが、偉くなった同級生を、母親と一緒に表敬訪問したのである。

このときはすれ違いに終わったが、それから約二十年後に、京助は粋な友人のはからいで、しゅんと会うことができた。盛岡の料理屋で六十年ぶりに顔を合わせた二人は、まず「しばらくでした」と挨拶を交わした。それから京助は「本当に、これが、私の、あなたへのおもの申すはじめてですねえ」といったと、「罰金」と題する随筆に書いている。「おもの申す」とは、いかにも京助らしい恋の告白である。

昭和三十四年（一九五九）、ＮＨＫの人気番組『ここに鐘は鳴る』の収録が盛岡市で行われ、京助はゲストとして出演した。その番組の冒頭に上品な老女の写真が映し出され、「今日のご対面の相手として予定されていましたが、昨日急逝されました」というアナウンスが入った。しゅんは生まれて初めてテレビに出るという緊張感から体調が急変して倒れ、そのまま帰らぬ人となったのである。こうして京助の長い初恋は終わった。

2

明治二十五年（一八九二）四月、京助は盛岡高等小学校（現在の盛岡市立下橋中学校）に入学した。当時の尋常小学校は四年制で、京助は九歳になっていた。このころから本を読むことに興味を覚え、伯父勝定の文庫蔵に入り浸って漢籍を拾い読みするようになった。

学校の同級生に田子《たこ》一民《いちみん》がいた。田子は明治十四年（一八八一）に旧盛岡藩士の二男として生まれたが、高等小学校一年のときに父親が亡くなったため経済的に困窮し、授業料滞納で退学させられた。最初は商家の丁稚《でっち》奉公をしていたが、少しでも文字の近くにいたいと市内の九皐堂《きゅうこうどう》印刷所に転じ、住み込みの文選工になった。

印刷所は盛岡中学の近くにあった。かつての上級生たちが通学する姿を見て自分も中学へ行きたいと思ったが、高等小学校を二年で中退したため受験資格がなかった。それを知った校長の新渡戸仙岳《にとべせんがく》の計らいで滞納した授業料の免除と三年への編入が許可された。新渡戸はのちに東京で困窮した石川啄木にも援助の手を差しのべている。

こうして田子はふたたび高等小学校に復学し、念願の盛岡中学へ進学した。そうした事情もあって、田子は学校でいちばん真面目な勉強家だった。京助は父親に似て絵が上手で、算術の試験が級友より早くできたりすると、筆記用の石盤の裏に武者絵などを描いて遊んでいたが、田子は先生にいわれたとおり両手を膝において、みんなの答案ができるのを静かに待っていた。

ある日、京助が授業中に源義経の絵を描いて隣の田子に見せると、田子は小声で「それは誰だ」と訊いてきた。兜の前面に笹竜胆《ささりんどう》の前立てを描いたから義経とわかりそうなものだとは思ったが、「そんな義経はいないよ」といわれるのがいやで、「誰でもないよ」と答えた。しかし、田子は後年、京助と会うたびに「君は絵がうまかったなあ」と何度も口にした。そのころ京助は、本気で日本画家になりたいと思っていた。

しかし、その絵が描けなくなる日がやってきた。盛岡中学一年の夏、夜中にふと目が覚めると、隣の座敷で寝ていた母の枕元のランプから燃え上がった焔が蚊帳《かや》に燃え移ろうとしていた。あわてて消そうとして割れたガラスの上へ手をついたらしく、右手の掌が裂《さ》れて血が噴き出した。あとから起きてきて火を消し止めた次郎吉の掌も血だらけだった。

京助は近くの加藤医院に駆け込んで傷口を三針縫ってもらった。傷はすぐに治ったが、右手の中指と薬指が少ししか曲がらなくなり、絵筆が持てなくなってしまった。そのため日本画家への夢を諦め、それまで以上に読書に熱中するようになった。もしこのときの怪我がなければ、「ことば探偵」金田一京助はこの世に登場しなかったかもしれない。

3

明治二十八年（一八九五）四月、石川一《はじめ》という少年が盛岡高等小学校に入学した。この少年（のちの石川啄木）は、北岩手郡渋民村の宝徳寺という曹洞宗の寺の息子で、地元の渋民尋常小学校では神童と呼ばれるほどの秀才だった。当時、郡部から盛岡の上級学校に進む子供は少なかったが、盛岡藩士の娘だった母親のカツが、この子を由緒ある士族の子として気位高く育てようと考え、盛岡に住む実兄の工藤常象《つねかた》に頼んで、その家から通わせることにしたのである。

学校は市内の中心部を流れる中津川の左岸、下ノ橋の下流にあった。一は仙北組町四十四番戸（現在の仙北二丁目）の伯父の家から北上川にかかる明治橋をわたって通学した。

この春、四年生になったばかりの金田一京助は、校門の近くで初めてこの新入生を見かけた。「色の白い、利口そうな顔をした、かわいい男の子」というのが第一印象だった。京助は思わずその頬に触れて「まあ、このおでこちゃん」といった。これがのちに仏文学者桑原武夫をして「日本一美しい友情」といわしめた京助と啄木の出会いである。以後、この少年は「ふくべっこさん」というニックネームで呼ばれることになった。「ふくべ」とは瓢箪のことである。

翌二十九年（一八九六）の早春、石川一は盛岡市の母方の伯母、海沼イエ方へ転居した。この家は町名は違うが大沢川原小路の金田一家と隣り合っていた。つまり、京助と啄木は少年時代の一時期を隣人同士として過ごしたのである。

しかし、京助と一は年齢で四つ、学年で二つ離れていたので、一緒に遊んだことはなかった。一の遊び相手はむしろ京助の弟たちだったが、当時の一は田舎から出てきたばかりで気後れしたのか、金田一家の子供たちが道路で野球などをするのを黙って見ているばかりだった。啄木が才気を見せはじめるのは、どうやら盛岡中学に入ってからのようである。

一方、京助のほうは、そのころから本の虫に変身しはじめていた。前述のように、本家の文庫蔵には伯父勝定の集めた漢籍が山のように収蔵されていた。京助は伯父に勧められるままに『史記』『資治通鑑』『十八史略』『日本外史』『大学』『中庸』『論語』『孟子』などをつぎつぎに借り出して読破した。十三、四歳の少年にしては、驚嘆すべき読書力といわなければならない。

その勉強ぶりを見ていた父親の久米之助が「たまには面白い本も読んだほうがいい。伯父さんにそう頼んでみたら」といったので、勝定に『三国志』を読みたいというと、「それならまずこれから読みなさい」といって『西漢紀事』『東漢紀事』各五十冊を指し示した。それは鳥の子紙に毛筆で書かれた美しい写本だった。

京助はそれを五冊ずつ借りて読むことにした。数日後に読み終わった五冊を返しに行くと、勝定は「おお、早かったな」といって次の五冊を文庫蔵から取り出してきた。勝定の本好きは広く知られており、下働きの男たちにも『日本外史』を読むように勧めた。ふたたび『春秋』の筆法をもってすれば、もしこの人がいなければ、「ことば探偵」金田一京助は存在しなかったかもしれない。

4

金田一京助は、どちらかといえば女性的な人物だと思われていた。細面のやさしげな顔立ちもさることながら、ことば遣いが非常に丁寧で、親しい人と話すときにはよく「——なのよね」という言い方をした。男なら普通「——だよね」というところである。

戦後の一時期、男っぽい女性を「M過剰」、女っぽい男性を「W過剰」と称する隠語がはやった。MはManly,WはWomanlyの略語である。彼は周囲から「W過剰」と見なされ、石川啄木との親密すぎる友情を同性愛ではないかと疑う者まであらわれた。これはもちろん根拠のない憶測にすぎない。

しかし、小学生時代の京助は、むしろ「M過剰」の少年だった。弟次郎吉との取っ組み合いのけんかはもとより、剣道や水泳を愛する活発な男の子だったのである。

随筆「私の青少年時代」によれば、京助の剣道は日清戦争の影響によるものだった。

明治二十七年（一八九四）六月、日本は朝鮮の農民戦争「東学党の乱」をきっかけに朝鮮半島に出兵し、同時に出兵した清国軍と戦闘を開始した。八月一日に正式に宣戦布告したあと、平壌、黄海、旅順などでつぎつぎに勝利を収め、翌二十八年（一八九五）四月、下関で講和条約が締結された。

この戦争は日本人の内なる愛国心を刺激し、にわかに尚武の気運が高まった。それを反映して盛岡市内に三つの剣道場が開かれ、子供たちで賑わった。京助も次郎吉と一緒に入門し、朝夕道場に通いつめた。剣道の用具は、文庫蔵にあった伯父の勝定、直弥兄弟のものを使わせてもらった。

次郎吉との兄弟げんかは、障子を壊して父親を激怒させた一件を最後にピタリと止み、以後彼らは学校でも評判の「仲よし兄弟」になった。ある日、りうの担任の久慈という教師が修身の時間に「美しい兄弟愛」の一例として金田一兄弟を引き合いに出した。その話をりうから聞いたとき、京助はうれしいような恥ずかしいような、なんともいえない気持ちになった。

京助と次郎吉は、毎朝起きるとすぐ道場に出かけ、朝稽古に励んだ。ひと汗かいて道場を出ると、登校する同級生たちに出会った。家に帰って朝御飯をかきこみ、走って学校へ行った。放課後にはまた早めの夕食を食べて道場へ行く。そんな忙しい毎日が続いた。

盛岡市の剣道大会が開かれると、二人はいつも一緒に出場し、そろって賞をもらった。剣道の腕前よりも一緒に励む姿勢が高く評価され、練習を怠ける子供はよく「あの兄弟を見習いなさい」と諭された。しかし、この剣道ブームも日清戦争の終結とともに下火になり、道場は次第に寂れていった。

盛岡中学に入ると、京助は新しく柔道を始めた。朝の始業前に学校の道場へ行き、誰か相手が来るのを待った。最初にやって来るのは、いつも二級上の米内光政だった。しゅんの従兄にあたる上級生である。

米内は堂々たる体格の持ち主で、平均より小柄な京助がまともに戦える相手ではなかった。京助が小さい体をさらに縮めて道場の隅にひかえていると、米内は相手がいないので仕方なく「やりましょうか」と声をかけ、ときにはわざと負けてくれた。

米内はその後、海軍兵学校から海軍大学校へ進んだ。ロシア、ベルリンなどの駐在武官をへて軍令部参謀、連合艦隊司令長官などを歴任、昭和十二年（一九三七）に林内閣の海相として初入閣したあと二期にわたって留任し、同十五年（一九四〇）第三十七代内閣総理大臣に就任した。親英米派の海相、首相として、日独伊三国同盟を推進する陸軍強硬派に対抗しつづけたが、日米開戦を阻止することは叶わなかった。

昭和六十二年（一九八七）にオープンした盛岡市の先人記念館には、この柔道コンビの海軍大将と言語学者、そして五千円札になった新渡戸稲造の三人が郷土の偉人として展示紹介されている。

少年時代の京助が熱中したもうひとつのスポーツは水泳である。当時はまだプールなどというものはなかったので、子供たちの水練の場はもっぱら北上川だった。当時の北上川は水量が豊かで水もきれいだった。この川にかかる開運橋の上から眺める岩手山は、ことのほか美しかった。

京助と次郎吉は夕顔瀬橋のたもとで赤ふんどし一丁の裸になると、脱いだ着物を丸めて帯でくくり、頭巾のように頭に縛り付けた。そこから七百五十メートルほど下流の開運橋まで抜き手で泳ぎ、途中で腕が疲れると平泳ぎや背泳ぎに切り替えてとにかく最後まで休まずに泳ぎ切った。

開運橋の下でいったん岸に上がると、川原の石を飛び移りながらまた夕顔瀬橋まで戻り、同じことを何度も繰り返した。

川岸にはマメ科の落葉高木サイカチが密生し、そこにカブトムシがたくさんいた。泳ぎに飽きると、今度はカブトムシ捕りに熱中した。サイカチのトゲに刺されて体中がチクチクしたが、そんなことにかまってはいられなかった。こうして北上川とそこから見える岩手山は、京助の終生にわたる「心のふるさと」となった。

京助の盟友石川啄木は、のちに望郷の歌人として広く知られるようになった。歌集『一握の砂』には、ふるさとの山河を詠んだ歌がたくさん収められている。

かにかくに渋民村は恋しかり
おもひでの山
おもひでの川

ふるさとの山に向かひて
言ふことなし
ふるさとの山はありがたきかな

この「山」が岩手山、「川」が北上川であることはいうまでもない。二十一歳のときに「石をもて追はるるごとく」ふるさとを背にした啄木ではあったが、にもかかわらず、あるいはむしろそれゆえに、ふるさとへの愛着は強かったのである。

そしてそれは、少し下流の盛岡に生まれ育った京助にとっても、まったく同じことだった。彼もまた、金田一家の長男でありながら学問を志して家郷を離れ、ひとり都の夕暮にふるさとの山河を偲ぶことが多かった。

京助たちが泳いだ北上川は、やがて上流に硫黄鉱山ができたために水質が汚染され、魚も棲めない川になった。戦後ときどき帰省した京助は、開運橋の上から赤茶色の川面を眺めて「川がかわいそうだ、川がかわいそうだ」と繰り返し呟きながら欄干を撫でさすった。

その後、北上川は県の浄化対策によって清流を取り戻した。「川底の石が見えるようになりました」と地元の人から伝え聞いた京助は「それはよかった、それはよかった」と、また繰り返したという。

晩年の京助はアイヌ研究の後輩や弟子たちに次々に先立たれ、「なぜ自分だけが生き残ったのか」という深い孤立感に苛まれた。しかし、見方を変えれば、彼の長寿は少年時代に柔剣道や水泳によって培われた体力の恩恵にほかならなかった。その意味で、女性らしい外見に隠された頑健な身体もまた、「ことば探偵」金田一京助を生んだ秘密のひとつだったといえる。

第三章　花明かりの時

1

明治二十九年（一八九六）春、金田一京助は盛岡高等小学校を卒業して、岩手県尋常中学校（現在の県立盛岡第一高校）に入学した。この学校は、翌三十年（一八九七）には岩手県盛岡尋常中学校になり、その二年後には岩手県盛岡中学校、さらに二年後には岩手県立盛岡中学校と、学制改革にともなってめまぐるしく校名が変わったが、地元では一貫して盛岡中学、略して盛《せい》中《ちゅう》と呼ばれた。ここではその通称に従うことにする。

当時の校舎は盛岡市中心部の内丸、現在の中央通りの岩手銀行本店の辺りにあった。明治十八年（一八八五）に新築された木造二階建ての洋風建築で、前面が白く塗られていたところから「白《はく》堊《あ》城《じょう》」の愛称で親しまれた。大正六年（一九一七）に市内の上田に移転し、昭和三十七年（一九六二）に鉄筋コンクリート校舎に建て替わったいまでも、盛岡中学（盛岡一高）の同窓会は「白堊会」と名乗っている。名探偵金田一耕助はここの卒業生ということになっているが、残念ながら、いや当然のことながら、その会員名簿には載っていない。

入学式の当日、新入生二百名は運動場に整列させられ、背の高い順に甲乙丙丁の四組に分けられた。甲組は「デカ組」または「ノッポ組」、丁組は「チビ組」と呼ばれた。小柄な京助はチビ組だった。ちなみに二年後に入学した石川一（啄木）もチビ組である。

チビ組は体こそ小さかったが、のちに「大物」化する逸材がそろっていた。三菱の大番頭になった郷古潔《ごうこきよし》、内科医学の世界的権威小野寺直助《おのでらなおすけ》、工学の遠藤政直《えんどうまさなお》、スポーツ評論の弓館小鰐《ゆだてしょうがく》、詩人の細越夏村《ほそごえかそん》と小原四郎《おはらしろう》、遠野の歌人伊藤栄一《いとうえいいち》、そして「ことば探偵」金田一京助。まさに多士済々の顔ぶれである。

のちに東京日日新聞（現在の毎日新聞）の運動部記者として鳴らした弓館小鰐（芳夫）は「のっぽの馬面」と自称するほどの長身だったが、このころはまだ背が低く、周囲から「小学生（みたい）」とからかわれた。それが筆名「小鰐」の由来である。彼は辛辣な毒舌家としても知られ、金田一京助を「チンポコを持った貴婦人」と評したと、野村胡堂《のむらこどう》が『胡堂百話』（中公文庫、一九八一）のなかでバラしている。

将来の大物候補がそろっていたのはチビ組だけではない。デカ組はもっとすごかった。のちの衆議院議長田子一民、海軍大将及川古志郎《おいかわこしろう》、旭川師団長服部兵次郎《はっとりへいじろう》、『銭形平次』の作家野村胡堂などがいた。軍人志望が多かったのは、その身長と無関係ではなさそうである。

年次は違うが、この中学からは、山屋他人《やまやたにん》、栃内曽次郎《とちないそうじろう》、原敢二郎《はらかんじろう》、米内光政、板垣征四郎《いたがきせいしろう》など、陸海軍の将星が続出している。薩長藩閥政府の時代に、かつては朝敵と目された旧南部藩からこれだけ多くの軍人が輩出したのは、あるいは服《まつろ》わぬ民「あらえびす」の意地の裏返しの表現だったかもしれない。

高等小学校で京助と同級だった田子一民は眉目秀麗の優等生で、同級生の信望を一身に集めていた。初日の授業で教師から「タコカズタミと読むのか」と問われると「違います、タッコイチミンであります」と答えたというが、級友からは「タコ」と呼ばれ、本人もそう自称するようになった。彼はやがて回覧雑誌『反故袋《ほごぶくろ》』を発刊して盛中の論壇をリードすることになる。

野村胡堂（長一《おさかず》）は、紫波郡大巻村（のちに紫波町彦部）の農家に生まれた。小学校時代は泣き虫のいじめられっ子だったが、本を読むのが大好きで、村長だった父親の蔵書を片っ端から読みあさった。身近に大量の本があったという環境は、京助のそれとよく似ている。この泣き虫少年は中学入学と同時に「豪傑」に変身し、弊衣破帽《へいいはぼう》の文学青年として、京助や石川一（啄木）とともに盛中文壇を牽引した。

及川古志郎は越後長岡の病院長の息子だった。自分の名前は「越郎《こしろう》」だと思い込んでいたが、海軍兵学校受験のために戸籍謄本を取り寄せたときに初めて「古志郎」だと気づいたという、いささか信じがたいエピソードが残されている。電報で初孫の誕生を知らされた祖父が役場に出生届を出した際に越後の「越」を古志郡の「古志」と書きまちがえたのだという。

海軍志望の及川は盛中きっての文学青年でもあった。実家が裕福で仕送りが潤沢だったので、盛岡の書店に入荷する文芸雑誌をすべて買い集め、自分でも読み、周囲の者にも回覧させた。二年後に自分の主宰する海軍志願者グループ「修養会」に入会した石川一を野村長一（当時は菫舟《きんしゅう》）に紹介し、野村はその場で石川の書いた「ものすごく下手くそな新体詩」を添削してやった。

及川はまた石川一に与謝野鉄幹《よさのてつかん》の歌集『東西南北』と『天地玄黄』、土井晩翠《どいばんすい》の詩集『天地有情』を貸し与え、鉄幹の新刊歌集『相聞』をプレゼントした。そしてこの新入生が短歌に興味を示し始めると、「短歌をやるなら金田一京助に教わるといい」といった。つまり、及川は石川啄木の最初の文学指南役だったことになる。

　平均的な体格の生徒を集めた乙組と丙組も、人材には事欠かなかった。乙組には盛中の入学試験にトップで合格し、のちに東京女子高等師範学校（現在のお茶の水女子大学）の教頭をつとめた乙部孝吉《おとべこうきち》、漢詩人の奥村天酔《おくむらてんすい》。丙組には日露戦争の旅順背面攻撃の勇将駒ヶ嶺忠男《こまがみねただお》、俳人の岩《いす》動《るぎ》露子《ろし》などがいた。早稲田大学野球部の名遊撃手として知られた小原益遠《おはらますとお》も、一年のときは丙組だった。

　岩動露子は本名孝久。弟の岩動炎天《えんてん》（康治）や野村菫舟、猪川箕人《いかわきじん》（浩）らと俳句結社「杜陵吟社」の中心メンバーとして活躍した。京助はのちに「露子こそ盛中に文学の風を吹き込んだ人だった」と露子の孫に語っている。東京外国語学校（現在の東京外国語大学）の仏蘭西《フランス》語科を卒業し、陸軍幼年学校でフランス語を教えたが、結核のため三十五歳で没した。

2

　金田一京助もまた盛中を代表する文学青年のひとりだった。一年上級の原抱琴《はらほうきん》（達《とおる》）や同級の小笠原鹿園《おがさわらろくえん》（本名不詳）に感化されて俳句や短歌に親しむようになったが、その文学志向に火をつけたのは、明治三十年（一八九七）に出版された島崎藤村の『若菜集』である。『若菜集』は清新なことばとリズムによって青春の情感をみずみずしく謳いあげた抒情詩集で、その後の日本近代詩に決定的な影響を及ぼした。
京助の若い心をとらえたのは、たとえばこういう詩だったと思われる。

まだあげ初めし前髪の
林檎のもとに見えしとき
前にさしたる花櫛《はなぐし》の
花ある君と思ひけり

やさしく白き手をのべて
林檎をわれにあたへしは
薄紅《うすくれなゐ》の秋の實に
人こひ初めしはじめなり
（「初戀」前半）

この詩は、これを読んだすべての読者に自分が実際に体験した、あるいは自分にもありえたかもしれない初恋を、もう一度思い出させるように書かれている。そうした共感の普遍性こそが、名作と呼ばれる詩の条件だといっていい。京助もこれを読んだとき、小学生のころ同級生の米田しゅんに感じた心のときめきを思い出したに違いない。このように、ある文学作品が人の心を深くとらえ、そこに眠っていた表現衝動を呼び起こすことを文学への開眼と呼ぶことにすれば、そのとき京助の胸の奥で「文学」がはっきりと眼を覚ましたのである。

こうして文学に開眼した京助が、まず最初に手がけたのは短歌である。そのころ、『文庫』という雑誌が文学青年の人気を集めていた。これは明治二十一年（一八八八）に創刊された少年雑誌『少年園』の別冊『少年文庫』の後身で、詩、小説、評論、短歌などの投稿欄があり、詩欄の選者は河井《かわい》酔茗《すいめい》、短歌欄の選者は与謝野鉄幹がつとめていた。若き日の北原白秋や三木《みき》露風《ろふう》は、この投稿欄の常連だった。京助の文学修業は、まずこの雑誌を購読するところから始まった。

また、明治三十一年（一八九八）には佐佐木信綱主宰の短歌雑誌『心の花』が創刊された。『心の花』はいまも続いており、現代を代表する歌人の佐佐木幸綱は、信綱の孫にあたる。この雑誌にも投稿欄があり、そこもまた京助の文学修業の場となった。ちなみに啄木の父、石川一禎もこの雑誌の定期購読者のひとりだった。

京助は明治三十二年（一八九九）、盛中三年のころから「金田一花明《かめい》」という筆名で『文庫』と『心の花』に投稿を始めた。花明とは花明かり。満開の桜の花が薄闇のなかでほのかに光って見えるという、まことに優美な季語である。

京助自身はこの雅号が気に入っていたが、のちに早稲田に入学した細越夏村が渋谷の新詩社に与謝野鉄幹を訪ねたとき、鉄幹から「カネダ・イッカメイ君は君の友人かね？」と訊かれたので、「先生、それはキンダイチ・カメイと読むんです」と答えると、鉄幹は「そうか、難しい名前だね」といったという。確かに当時、その名を正しく読める人は少なかったに違いない。

しかし、当の京助にとって、ひたすら短歌に打ち込んだこの時期は、前途にほのかな光が射し始めた「花明かりの時」だったといえるかもしれない。

花明の投稿歌はなかなか日の目を見なかったが、明治三十三年（一九〇〇）の『文庫』三月号に初めて次の三首が掲載された。

むらさきの桔梗ひとむらうら枯れて野なかの塚に秋の雨ふる
鞭を揚げてたゞちに楼蘭の虚をつかん千里《ちさと》の雪に月すみ渡る
むら千どり夜寒に鳴きし跡みえて汀に白き今朝の初雪

これで見ると、初期の花明はなお古い和歌の伝統を受け継ぐ雪月花の歌人だったことがわかる。ただし表記はひらがなを多用してわかりやすい。西域楼蘭《ろうらん》の故事に大平原の雪と月を配した二首目の歌には土井晩翠の詩集『天地有情《てんちうじょう》』の影響が窺われる。つまり、この時期の花明は、伝統を尊重しながらも新しい短歌の作り方を模索していたのである。

翌月の『文庫』四月号には次の七首が掲載され、そのうちの一首が選者与謝野鉄幹によって天地人（一～三位入選歌）の人に選ばれた。自伝『私の歩いて来た道』では「明治三十三年の一月号の『文庫』に投書したのが八首採られ」となっているが、これはおそらく何かの誤りだろう。

この自伝に限らず、晩年に書かれた随想や回顧録の類いには、あやふやな記憶に頼って書かれたものが多く、随所にこのような事実に反する記述が見られる。

松くらき畷《なわて》の夜みち妹と我がかざす袂に雪こぼれきぬ
磯山の松ばら鹿の立つ見えて浪の穂あかり月さし上る
山ざとの藁屋の上に百合咲きて鶏なくがめずらしき哉
橋の上に道たづねたる人ならむ川上遠く笛の音ぞする
時雨れけりもみじ傘さす少女子のちりしひと葉を唇にして
酒買ふと夕路をいそぐ少女子の髪に乱れてふる霰かな
雨くらき鎮守の森の木の間より一すじあかし神の燈しび

いずれも年齢相応に幼い歌いぶりで措辞も不安定だが、嘱目の情景をなんとか三十一文字に歌い込めようとする初心者の熱意だけは伝わってくる。藁屋根に咲く百合と鶏鳴、酒を買いに夕路をいそぐ少女と霰など、いかにも東国らしい題材の取り合わせにもくふうが見られる。

このうち鉄幹が天地人の人に、つまり第三位の入選作に選んだのは、一首目の「松くらき」の歌である。この歌も『私の歩いて来た道』では「松暗き畷の小道妹と我がかざす袂に雪こぼれ来ぬ」となっているが、ここでは初出の表記に従うことにする。もっとも「松くらき」と歌い出したからには畷はすでに暮れているのだから、ここは「夜みち」より「小道」のほうがふさわしいと思われる。

私の解釈では、この「妹《いも》」は文字通り年下の女の同胞《きょうだい》のことであって、妻や愛人を意味する古い歌語としての「妹」ではない。つまり、これは幼い兄妹が降りだした雪のなか、手をつないで家路をいそぐ光景と取りたいのだが、浪漫主義者鉄幹は愛する男女の夜の道ゆきと解釈したらしい。だからこれを「万葉歌人の風格あり」などと過大に評価し、自身がこの年四月に創刊した『明星』の第一号に転載した。

感激した京助はさっそく鉄幹に手紙を出して『明星』の同人に、つまり新詩社の社友に加えてもらった。盛中で新詩社の社友になったのは京助が初めてである。及川古志郎が後輩の石川一（啄木）に「短歌をやるなら金田一に習え」といったのは、おそらくこの時期のことだと思われる。

金田一花明の歌は、その後『明星』の八号（明治三十三年十一月）に十首、十号（同三十四年一月）に八首掲載された。これは中学生歌人としては異例の抜擢ともいえる掲載数である。そこにはたとえばこういう歌が含まれていた。

さくらちる園の芝生にたたずみてとなりの君よ誰が紐を編む
その人にせめては似たる姿もと雛売る市にさまよふ夕
うすれゆく一むら雲を見おくりて秋ぞら遠く人懐ふかな
戸の花による蝶はねのたよげなり小さき恋ようつくしき恋
人の子は鬼なりけるよ涙もて世のよわきもの吾れ弔はむ
とこしへに若きいのちのひかりあり摘めな泉の白き藻の花

少し注意深い読者なら、『文庫』への投稿歌にくらべて、作風が一変していることに気づかれるだろう。ひとことでいえば優艶な恋歌が増えて、歌いぶりが過度にロマンティックな『明星』調になっている。浪漫主義者鉄幹の門に入ったのだから当然のこととはいえ、ときには鉄幹自身が添削の手を加えることもあったらしい。

《与謝野先生は、私の作品をどんどん添削されて、ややもすれば恋愛歌に直されるのです。ところが私は、まだそのころそういう経験がなく、恋愛などというものは、夢のような、ロマンティックなものでした。いわゆる恋を恋するような気持ち、この世にないような美しい顔を空想して見たり、夢に描いたりするくらいでした》(『私の歩いて来た道』)

さばとはに君ゆるしませあたゝかき御袖のしたにわが歌よまむ
君もまた世にうらぶれし歌の友うれし御手《みて》とりて何処《いずこ》に往かむ
君が庭の萩さくときにあけて見よと美しき筐《はこ》人のおくれる

たとえばこの三首などは、いわばあまりにも鉄幹好みの歌になりすぎて、少年歌人が本来持っていたはずの「清潔なリリシズム」ともいうべきものが汚されてしまっている。鳳晶子《ほうあきこ》(のちの与謝野晶子)と山川登美子《やまかわとみこ》の才能を見いだして『明星』歌壇を創成した鉄幹は、どうやらこの東北の少年歌人を「男の与謝野晶子」に育て上げようとしたらしい。

しかし、当の金田一花明にとって、それは一面ありがた迷惑なことでもあった。鉄幹に「万葉歌人の風格あり」と褒められたせいだけでもないだろうが、京助はこのころ『万葉集』に心を惹かれるようになっていたからである。

明治三十四年（一九〇一）に国語教師として盛中に赴任した秋山角弥が自宅で『万葉集』の講読演習を始めた。京助は野村長一（菫舟）、岩動孝久（露子）、石川一（啄木）ら杜陵吟社の仲間たちとこの演習に参加して万葉の歌を学んだ。また清水清健というもうひとりの国語教師の許しを得て、学校にあった大部の『万葉集古義』を読ませてもらった。

京助はそれまで佐佐木信綱の『日本歌学全書』のうち『万葉集』三巻を読んで自分流に万葉の歌を理解していたが、この『万葉集古義』によってさらに万葉熱を煽られることになった。万葉調の歌をつくる前にまず『万葉集古義』に取り組むところがいかにも京助流で、石川一なら決してそんな回り道はしなかったはずである。

そうなると、今度は『明星』調が邪魔になってくる。自分では万葉風につくったつもりなのに、それが鉄幹によって浪漫的な恋愛歌に改作されたりすると、「これが自分の歌と言えようか」という疑問を感じるようになった。折から中学の卒業試験と高等学校の入学試験が近づいていたこともあって、京助は次第に短歌から離れていった。

明治三十四年（一九〇一）春、京助は盛岡中学を卒業し、同年九月に仙台の第二高等学校（現在の東北大学）第一部（文甲一）に入学した。志望は国文学科で、将来は万葉学者になりたいと思っていた。

五月の末に盛岡の杜陵館で杜陵吟社主催の送別会「花明を囲む会」が開かれた。京助は「貴婦人のようにやさしい先輩」だったので、彼を慕う後輩たちが会場いっぱいに詰めかけた。

その数日後、今度は京助が返礼として、野村長一（菫舟）、石川一（啄木、当時は翠江）、岩動孝久（露子）など数人を盛岡駅前の旅館「清風館」に招待して歌の会を催した。京助の父久米之助が義父の直澄から譲られた旅館を、いまは姉のヨネが経営していた。

選歌は投票によって行われ、金田一花明が最高点に、石川翠江が次点に選ばれた。短歌を始めたばかりの翠江は、これで大いに自信をつけ、以後は短歌と詩に熱中するようになる。彼が短歌グループ「白羊会」を結成し、回覧雑誌『爾伎多麻《にぎたま》』を発行するのは、この年九月のことである。つまり啄木は卒業した京助の後継者として盛中歌壇を率いることになったのである。

歌競《くら》べのあと、全員に「ライスカレー」がふるまわれた。ライスカレーは当時日本に上陸したばかりで、盛岡では誰も知らない料理だった。「金田一君の中学卒業祝に、生まれて初めてライスカレーというものを喰べたのは、私の生涯にも忘れ難い一つの大事件であった」と、野村胡堂が「盛岡中学の優等生」という文章のなかで書いている。つまり、京助とその一族は、当時の盛岡の食文化をもリードしていたのである。

第四章　木隠れの花

1

明治三十四年（一九〇一）三月、盛岡中学を卒業した金田一京助は、同年九月、仙台の官立第二高等学校に入学した。当時の高校は夏に入学試験をおこない、秋に新学期が始まった。二十世紀の最初の年に、京助は新しい人生のスタートを切ったのである。

盛岡と仙台は、いまでは新幹線で約四十分、在来線でも三時間半ほどで行ける距離だが、当時はもっと時間がかかり、列車の本数も少なかった。しかも盛岡の南部藩と仙台の伊達藩はもともと敵対関係にあったから、その距離はさらに大きく感じられたに違いない。

官立高校（通称旧制高校）は、帝国大学進学のための予備教育を施す大学予科として明治二十七年（一八九四）から順次設立された。修業年限は三年で、現在の四年制大学の前期課程（教養学部）に相当する。一高（東京）から八高（名古屋）まで八つのナンバー・スクールがあり、仙台の二高は、一高、三高（京都）、四高（金沢）、五高（熊本）と並ぶ最古参校だった。

当時の帝大の入学定員は旧制高校の卒業者数とほぼ同じだったから、学科を選り好みさえしなければ、卒業生は無試験で希望する帝大に進学することができた。だから、現代のように青春の一時期を受験勉強に費やす必要はなく、有り余るエネルギーを心身の鍛錬と修養に注ぐことができた。

旧制高校生たちは、白線帽、黒マント、朴歯《ほおば》の高下駄、腰に手拭いという「バンカラ」スタイルで街を闊歩し、「デカンショ」と総称されたデカルト・カント・ショーペンハウエルの哲学を論じ、酔っては寮歌を高吟し、ストームと呼ばれる乱痴気騒ぎを演じたりして青春を謳歌した。また「メッチェン」(少女)、「ゲル」(お金)、「ゾル」(兵隊)、「ドッペる」(留年する)などといったドイツ語由来の隠語によって仲間意識を確かめ合った。

ちなみに「バンカラ」は西洋風のおしゃれを意味する「ハイカラ」に対抗してつくられた造語で、夏目漱石の『彼岸過迄』に「上はハイカラでも下は蛮殻《ばんから》なんだから」という一節がある。旧制高校生たちは弊衣破帽の「バンカラ」スタイルにこだわることで、逆に自分たちの選良意識を表現したのである。

一方、大正期に創立された東京高校、武蔵高校、成城高校といった公私立の七年制高校は、英国のパブリック・スクールをお手本にして紳士の養成をめざし、ハイカラな校風で若者の人気を集めた。官立高校は戦後は国立大学に、私立高校は私立大学に昇格したが、「バンカラ秀才」と「ハイカラ紳士」という特色は、ほぼそのまま持ち越された。

旧制高校の利点のひとつは、文科と理科の区別なく、すべての学生が古文、漢文、外国語、文学、哲学、倫理、歴史などを幅広く学ぶことによって基礎的な教養を身につけ、「末は博士か大臣か」といわれた将来の指導者たるにふさわしい人格を涵養することができたこと。もうひとつは、全国から集まってきた英才たちが、寮生活を共にすることによって切磋琢磨しながらお互いの個性や適性を確認し、それぞれの資質に合った専攻科目を選定できたことである。だから現代のように受験戦争に翻弄されることはなく、進路選択のミスも最小限に防ぐことができた。

こうしたモラトリアム（執行猶予）の三年間が、当の学生たちにとってユートピア（理想郷）のように感じられたことはいうまでもない。現に寮生活を体験した明治大正生まれの多くの文化人が、そのころの生活を夢のように甘美な思い出として語っている。『文藝春秋』に連載されている人気グラビア「同級生交歓」の舞台は、かつては戦前のナンバー・スクールが多く、そのような「熱い友情」を育てる機会に恵まれなかった戦後育ちの読者を羨ましがらせた。

旧制高校はしばしば文芸作品の舞台にもなった。川端康成の『伊豆の踊子』、石坂洋次郎の『青い山脈』、高木彬光の『わが一高時代の犯罪』などは、旧制高校の存在を抜きにしては語れない。野村胡堂は『胡堂百話』のなかで一高時代の思い出に多くのページを割き、京助の息子、金田一春彦にも『わが青春の記』という回想録がある。

2

金田一京助もまた、このユートピアの住人のひとりだったはずなのだが、なぜかこのころの思い出を語った文章が見つからない。

自伝『私の歩いて来た道』の第四章は「小学時代から高等学校時代へ」と題されているが、そこに高等学校時代に関する記述は皆無で、第五章はいきなり「大学時代」に飛んでいる。これではまるで、私は高校時代という「道」は通って来ませんでしたといわんばかりである。

あれほど自分語りの好きだった人のことだから、この時代のこともきっとどこかに書いているはずだと八方手を尽くして探してみたが、ついに見つからなかった。力作評伝『金田一京助』（新潮選書、一九九一）の著者藤本英夫も、この時期を「空白の三年間」と名づけている。

高校時代にいったい何があったのか。彼はなぜそれを語ろうとしなかったのか。これは金田一京助八十九年の生涯のなかでも、最も不可解な謎だといわなければならない。

ここは名探偵金田一耕助の出馬を仰ぎたいところだが、前に見てきたように、彼は『病院坂の首縊りの家』（一九七八）事件を解決したあと、渡米してロサンゼルスへ向かったまま消息を絶ち、作者横溝正史の死（一九八一）とともに帰らぬ人となった。かくなる上は状況証拠をかき集めて、帰納的かつ演繹的に真相を探ってみる以外に方法はない。

金田一春彦は『父京助を語る』補訂版（教育出版、一九八六）の一編「父ありき」のなかで、こう書いている。

《不思議なことには、父には明治以来終戦まで、青春時代をそこで送ったほとんどすべての人が謳歌、讃美する旧制高校の生活を懐かしむ気持ちが全然ないことである。中学時代にはあんなによい友人に恵まれたのに、高校時代の友人としてあとまで交際していたのは、後に文部省へ入った碧海康温氏一人ぐらいのものである。京助には、あの自由奔放な高校生活は向かなかったのであろうか。あるいは、盛岡から出て行った京助は、仙台で田舎者と扱われ、不愉快な思いをすることが多かったのではなかろうか。京助はこの時代、啞《おし》の夫婦の家に住んでいたというが、それでは勉強はできたろうが、寂しい生活であったろう。思うに父が高校生活をたっぷり享楽し、もっと人との交際が豁達に振る舞えたら、結婚生活などももっと円満に行ったのではないかと惜しまれる》

親を語って子に勝る者はない。ここには息子にしかわからない父親の秘密が語られている。これによれば、京助の結婚生活はあまり円満なものではなく、その原因はどうやら高校時代の過ごし方にあったと息子には思われていたらしい。

春彦はここで、盛岡から仙台に出た京助が「田舎者」扱いされたのではないかと推測しているが、当時の二高には日本全国から学生が集まっていたはずで、盛岡育ちの京助が特に「田舎者」コンプレックスに悩まされることはなかったはずである。

もし京助にコンプレックスがあったとすれば、それはむしろ、かつて弓館小鰐が「チンポコを持った貴婦人」と評したという、その風貌や振る舞いに原因があったのではないかと思われる。

二高には「誠之寮」という学生寮があり、入学後一年間は必ず入寮するきまりになっていた。京助もむろん入寮したはずである。そこでは当然「バンカラ」が幅をきかせ、「豪傑」気取りの男たちが青春を謳歌していた。つまり、そこは「貴婦人」のいるべき場所ではなかった。彼らの謳歌するユートピアは、彼にとっては耐え難いディストピア（地獄郷）だったのである。

そこで京助は、一年の「刑期」が明けると早々に寮から逃げ出し、市内某所に下宿した。それが「啞の夫婦の家」だったというのは、なにやら暗示的である。もしそれが意思的な選択の結果だったとすれば、そこにはおそらく「誰とも話したくない」という隠遁への思い、今日風にいえば「引きこもり」の心理が働いていたに違いない。

ちなみに、この「隠れ家」の所在地も、あちこち探してみたが、ついにわからなかった。金田一耕助なら、あるいは簡単に見つけてくれたかもしれない。

ただし、この時期の京助に、まったく友人がいなかったわけではない。春彦が名を挙げた愛知県出身の碧海康温のほかに、北海道から来た栗林三作という友人がいた。栗林は「室蘭の海運王」といわれた実業家、栗林五朔の弟で、学究肌の学生だったが、生来病弱で、在学中の明治三十五年（一九〇二）七月に早世した。したがって、この交友は入学後一年足らずしか続かなかった。京助は明治三十六年（一九〇三）十二月発行の校友会機関誌『尚志会雑誌』五十八号に挽歌二首を載せている。

ともすれば面かげ淡く泣かしめて
　この初秋のみ声かへさぬ
空とほく魂は蝶にさそはれし
　初秋かぜの音のかなしき

その三年後、アイヌ語調査のために初めて北海道に渡った京助は、亡弟の友人として栗林五朔から手厚いもてなしを受け、現地調査に際してもさまざまな便宜を図ってもらった。その意味で、栗林三作は「ことば探偵」金田一京助の生涯を語る上で欠かせない人物のひとりだといえる。
この時期、京助は短歌のほかに詩も書きはじめていたらしい。当時は蒲原有明、薄田《すすきだ》泣菫《きゅうきん》に代表される象徴詩の全盛時代で、『明星』誌上でも詩のページが半分以上を占めるようになっていた。明治三十六年（一九〇三）十一月発行の『尚志会雑誌』第五十七号に、京助は金田一花明名義で『露くさ』という詩を発表している。この時期の京助を知る貴重な資料なので、長さをいとわずに全文を引用しておこう。

かがやきにほふ天のとに
ひとり木がくれ忍びては

ひとみうるみし若星の
とこよこの世に降されし

天には容れぬつみもちて
天路をなほも恋ひわたり

あした涙にもえいでゝ
愁のきしに小さう咲く花

あしたには露目におびて
愁ひにほそく咲きなよび

ゆふべにはまた隠れ家に
かなしみふかく籠りけり

寂しさなれしあるじには
寂しき香こそをかしけれ

ひと夜まがきのふる鉢に
露くさ生ひて花咲きにけり

もとより誰をうらみにと
怨みはひとに負はせねど

花にかくれて咲くはなの
いろのさまこそ悲しけれ

夕ぐれ畔つゆくさに
あつき涙をわかちしか

立去りかねて戸に立つに
あゝひとの子の踏みてしもゆく

ここで「天には容れぬつみ」のために地上に降され、木隠れにひっそりと咲いている花は露くさである。詩語としての露くさは「はかない命」の象徴として用いられることが多いが、京助はそれを「孤愁」の象徴としてとらえ、そこに「寂しさ（に）なれしあるじ」、つまり自分の境遇を重ね合わせている。「ゆふべにはまた隠れ家に／かなしみふかく籠りけり」というのは、作者自身のことにほかならない。

近代詩を読みなれた読者なら、この詩に土井晩翠の影響を見いだすに違いない。晩翠は明治三十二年（一八九九）に第一詩集『天地有情』を出版し、翌三十三年（一九〇〇）に自分の母校である二高の英文科教授に就任していた。島崎藤村と並び「藤晩」と称されたこの詩人の帰郷は、仙台市民の大きな関心事だったから、京助も当然それを読んでいたに違いない。彼はさっそくその詩風をまねて、一連二行の長詩を書いたのである。

京助はつづけて翌月の『尚志会雑誌』第五十八号に、今度は「つゆくさ」と題する詩を発表した。漢字とひらがなの違いはあれ、二ヶ月つづけて同題の詩を発表したのは、よほどこの花に惹かれるものがあったのだろう。

おもかげ淡くきえてゆく
そのまぼろしのきよくとも
森かげとほくあとおひて
夜つゆふかくはいとはせよ

興しきりなる夕まぐれ
よき句にこゝろとられても
ゆめ野によわきよわぐさの
はな踏みたまふことなかれ

あゝ秋はまた八千ぐさに
相逢ふきみとおもふにも
やま河とほきかなしみに
うた筆ほそくふるひけり

うらみはおなじ歌の鳥
きみや青葉のほとゝぎす
愁ひはおなじ岸のはな
われやうるめるつゆくさの

あゝ夢ふかきゆふ野路に
うた反故おもくかへるとき
み裳にさゝやくつゆくさの
ほそき江にしの光り見ば

あゝきみ奥のほそみちに
くさにこもれる草のかど
おもひいでゝはなよぐさに
あつきなみだはをしみ玉はじ

これは一連四行の新体詩で、中学時代に傾倒した『明星』調が前面に出ている。「あゝ」という詠嘆詞、「いとはせよ」「ことなかれ」といった命令形の多用には、明らかに与謝野晶子の影響が見られる。詩の新しさという点では前記の「露くさ」に劣るが、形式的にははるかに洗練されており、京助がすでに完成された抒情詩人だったことを示している。
この詩には「帰省中衣水君に」という詞書《ことばがき》がある。衣水の正体は不明だが、盛岡中学の下級生で石川啄木とともに短歌結社「白羊会」を主導した瀬川深が「委水楼《いすいろう》」と号していたから、あるいはこの「委水楼」かもしれない。いずれにしろこのことは、仙台では「木隠れの花」だった京助が盛岡に帰省すればなお気心の通じる文学仲間に恵まれていたことを物語っている。

3

明治三十六年（一九〇三）五月、日本中の旧制高校生の魂を震撼させるような事件が起きた。一高生の藤村操《ふじむらみさお》（十六歳）が「巖頭之感」という遺書をのこして日光の華厳の滝に投身自殺したのである。この事件は新聞や雑誌を通じて大々的に報じられ、その理由と是非をめぐって侃々《かんかん》諤々《がくがく》の議論を巻き起こした。
彼が滝の上のミズナラの木肌に書き残した「巖頭之感」の全文は以下のとおりである。《悠々たる哉《かな》天壌、遼々たる哉古今、五尺の小軀を以て此大をはからむとす。ホレーショの哲学竟《つい》に何等のオーソリチィーを値するものぞ。萬有の真相は唯だ一言にして悉《つく》す、曰く、「不可解」。我この恨を懐《いだ》いて煩悶、終《つい》に死を決するに至る。既に巖頭に立つに及んで、胸中何等の不安あるなし。始めて知る、大いなる悲観は大いなる楽観に一致するを》（原文は旧字、ルビは引用者）
いまこれを読むと、旧制高校生の文学的な素養の深さと文章力に驚嘆せずにはいられない。自殺をする若者はその後も跡を絶たないが、いまの高校生でこれだけの遺書を書ける生徒はまずいないといっていいだろう。

ここに出てくる「ホレーショ」は、シェイクスピアの戯曲『ハムレット』の登場人物である。藤村操はこのころシェイクスピアを英語で読んでいた。ホレーショ自身が劇中で哲学を語るわけではないが、主人公のハムレットが彼にこんなふうに語りかける場面がある。

《此天地の間にはな、所謂哲学の思も及ばぬ大事があるわい》(坪内逍遙訳)

「巌頭之感」の基本テーゼともいうべき「不可解」は、どうやらこの一節に発していると思われる。彼は哲学では解決できない煩悶を抱いて死を決意したのである。

藤村操のこの遺書は、当時の知識人をも震撼させずにはおかなかった。一高で彼に英語を教えた夏目漱石は、小説『草枕』のなかで《余の視るところにては、かの青年は美の一字のために、捨つべからざる命を捨てたるものと思う》と書いた。黒岩涙香は「藤村操の死に就て」と題する講演速記を自分の発行する新聞『萬朝報』に掲載し、宗教学者の姉崎嘲風は精力的に自殺の是非を論じた。

当時、二高の三年生だった金田一京助にとって、この事件はとりわけ大きな意味を持っていた。当時の彼が藤村操と同じ青春の煩悶に取り憑かれていたというだけではなく、藤村操の関係者が彼の身近にいたからである。操の祖父、藤村政徳は旧南部藩士だった。その長男の胖《ゆたか》は維新後北海道に渡って事業家として成功し、屯田《とんでん》銀行の頭取になった。操は胖の長男として明治十九年(一八八六)に札幌で生まれ、札幌中学から東京の開成中学をへて一高に入学した。学年でいえば京助の二級下である。

　胖の弟、つまり操の叔父にあたる人に東洋史学者の那珂通世《みちよ》がいた。通世はその英才を見込まれて盛岡の藩校「作人館」の教授、那珂梧楼（通高）の養嗣子になった。前述のように、京助の伯父、金田一勝定は作人館でこの那珂通世と同門で、維新後も親しく交際していた。二人の会話のなかで、双方に一高生と二高生の甥がいることが話題になったこともあったに違いない。つまり、藤村操と金田一京助は、地理的にも人脈的にも案外近しい関係にあったのである。

　だが、京助がこの事件について何かを書き残した形跡はない。彼と同じ年に二高の法科に入学した田子一民は、『尚志会雑誌』五十七号に「藤村生の自殺を論ず」という文章を寄稿しているが、京助は前記の詩「露くさ」を載せただけである。もっとも、この詩を深読みすれば、たとえば「天には容れぬつみもちて／天路をなほも恋ひわたり」「もとより誰をうらみにと／怨みはひとに負はせねど」といった詩句に、「巌頭之感」に対する応答の響きが感じられなくもない。

第五章　歌とのわかれ

1

明治三十七年（一九〇四）は日露戦争の始まった年である。この年二月、日本は帝政ロシアと国交を断絶し、満州・朝鮮の覇権をめぐる無謀な戦争に突入した。二月八日に陸軍先遣部隊が仁川に上陸開始、連合艦隊が旅順港外のロシア艦隊を先制攻撃して、約一年半にわたる戦闘の火蓋を切った。これは日本と日本人のその後の運命を決した近代史上最大の事件だったといっていい。

この年、金田一京助もまた、その生涯を決する重大な局面を迎えていた。七月に仙台の第二高等学校を卒業、九月に東京帝国大学文科大学（現在の東京大学文学部）に進学して、いよいよ「ことば探偵」への道を踏み出すことになったからである。このころ、日露両軍は旅順の要塞をめぐって戦史に残る攻防戦を展開していたが、京助の自伝に血腥《ちなまぐさ》い戦争に関する記述は出てこない。『私の歩いて来た道』の第五章「大学時代」は、こんなふうに始まっている。

《そのころ、天才崇拝の時代なんですが、顧みると、私なぞは、家族に死んだものもなく、また生活の苦しみも知らず、したがって、あまり順境に育って悲しみの味わい一つ味わったことがありませんでした。ただ、いいところてん押しに、ずるずると大学に入ったものに過ぎなかったのです。

こういうものが文学に歩み寄ったところで、体験があまりに貧弱で、平凡すぎて、とても作品ができるはずがないし、そうして、けっして自分はうぬぼれてはいけない。なんらの天才もないんだということを反省して、天才のつくる純文学よりも大衆のつくる民衆文化、つまり「文芸」、「文学」よりも「言語学」などのほうへ私の興味の中心が移ってきたのが、高等学校三年ごろからのことでした》

京助はここで重要なことを語っている。自分はあまりにも恵まれすぎて育ったので生活の苦しみや悲しみを知らず、したがって体験が貧弱で平凡すぎるので、とてもいい作品が書けそうにない。だから自分は「天才のつくる純文学」を諦めて「大衆のつくる民衆文化」、つまり「言語学」を選ぶことにしたというのである。

これではまるで、自分は育ちがよすぎたために文学的才能に恵まれなかったといっているように聞こえるが、もちろんそんなことはない。彼は中学時代から『明星』の新鋭歌人として注目されてきたのだが、高等学校三年のころに、真におそるべき「天才」に出会って自信を喪失し、言語学への転向を余儀なくされたのである。彼にその転向を強いた人物が「天才詩人」石川啄木だったことはいうまでもない。

前述のように、啄木は京助に二年遅れて盛岡中学に入学し、先輩の及川古志郎に「短歌をやるなら金田一に習え」といわれて京助から短歌の手ほどきを受けた。そして京助が卒業した明治三十四年（一九〇一）に短歌グループ「白羊会」を結成して盛中歌壇をリードした。つまり啄木は京助の弟子とでもいうべき後輩だったのである。

そしてこの年（一九〇一）、啄木は一年上級の野村胡堂らとともに、ロートル教師の総退陣を要求する全学ストライキを主導した。ストそのものは成功したが、以来、彼は危険人物として学校側の監視下におかれ、以前から常習化していた期末試験のカンニングがばれたこともあって学校に居づらくなり、卒業を半年後にひかえた明治三十五年（一九〇二）十月に「家事上の都合により」という名目で退学した。

退学の三日後に「文学で身を立てる」と豪語して単身上京したが、世間はそれほど甘くはなかった。貧窮と放浪の末に神経衰弱になり、父一禎に連れられて翌三十六年（一九〇三）二月に帰郷した。一禎はこの上京費用捻出のために寺有地の立木を檀家に無断で売却したことがもとで、やがて寺を追われることになる。京助流にいえば、啄木はこうして「天才」になるのに必要な生活の苦しみと悲しみを、いやというほど味わったのである。

帰郷した啄木は、しばらくは自宅で静養しながらリヒャルト・ワーグナーの評伝を地元紙に寄稿したりしていたが、この年の秋ごろから、猛烈に詩を書き始めた。

島崎藤村の『若菜集』（一八九七）に始まる新体詩は、最初は伝統的な七五調や五七調を基本にしていたが、やがて登場した薄田泣菫と蒲原有明によって、八六調絶句、四七六調ソネットなど、さまざまな形式と韻律が試みられるようになった。啄木は特に泣菫の影響を受けて四四四六調の詩五篇を書き、石川白蘋《はくひん》名義で与謝野鉄幹に送った。鉄幹はそのうちの一篇「啄木鳥《きつつきどり》」をヒントに作者名を「啄木《たくぼく》」と改め、『明星』十二月号に一括掲載した。これが石川啄木の始まりである。

有り体《てい》にいえば、これらの詩は泣菫や有明の猿まねに近いもので、文学的な価値は低いが、青年前期に特有の客気と才気だけは十分に感じさせる。その客気を才能と読み違えた鉄幹が、これを「泣菫以上の新調」などと持ち上げたものだから、『明星』周辺ではにわかに「天才詩人あらわる」の声が高まり、本人もすっかりその気になった。

京助は仙台時代にも『明星』を読んでいたので、啄木の活躍は知っていたが、それがかつて自分が短歌の手ほどきをした石川一のことだとはつゆ思わなかった。彼の知っている石川一は、あくまでも前途有望な少年歌人だったのである。

明治三十七年（一九〇四）七月、二高を卒業した京助は、久しぶりに盛岡に帰省した。大学の新学期が始まる九月までの二ヶ月間を、小説でも読みながらのんびりと過ごすつもりだった。

そんなある日、ひょっこりと石川一が訪ねてきた。久闊《きゅうかつ》を叙する間もなく文学談義に花が咲いた。日が暮れて月が上ると、蚊帳の中から月を眺めながら、時を忘れて語り合った。

京助が『明星』に載った啄木の詩「鐘の歌」を褒めると、啄木はうれしそうに眼を細めて「あれはじつは僕なんです」といった。そのとき初めて京助は、中学時代から模倣の才のあったこの後輩が、ついに真の才能に目覚めたことを知った。それは先輩として誇らしいことである反面、なんとなく淋しい思いのすることでもあった。帰りがけに啄木は「あなたはいよいよ東京ですね。僕も後から行きますよ」といった。

八月の初め、うら若い二人の女性が京助を訪ねてきた。京助はそのとき、前月の末から金田一家に逗留していた二高の同窓生、堀内尚同と居間で雑談していた。そこへ若い女性の来訪が告げられると、堀内は早々に隣室へ退散した。「男女七歳にして席を同じうせず」に育った当時の学生は、若い女性と話すのが苦手だったのである。

京助にしても事情は同じだったが、名指しで訪問されたのでは逃げるわけにはいかなかった。客間へ通して用件を聞くと、細面の色白美人が隣の丸顔美人と目を交わしながら「今月いっぱい、英語を教えていただけないでしょうか。先生のお勉強のじゃまにならないように、毎朝三十分ほどでよろしいのですが」といった。

そのとき名前を聞いたような気もするが、上がっていたのでよくわからなかった。二人はどうやら盛岡女学校の学生らしかった。どんな教科書を使っているのかと尋ねると、丸顔のほうが『ナショナル・リーダー』の三です」と小さな声で答えた。

京助の英語力でも、そのぐらいならなんとかなりそうだった。いったん自分の部屋にもどって堀内に相談すると、彼は「けっこうな話じゃないか。俺に遠慮せずに教えてあげたらいいだろう」といった。そういわれて、京助はこの申し出を引き受けることにした。

翌日から毎朝十時になると、二人はそろってやってきた。京助はまずリーダーを朗読し、二人にも朗読させたうえで、その部分を和訳してやった。教えるほうも教わるほうも極度に緊張していて、その部屋には笑い声ひとつ立たなかった。

三十分のレッスンが終わると、二人は挨拶もそこそこに帰っていった。色白美人は二度ほど質問したが、丸顔のほうは一度も質問しなかった。京助は色白美人のほうに心を惹かれたが、とうとうその名を知ることもなく一ヶ月のレッスンを終えた。

この年の十一月初め、約束どおり詩集の出版をめざして上京した啄木が京助の下宿を訪れ、開口一番「夏休みに二人の女の子があなたに英語を習いに来たでしょう。あの丸顔のほうが僕のメッチェンで、堀合節子というんです」と告白した。のちに啄木夫人となる節子にこのレッスンを勧めたのは、どうやら啄木自身だったらしい。ただし啄木も、京助が密かに心をときめかせた色白美人の名前は知らなかった。

2

こうして暑い夏が過ぎ、京助は九月から東京帝国大学文科大学の学生になった。湯島天神に近い本郷区（現在の文京区）湯島新花町の蒔田方に下宿して、毎日歩いて通学した。文科大学はこの年から学年制を廃して単位制になったので、入学年次に関係なく自由に講座を選択することができた。まだ専攻を決めかねていた京助は、あちこちの教室を渡り歩きながら、さまざまな講義を聴講した。

英文学講師の夏目金之助（漱石）は、学生から“I love you”の和訳を問われて「月がきれいですね、とでも訳しておきたまえ」と答えるような洒脱さが人気を呼んで、教室はいつも大入り満員の盛況だった。

国文学の芳賀矢一《はがやいち》は陽気な先生で、早口で冗談をいいながら自分から先に笑い出す癖があった。古典文学の藤岡作太郎は肺を病んでいて五分間も咳が止まらないことがあり、見るからに痛々しかった。

京助を魅了したのは少壮の助教授、新村出《しんむらいずる》の国語学だった。毎週三時間の講義を耳を澄まして聴講し、あとで克明にノートした。この講義ノートはのちに『新村出　国語学概説』（教育出版、一九七四）と題して刊行された。

新村は明治九年（一八七六）、山口県生まれ。東京帝大を卒業して東京高等師範学校（現在の筑波大学）の教授になり、この年から文科大学の助教授に就任していた。日本語の起源や比較言語学の研究によって、師の上田萬年《うえだかずとし》とともに日本国語学の基礎を築いた。明治四十年（一九〇七）にイギリス、フランス、ドイツに留学し、帰国後は京都帝大教授に就任。やがて『広辞苑』の編者として広く学名を知られることになる。教室で教えを受けた期間は短かったが、京助は新村を終生の師として仰ぎつづけた。

前記『新村出　国語学概説』の序文のなかで、息子の金田一春彦が京助の傾倒ぶりを次のように伝えている。

《京助は後に自分が大学で講義をするようになったが、その講義に出席した人たちが口をそろえて言うには、京助は学生の顔などは全然見ず、教室の後ろの壁の天井よりわずかに下がったあたりを見つめて話を続ける癖があったということである。あれは、新村先生の講義の癖のまねで、自分も新村先生のような講義をしたい気持ちからしているのだと、私に告白したことがある。成功したかどうかは分からないが、やはり傾倒の深さを物語る一端ではある》

京助はまず新村の講義スタイルに惚れ込んだらしい。彼が後年、国語辞典の編者として名を成すことになったのも、あるいは『広辞苑』の編者に対する敬意と憧憬がもたらしたものだったかもしれない。

しかし、京助の志望を最終的に決定したのは、国語研究室の主任教授、上田萬年の講義だった。《上田万《（ママ）》年先生は、ノートなどは、もっていらしっても、一一《いちいち》ごらんにならず、時々、目を半眼に、理路を追って一語一語、語尾をしっかりと、不退転の態度で説いてくださった。その情熱は、ついに私を、国文学科からすべって、言語学科へと転身させてくだすったようである》（『私の歩いて来た道』）

上田萬年は慶応三年（一八六七）、尾張藩士の子として大久保の尾張藩下屋敷に生まれた。東京帝大の和文科（のちの文科大学）でB・H・チェンバレンに師事して博言学（言語学）を修めた。明治二十三年（一八九〇）にドイツに留学し、東洋言語学のフォン・デァ・ガーベレンツ、青年文法学派のカール・ブルークマンやエドゥアルド・ジーフェルスらの薫陶を受けた。

明治二十七年（一八九四）に帰国して文科大学博言学講座教授となり、比較言語学、音声学などを講じた。それまで古典研究に偏りがちだった日本の国語・言語学界に近代的かつ科学的な研究方法を採り入れた功績は大きく、「日本言語学の父」と讃えられた。ただし、後年は大日本帝国の国策に沿った発言が目立ち、「学者政治家」と陰口を叩かれることもあった。ちなみに「わたしは子宮で小説を書きます」といった作家、円地文子（本名富美）は上田萬年の次女である。

3

こうして上田萬年の人格と学識に惹かれた京助は、志望学科の届け出期限が迫った十月末に、国文学への未練を断ち切って言語学科を選択した。この年の言語学科入学者は京助ひとりだった。言語学科はラテン語、ギリシア語、サンスクリット語が必修で、予習と復習に追われて息つくひまもなくなるところから学生たちに敬遠されたのである。

この学年は京助だけだったが、一級上には橋本進吉、小倉進平、伊波普猷《いばふゆう》の三人がいた。文科大学では学年制を廃していたので、彼らは上級生ながら京助の同期となった。少人数の学科なので、すぐに親しくなって話を聞いてみると、三人とも日本語のための言語学を志しており、日本語の系統や起源に関心をもっていることがわかった。ひとことでいえば、彼らはみんな上田萬年ゆずりの愛国的な言語学徒だったのである。

言語学科では、日本を取り巻く諸国語と日本語との関係を明らかにすることを共通の研究テーマにしていた。橋本は古代日本語を、小倉は朝鮮語を、伊波は琉球語を専攻し、翌年入学した後藤朝太郎は支那語（中国語）を選んだ。彼らの指導教授、藤岡勝二《かつじ》の専門は満州語と蒙古語だった。

ある日、言語学の授業中に、上田萬年がこういって嘆息した。

「アイヌ人は日本にしか住んでいないのだから、アイヌ語の研究は世界の言語学会に対する日本の学者の責任なんだが、それをやろうという者が、なかなかいないんだよな」

その言葉は京助の胸にするどく突き刺さった。自分はもともとアイヌが住んでいた陸奥《みちのく》の生まれであり、自分の姓はかつてはアイヌの集落だったと思われる金田一村に由来している。とすれば、この言語学科でアイヌ語をやるのは自分をおいてほかにはいない、と思ったのである。

こうしてアイヌ語をつねに念頭におきながら言語学を学んでいると、翌三十八年（一九〇五）にジョン・バチェラーという英国人宣教師の書いた『アイヌ＝イングリッシュ＝ジャパニーズ＝ディクショナリー』という本が出た。バチェラーは中国の広東省で感染したマラリアを治療するために明治十一年（一八七八）に来日し、ロンドンと緯度の近い函館に住んだ。そこでアイヌの生態に興味をもって研究を始めたが、生計を維持するために数週間の猛勉強で宣教師の資格を取ったという経歴の持ち主だった。

その『アイヌ英和辞典』は、聖書をアイヌ語に訳して伝道せよという英国聖公会の指示に従ったもので、初版は明治二十二年（一八八九）に出た。バチェラーは伝道協会の上司に宛てた手紙のなかで「日本政府は私の辞典の印刷を承諾しました」と書いているが、実際は北海道庁で印刷、発行された。

京助が手にした辞典は、この初版を増補した第二版だったと思われる。アイヌ研究史上、先駆的な業績だったことは確かだが、所詮は宣教師の副業の域を出ないものだった。

《その辞典は、ひと目見ただけで、これはしろうとだな、ということはすぐわかりました。文法というのも、二、三十ページしかなくて、あまり簡単で、これではアイヌ語が世界のどの言語に似ているかということなど、まるで見当がつかない。バチェラーさん自身も、ヘブライ語に比較してみたり、日本語に比較してみたりしていましたが、特にどこの言語に近いかということは、述べておられませんでした。つまり、日本語とアイヌ語の関係を知るには、他人の調べたものに頼って勉強するのはだめで、それをやるには自分の耳で直接に、アイヌの口に響くのを聞いて自分の頭で考え直す以外にないと知りました》（『私の歩いて来た道』）

バチェラーのこの辞典は、それ自体としては学術的価値の低いものだったが、にもかかわらず、あるいはむしろそれゆえに、京助のアイヌ語研究への意欲を掻き立て、現地調査に踏み出すきっかけを与えるという反面教師の役割を果たした。その意味では、やはりきわめて重要な本だったことになる。

4

言語学科への志望届けを出した十月末、京助は下宿を本郷区本郷菊坂町八二（現在の文京区本郷五―五）の赤心館に変えた。赤心館は本妙寺の境内にあり、文学者の宿として知られた菊富士ホテルと隣り合っていた。石州津和野の出身で商事会社に勤める男が細君にやらせている二階建て、十二、三室の小さな下宿で、京助の部屋は一階にあった。詩集出版のために上京した啄木が訪ねてきたのはこの下宿である。

玄関先で啄木を迎えた京助は、啄木の服装に目を奪われた。黒木綿の紋付羽織に仙台平《せんだいひら》の袴、南部桐の真新しい下駄にステッキ、頭には中折れのソフトという青年紳士の身なりだったからである。これはすべて詩集の出版費用として義兄の山本千三郎から借りた金で買い揃えたもので、出版の資金はほとんど残っていなかった。

その一ヶ月後、啄木からハガキが来たので、小石川砂土原《さどはら》町の下宿を訪ねていくと、啄木は風邪を引いて、あの紋付羽織を着たまま寝ていた。仙台平の袴は折り目が消えて袋状になり、その裾からはぼろ切れが垂れ下がっていた。それでも啄木は口だけは元気だった。

「退屈だから、がま口を振ってみたら、大枚十銭五厘がこぼれ落ちましてね。その全財産で女中にハガキを買って来させ、あなたを始め、みなさんに出しました。一枚だけ残ったので大隈重信伯にも出したんです。そしたら返事が来ましたよ、会いに来いって」

上京以来、啄木は名士を気取って高級煙草「霧島」をふかし、お抱えの人力車を乗り回していた。そのため義兄から借りた資金はたちまち底をつき、家賃滞納で次々に下宿を追い出されては盛岡中学時代の友人宅を泊まり歩いていた。迷惑をかけても詫び言ひとついわない啄木に友人たちも次第に愛想をつかし、彼はいよいよ窮地に立たされた。

こうなるともう頼れる相手は金田一京助しかいない。のちに仏文学者桑原武夫をして「日本一美しい友情」といわしめた京助と啄木の関係は、こうして新しい局面を迎えることになる。

第六章　アイヌへの道

1

その昔、日本列島の北辺に日本人とは言語や風俗を異にする人々が住んでいた。彼らはエミシ、エビス、エゾなどと呼ばれた。平安時代の初めから、日本の中央政府はしばしば大軍を派遣して彼らを服属させようとした。征討軍の長を征夷大将軍といい、それはのちに武家政権の最高権力者の称号となった。

日本に服属した者はニギエビス、服属しなかった者はアラエビスと呼ばれた。アラエビスは次第に北方に追いやられ、やがて未開の大地、北海道に移り住んだ。そのため北海道は蝦夷地《えぞち》と呼ばれるようになった。ちなみに『銭形平次捕物控』の作者野村胡堂が音楽評論を書くときに使った筆名「あらえびす」は、維新戦争で官軍になびかなかった奥州人の気概を表している。胡堂と金田一京助は盛岡中学の同級生だった。

エミシやエゾがそのまま民族としてのアイヌと重なるかどうかは定かではない。またアイヌの居住範囲についても正確なところはわかっていない。しかし、現在でも北日本の各地にアイヌ語地名がたくさん残っているところからみて、東北地方の北半分はアイヌの居住地だったと考えてよさそうである。

　アイヌが日本史のなかにはっきりと姿をあらわすのは、室町時代の中期、長禄元年（一四五七）に起きたコシャマインの戦い以後のことである。このころ、徳政一揆（一四二八）や嘉吉の乱（一四四一）に代表される本国の動乱を逃れて北海道に渡った落武者や避難民の群れが渡島《おしま》半島の南部に定住し、先住民のアイヌを圧迫した。これに対してアイヌの首長コシャマインが立ち上がったが、抗戦むなしく敗退し、アイヌはさらに奥地に追いやられた。

　江戸時代になると、布教のために来日したキリスト教の宣教師たちが、日本人とは異なる言語や風俗をもつアイヌに興味を示し、その見聞を本国に報告した。アイヌとは英語のman（男、または人間）に相当するアイヌ語だが、それを初めてAinuと表記したのも外国人宣教師たちだった。したがってアイヌをアイヌ人と呼ぶのは「武士の侍」と同じ無意味な重複表現ということになる。

　渡島半島の南部に定住した武士の集団は、やがて松前に城を築いて徳川幕藩体制の一翼を担い、蝦夷地支配を任された。松前藩の交易独占に反発するアイヌは各地で反乱を起こし、それはやがてシャクシャインの戦いに発展する。寛文九年（一六六九）、日高のシブチャリ・アイヌの首長シャクシャインが各地で交易船を襲い、松前城を攻めた反植民地戦争である。

　江戸時代の末期、帝政ロシアの南下政策によって北方事情が緊迫すると、幕府はしばしば探検家を北海道の奥地に派遣した。彼らの報告書には、未開の種族としてのアイヌの生態がかなり正確に描かれていた。なかでも最上徳内の『渡島筆記』や村上島之丞の『蝦夷生計図説』は、後世のアイヌ研究家にとって格好の手引書となった。

アイヌが学問の対象として論じられるようになったのは、明治に入ってからのことである。前述した宣教師ジョン・バチェラーや東京帝国大学教授チェンバレンが先鞭をつけ、永田方正、神保小虎らの日本人研究者がこれに追随した。金田一京助がその大成者だったことはいうまでもない。

2

明治三十七年（一九〇四）の秋、東京帝国大学文科大学に入学して言語学を専攻した金田一京助は、最初に金澤庄三郎からアイヌ語を学んだ。金澤は上田萬年の高弟で、前年から言語学科の講師をつとめていた。専門は朝鮮語だったが、週に一時間だけアイヌ語の講座をもっていた。

文科大学の博言学科（のちの言語学科）にアイヌ語の講座が設けられたのは明治二十九年（一八九六）のことである。当初はドイツ留学から帰国したばかりの理科大学（現在の理学部）助教授、神保小虎が上田萬年に頼まれて講座を担当した。

神保は北海道庁の技師として道内の地質調査をおこなっているうちにアイヌに興味を抱き、地質調査そっちのけでアイヌ語を習得した。そして明治三十一年（一八九八）に教え子の金澤庄三郎とともに『アイヌ語会話字典』を編んで金港堂から刊行した。

その序文で神保は「あいぬ人種ハ其消滅ノ期遠ラズシテ本邦人ノあいぬ語研究ハ尚ホ未ダ盛ナラズ僅ニ文科大学ノ随意科トシテ存スルモ決シテ充分ナル勢力アルニ非ズ」と述べ、「あいぬノ中ニ於テ実地ノ研究ヲ為ス者」の出現を切望している。前述したバチェラーの『アイヌ英和辞典』とともに、この字典もまた京助のアイヌ語研究への意欲を掻き立てたに違いない。

こうしてアイヌ語への傾倒を強めていくうちに、京助は盛岡高等小学校時代の体操教師、大坊直治がアイヌ語の研究をしていたことを思い出した。大坊に手紙を出して「北海道でアイヌ語の調査をしたいと思うが、どこへ行けばいいでしょうか」と教えを乞うと、すぐに返事が来た。「有珠《うす》と虻田《あぶた》、沙流《さる》と勇払《ゆうふつ》が東西の中心地だから、まずはそこを目指すのがいいだろう」。その返書には大坊秘蔵の『アイヌ語集』が同封されていた。

明治三十九年（一九〇六）七月、暑中休暇で盛岡に帰省した京助は、家族との挨拶もそこそこに、本家の伯父、勝定を訪ねた。勝定はふんどし一丁で和算の難問に取り組んでいた。京助が「ただいま」と声をかけると、勝定は「おう、お前か」といったきり、また算術に没頭した。小一時間ほどたって、ようやく和綴じの本から眼を上げると「この問題にはもうひとつの解があるはずなんだが、この本はそれを見落としている。お前もやってみろ」といった。

そこで京助もいわれるままにやってみたが、彼の数学の力では伯父の指摘を裏付けるところまではいかなかった。勝定は漢学と和算の才に恵まれながら、家業を継ぐために途中で断念せざるをえなかったことに悔しい思いを抱いていた。そのために京助の学者としての未来に自分の夢をかけているようなところがあった。

京助がおそるおそる「北海道へ行ってアイヌ語の調査をしてみたいのですが」と切り出すと、勝定は「そうか。これからの学問は本だけでするものではあるまい。それもなるほどよい学問だ」と賛成し、その場ですぐに旅費として七十円（現在の約三十五万円）を出してくれた。京助はのちにこの伯父を「私のアイヌ語学の産婆」と呼んで感謝している。

旅費ができたので、京助はすぐ出発した。父の久米之助と母のヤスが、初めて北海道に渡る息子の身を案じて、北海道に住む親類縁者を探してくれた。室蘭には父方の遠縁にあたる上野家があり、二高で同窓だった故栗林三作の生家もあった。そこで栗林の墓参もかねて最初に室蘭をめざすことにし、青森から室蘭行きの連絡船に乗った。

上野家では、当時売り出されたばかりのサイダーをふるまわれた。サイダーで酔うはずはないのだが、京助はシャンパンだと思って飲んだせいか、すっかり酔っぱらってしまい、上野家の人々のにぎやかな笑いを買った。京助はもともと酒は飲めない口だった。

栗林三作の生家では、三作の兄の五朔から手厚いもてなしを受けた。五朔は若いころに新潟県から無一文で北海道に渡り、農業、牧畜、海運業などを手がけて成功し、当時すでに「室蘭の海運王」と呼ばれていた。その後、北海道議会議長をへて衆議院議員にもなった立志伝中の人物である。

五朔は京助のために意外な先客を招いていた。室蘭に近い絵鞆《えとも》コタン（アイヌの村）の首長オビシテクル（日本名帯九郎《おびくろう》）である。

オビシテクルは開口一番「アイヌのモトホ（起源）はホンカイサマ（判官様）です」といった。ホンカイサマとは源義経のこと。奥州衣川の戦に敗れた義経が北海道に渡ってアイヌの王になったという伝説がある。これはどうやら奥州出身の京助を喜ばせようとするリップサービスだったらしいが、すでにアイヌ語の科学的研究を志していた京助に、そんな荒唐無稽な話が通用するはずもなかった。

京助はさっそく「アイヌ語で動詞『打つ』は何というのか」と質問したが、オビシテクルは「いろいろある」というだけで要領をえない。そこで京助が「キクというのではないか」と促すと、「キクにもいろいろある。俺が打って俺がいうときはクキクだが、旦那がそれをいうときはエキクになる。旦那が打って旦那がいえばクキクだが、それを俺がいえばエキクになる」と答えた。こうして京助は、同じ動詞でも人称によって語頭が変化することを知った。

翌朝、栗林家を辞した京助は、栗林海運の「いろは丸」に便乗して有珠へ行き、五朔に紹介されたエムサンクル（菊田千太郎）の家を訪ねた。動詞の変化を知るために「熊が馬を殺した」と「馬が熊に殺された」の表現の違いを問うと、エムサンクルは「それは同じことだから言い方も同じだ」と答えた。つぎに「見る」という動詞について尋ねると、「見るにもいろいろある。誰が見るのだ」と、昨夜のオビシテクルと同じことをいった。誰がそれを見るかによって言い方も変わるというのである。

翌日は大坊直治の教示にしたがって有珠から虻田へ向かった。虻田ではアイヌには会えなかったが、その代わり『成吉思汗は源義経也』の著者、小谷部全一郎に会って話を聞いた。高木彬光の伝奇ミステリー『成吉思汗の秘密』の資料提供者として知られる人物である。

その後いったん室蘭まで引き返し、今度は胆振《いぶり》の海岸沿いに日高をめざすことにした。途中でいくつかのコタンに立ち寄ったあと、幌別《ほろべつ》でカンナリキ（金成喜蔵）に会った。カンナリキは土地の有力者で、ジョン・バチェラーにアイヌ語を教え、経済的にも支援した。のちに京助と深いきずなで結ばれる知里幸恵《ちりゆきえ》、真志保《ましほ》姉弟の母ナミ（旧姓金成ナミ）の伯父にあたる。幸恵はこの年三歳で、幌別の隣の登別村にいた。彼女が上京して金田一家に寄寓するのは、それから十六年後のことである。

バチェラーのアイヌ語辞典では「ku」は「私」を、「e」は「お前」を意味することになっていた。京助がまずそのことを話題にすると、カンナリキは「パ、、チラさんはアイヌよりアイヌ語にくわしい人だが、それだけは違う」と否定した。そして「私」は「kuani（クアニ）」、「お前」は「eani（エアニ）」だと何度も発音してみせた。

それを聞きながら京助は、アイヌ語の動詞の頭につくku、chi、a、eは代名詞ではなく動詞の一部なのだということに気がついた。このような人称による動詞の語形変化は、中国、日本、朝鮮、蒙古のいずれの言語にも見られない特徴である。それは、「ことば探偵」金田一京助がアイヌ語という事件の現場で最初に発見した有力な手がかりだった。

3

京助はその後、白老《しらおい》、苫小牧《とまこまい》、鵡川《むかわ》を訪ねた。白老では首長サレキテに会い、鵡川では長老エンカトムを訪ねた。エンカトムは、アイヌ語の動詞はすべて人称によって変化するのかという京助の問いに頷いたあとで、こんなことをいった。

「アイヌ語には、ふだん話すことばのほかに、昔のことばで謡うユーカラというものがある。ひとことでいえば古い時代の戦争の物語だ。とっておきのことばを使うので、アイヌでも心得のない若い者にはわからない。ユーカラを調べなければ、アイヌ語を研究したことにはならないのではないか」

ユーカラということば自体は、前にもどこかで耳にしたことがあったが、それがアイヌの「とっておきのことば」、つまり雅語で謡われる物語であることまでは知らなかった。興味を惹かれた京助は「それをぜひ聞かせてください」と頼んでみたが、エンカトムは首を振った。どうやら自分では謡えなかったらしい。

そこで京助は、つぎに立ち寄った沙留太《さるふと》で、サンゲレキら七人のアイヌからユーカラのさわりの部分を聞かせてもらった。しかし、彼らは年齢が若いせいか、ことばの正確な意味までは知らないようだった。そのために京助は満たされない思いを抱いたまま沙流川《さるかわ》を遡って平取《びらとり》に入った。

それまでの旅では、半日歩き回ってもアイヌに会うことは稀だったが、ここはさすがにアイヌの都だった。集落のなかに日本人の家は一軒だけで、あとはすべてアイヌの住まいという本物のコタンだった。

京助は小さな木賃宿に旅装を解くと、宿の主人に頼んでユーカラを知っていそうな土地の古老を呼んでもらった。するとまもなく平村カネカトクという老人がやってきた。京助が「ユーカラを聞かせてほしい」と頼むと、カネカトクはこういった。

「よろしい、お聞かせしましょう。ただし、旦那のこっちの耳から入ってあっちの耳に抜けてしまったのでは何にもならない。帳面にでも書き留めておいたらどうだね」

それは願ってもないことだった。京助はさっそくノートと鉛筆を用意した。するとカネカトクは軽く眼をつむり、囲炉裏の縁を手で叩きながら謡いはじめた。

イレシュシャポー
イレシュパヒネー
ランマカネー
カコロカネー
オカアニケー

カネカトクの語りは続いた。京助はそれをローマ字で書き取った。意味はまったくわからなかったが、これは散文ではなく叙事詩だと直感した。文字を持たないアイヌは、長い戦争の物語を叙事詩として代々口伝えに語り継いできたのだ。つまりユーカラは古代ギリシアの「イリアス」「オデュッセイア」にも比すべき民族の叙事詩なのだ。それに気づいたとき、京助の旅の疲れは吹き飛んだ。

カネカトクの語りは、深夜を過ぎたころにようやく終わった。京助が硬くなった指をほぐしていると、老人は今度は詩のことばの意味を、たどたどしい日本語で語りはじめた。その語りは断片的で、長い物語のどの部分に対応するのかよくわからず、ストーリー自体にもあちこち矛盾があるように感じられた。もっとも、死んだはずの人物があとで生き返ったりするのは「イリアス」「オデュッセイア」にもよくあることで、別に不思議な話ではなかった。

こうして大きなお土産を手に入れた京助は、翌日は日高地方から胆振方面へ至る峠を越えて似《に》湾《わん》へ行き、この地の長老トノンカミからもユーカラの一節を聞き取った。

似湾から早来《はやきた》へ抜ける山道は、大虎杖《オオイタドリ》の群生地だった。自分の背よりも高い虎杖の群落を両手で掻き分けながら進んで行くと、前方に頬被りをして大きな鎌を持った髭もじゃの男たちが立っていた。彼らは眼光するどく京助を睨みつけた。

京助は思わず「イランカラプテ！」と叫んでいた。「こんにちは」を意味する丁寧な挨拶ことばである。すると先頭の髭もじゃ男が頬被りの手拭いを取って「イランカラプテ」と答え、爪先立ちして狭い道を開けてくれた。京助が「イランカラプテ」を繰り返しながら十人ほどの男たちの行列を抜けて行くと、彼らは全員が手拭いを取って口々に「イランカラプテ」と挨拶を返した。

このとき京助は「イランカラプテ」は単純な挨拶ことばだと思っていたが、あとで聞いてみると、これは久しく会わなかった者同士が「やあ、生きていたか」と涙を流さんばかりに感情をこめて発することばだった。

アイヌにはもともと日本語の「おはよう」や「こんにちは」に相当する軽い挨拶ことばはなかった。狭い社会でお互いによく見知った仲間だったので、道で出会ったときも眼を見交わすだけで無言のまますれ違っていた。明治以後、北海道に入植した和人と付き合うようになってから、朝でも夜でも「イランカラプテ」と挨拶するようになったのだという。

京助は早来でひとまず調査行を終えて室蘭に帰着した。栗林五朔を訪ねて、各地で事前に便宜を図ってもらったお礼を述べると、五朔は「もう帰るのですか」と名残を惜しみ、「北海道へ来て札幌を見ずに帰るという法はない。ぜひ札幌、小樽、函館を回ってみてください」といった。京助は五朔のことばに従うことにした。

その途中、札幌のジョン・バチェラー邸の前で、札幌農学校（現在の北海道大学）の学生とめぐり合った。信州出身のこの学生とは平取の宿で出会い、翌日一緒にコタンを訪れ、鵡川まで同行した。京助が盛岡の出身だと知っていた彼は、その夜、京助を学長の佐藤昌介に引き合わせた。佐藤は南部の藩校「作人館」で金田一勝定と机を並べたあと北海道に渡り、札幌農学校でクラーク博士の教えを受けた農政学者である。京助の来訪を喜んだ佐藤は、盛岡弁でしきりに往時を懐かしがり、「伯父さんによろしく伝えてくれ」と繰り返した。

長万部《おしゃまんべ》では司馬リキンテに会った。ここでもまた、オビシテクル、エムサンクル、カンナリキのときと同じく動詞と人称代名詞に関する問答を繰り返し、「アイヌ語の動詞は人称によって変化する」という発見を最終的に確認した。

この夏の実地調査は、初回としては十分に満足すべきものだった。京助はのちに『アイヌ部落採訪談』のなかで、長万部から函館へ向かう車中での感慨をこんなふうに回想している。

《東京をたつ時、疑問にしてもって来た問題が、汽車の車の回転するように頭をめぐって、それが一々巻き葉のほぐれるようにほぐれてくるのに、胸がおどるような興奮を覚えて、函館へ来るまでついに一睡もできなかった。

つまりは、アイヌ語の動詞は、人称別の動詞だった。いわゆる代名詞のうちの短い形のほうは、たゞ接辞で、人称形式であったのだ。そしてすべての人称に通じるごとく思われていた裸形は、あれは不定称にすぎなかった。それと同時に、第三人称は、何も人称辞をとらないので、この裸形がすなわち第三人称動詞として用を足すのだった。そういう例は、ウラル・アルタイ語には例があることだった。（中略）命令形もまた、主語なしにいえる例であるから、アイヌ語で、裸形がまたそのまゝ命令形に用いられたとて、これも不自然ではない。

こう考え定めることによって、一瀉千里に、いろいろな問題が釈然としてみな解けてきた》

専門用語が多くてわかりにくいが、要するにアイヌ語の動詞は人称によって変化し、その頭につくkuやeといった代名詞のようなものは、実は人称を表す接頭辞だった。また、すべての人称に通じる動詞の裸形（原形）は不定称で、そのまま第三人称の動詞として通用する。このような例はウラル・アルタイ語にもあるというのである。

いずれにしろ、これでアイヌ語は日本語とは別の系統に属する言語であることがはっきりした。もともと京助のアイヌ語調査は、諸国の言語を調べて日本語の系統を明らかにしようという文科大学の大方針に沿うものだったのだが、このときから日本語系統論とは別の、独自の言語学への道を踏み出すことになったのである。

第七章　心の小径

1

明治三十九年（一九〇六）秋、金田一京助は約一ヶ月にわたる北海道でのアイヌ語調査を終えて東京へ戻ってきた。アイヌ語は日本語とはまったく系統を異にする「主客合体語」だったという発見もさることながら、古老の朗唱するユーカラ（叙事詩）をローマ字で書き留めたノートこそが最大の成果であり、旅のお土産でもあった。

しかし、このお土産はそのままでは宝の持ち腐れだった。ユーカラはいまでは使われなくなった古語で謡われているため、バチェラーの『アイヌ英和辞典』はまったく役に立たなかった。しかもアイヌはもともと無文字社会だったから、およそ文献資料というものが存在しない。京助は国語を習い始めたばかりの小学生がいきなり『源氏物語』を差し出されたような困惑を感じたのである。

この年九月から京助は最終学年の三年生になり、ぼつぼつ卒業論文の準備にかからなければならなかった。できればアイヌ語についての論文を書きたかったが、まだそれだけの準備がなかったので、とりあえず「世界言語の序辞」に関する研究をまとめることにした。

その年の暮れ、故郷の渋民村に帰って小学校の代用教員をしている石川啄木からはがきが届いた。

《昨日午後三時京子生れ申候、万歳、万歳。岩手県岩手郡渋民村の若きお父さんより》

十二月三十日の啄木日記に「喜びの知らせのハガキ十五枚書きぬ」とある。これはそのうちの一枚だったと思われるが、他の十四枚とは違う特別な意味をもっていた。この出産に際して、親戚や知人から「薫」「静子」「染子」など、いくつかの名前を提案されていたが、啄木と節子は、もし女の子だったら「京子」と名づけることに決めていた。翌年一月三日の日記に、啄木はこう書いている。

《「京」の字、みやびにして優しく美し。我が友花明金田一君は京助といふ名なり。この友の性と心と、常に我が懐かしむ処なれば、その字一つを採るもいはれなき事に非じ》

つまり「京子」は敬愛する金田一京助にあやかった名前だったのである。ちなみに四つも年上の先輩を「我が友金田一君」などと呼ぶのは、現代の感覚ではちょっと違和感があるが、当時の「君」は文字通りの敬称だったから、それほど不遜な言い方でもなかったようである。

この朗報と前後して盛岡から悲報がもたらされた。父の久米之助が事業に失敗したのである。前述のように、久米之助は明治二十三年（一八九〇）に四ツ家町の金田一本家から中津川沿いの大沢川原小路に分家した際に、義父の直澄からいくつかの事業を譲られていた。

そのひとつに屋根瓦の製造工場があったが、経営を人任せにして書画骨董にのめり込んだため部下の使い込みに気づかず、経理に大穴をあけてしまった。その結果、京助たちが育った大沢川原小路の家は、本家の養嗣子となった国士に借金の形《かた》として取り上げられ、一家は本家の長屋の一つに住むことになったのである。

　京助はすぐにも帰省して父を励ましたかったが、無収入の学生の身では、経済的にはどうすることもできなかった。せめて学資だけは自分で稼ごうと思い、師の金澤庄三郎から頼まれていた三省堂の『辞林』の初校校正に精を出した。あとで詳しく見るように、このときの校正のアルバイトが「国語辞典の金田一京助」を育てることになる。

　そのころ、いいニュースも入ってきた。前年（一九〇五）九月にアメリカのポーツマスで調印された日露講和条約によって樺太の南半分が三十年ぶりに日本に還ってくることになり、東京帝国大学理科大学（現在の東大理学部）の坪井正五郎を団長とする調査団が現地に派遣されることになったのである。樺太アイヌは北海道アイヌとことばが通じないと聞いていたので、ひょっとすると樺太にはいまでもユーカラ時代のことばが生きているかもしれない。そう思うと、京助は矢も楯もたまらず樺太へ行きたくなった。

　そこで卒業論文「世界言語の序辞」を大急ぎで書き上げ、口述試験にもなんとかパスすると、文科大学長の上田萬年を訪ねて「ユーカラ研究の手がかりをつかむために樺太へ行きたい」と申し出た。すると上田は大いに喜んで、文科大学の予備費から嘱託講師の旅行費名目で現金百円（現在の約五十万円）を出してくれた。講師の旅費は教授会にかけなくても出せることになっていたらしい。

　七月の卒業を待たずに盛岡へ帰省した京助は、今度も真っ先に伯父の勝定に樺太行きを相談した。家族より先に伯父に会ったのは、父親の窮状を見て決心が鈍るのを恐れたからである。それを察した勝定は、何もいわずに旅費百円を出してくれた。家族が経済的に苦しんでいるときに、こうして一銭にもならないような研究をつづけることに心が痛んだが、いまはそれにかまけている余裕はなかった。

明治四十年（一九〇七）七月十二日、京助は小樽から樺太の大泊《おおどまり》行きの連絡船に乗った。この日はたまたま東京帝大の卒業式だった。夏だというのに、樺太の山々にはまだ山桜の花が咲いていた。

大泊港には着いたものの、それから先が大変だった。濃霧のために船が出なかったのである。到着から十二日目に、やっと樺太民政署の小さな巡視船に便乗して東海岸へ向かったが、それでもまだ霧が晴れず、船上で三日待機したあと、ボートで送られてオチョポッカのアイヌ集落に上陸した。七月二十七日朝のことである。

アイヌの人々にとって、京助は「招かれざる客」だった。民政署の船に乗って洋服姿であらわれた彼は、どう見ても日本政府の役人だった。人々は彼に疑い深い目を光らせ、彼が近づこうとすると、いっせいに背を向けた。それまで笑いさざめいていた者たちも、ぴたりと口を閉ざして散開した。ことばがまったく通じないので、片言隻句も採集できないまま、毎日がむなしく暮れていく。その淋しさはたとえようもなかった。

役人だと思われていたので、住まいは首長ピシタクの冬用の家があてがわれた。食事は京助が持参した米と味噌を、入れ墨をしたアイヌの娘たちが交代で小鍋に入れて持ち去り、一時間ほどすると温かいご飯と味噌汁を作って黙って入り口に置いていった。声をかけようとすると、急いで逃げてしまう。昼間はアイヌの暮らしぶりを遠くから見ているだけでも慰めになったが、夜になって、鼻をつままれてもわからないような暗闇のなかで海岸に打ち寄せる波の音を聞いていると、ひしひしと侘しさがこみあげてきた。

こうして二日目が暮れ、三日目が過ぎた。東京を発ってからすでにひと月が過ぎようとしていた。四日目の午後、何ひとつ得るところなく引き返すのかと思いながら屋外に佇んでいると、背後で子供たちの遊ぶ声が聞こえた。ことばの一端でも拾えないかと、そっと近づいて耳を傾けてみたが、しゃっくりしながら物をいうような話し方で、一言も耳に留まらない。ただし、子供たちは遊びに夢中で、京助が近くに立っていても警戒されないのがありがたかった。

一人の子が腰に小刀を下げていた。京助はそれにさわりながら、北海道アイヌ語で「タンベ・ネップ・ネ・ルエ・ヘ・アン?（それは何なの?）」と尋ねてみた。子供らはいっせいに京助の顔を見たと思うと、わっとはやし立てて、くもの子を散らすように逃げて行った。「通じないかな」と一人呟きながら途方にくれていると、また三々五々集まってきて遊びはじめた。

今度は一人の子が耳に下げていた輪を指さして「マカナク・アィエブ・ネ・ルエ?（何というものなの?）」と訊いてみた。子供たちはまたしても京助の顔を見ただけで、わあーっと叫びながら逃げ去った。

この場面について、樺太アイヌの子供たちに北海道アイヌ語がまったく通じなかったはずはない、京助の発音がよほどひどかったのではないかという研究者もいるが、いまそれを詮索してみても仕方がない。とにかく通じなかったのである。

2

ここからの「ことば探偵」金田一京助の名推理は、昭和の戦争が終わったあと、新制中学の国語教科書に載ったエッセイ「心の小径」で広く知られることになるのだが、ここではその原型となった昭和六年（一九三一）の「片言をいうまで」（平凡社ライブラリー『ユーカラの人びと』所収）から引くことにする。

《子供らのうちに、絵に見る唐子《からこ》のような着物——多分満州方面からの外来品——を着ているのが一人あった。その格好がちょっとおもしろかったので、単語を採集するはずの手帳へ、しょう事なしに、その子を写生し始めた》

《私が、その子を見ては鉛筆を動かし動かしするのを目ざとく見つけた子供の一人が、まず何とかわめいた。ほかの子も私を見て、また何とかわめいた。遊ぶのをよして、みんな私を注視した。真っ先に見つけた子が、まずおずおずと、しゃがんでいる私へ近寄って来て、物珍しげに私のかくのをのぞいた。たちまちどやどやとやって来て、みんなでのぞいた。年かさのが、唐子の服装をした子を指して、「お前がかかれたぞ」とでもいうような様子をした。すると、わいわいといい出して、私の横からのぞくもの、背後からのぞくもの、中には無遠慮なのが、指を突き出してもう私の画面を突ついて「ここが頭で、ここが足だ。手だ」などというように、自分の発見を得

意になって説明を引き受けているのさえある。が、ちっともそのいう事が聞きとれない》
これは学者の文章とは思えないような情景描写で、さながら小説の一場面のような臨場感とリアリティがある。盟友の石川啄木は小説家をめざしつづけて挫折したが、もし京助が小説を書いていれば、あるいは啄木を超える作品を残したかもしれない。
《その時だった。ふと思いついて、一枚新しい所をめくって、誰にもすぐわかるように、大きく子供の顔をかいてみた。目を二つ並べてかくと、年かさのが一番先に「シシ」「シシ」といった。ほかの子も「シシ」、ほかのも「シシ」、とうとうさしのぞいていた子の口がみな「シシ！」「シシ！」「シシ！」。騒がしいったらない。そのさまはちょうど、「目だよ。目なんだよ」「うん。目だ」「目だ！目だ！」とでもいうように聞けたのである。
そうだ、北海道アイヌは「目」を「シクshik」という。樺太ではそれを「シシshishi」というのかも知れない、ということが頭へひらめいたから、急いで絵の目から線を横へ引っぱって、手帳のすみの所へshishiと記入し、それから悠々と鼻をかいていった》
こうして京助は問題解決への最初の糸口を見つけた。あとはその糸を少しずつ引き出していけばいい。
《年かさの子が鋭い声で「エトゥ・プイ！　エトゥ・プイ！（etu-pui! etu-pui!）」と叫ぶ。と、残りの子らも声々に「etu-pui! etu-pui!」。私はおかしくなったのをこらえて、また鼻の先端から線を引いていってその端へ「etu-pui」と書き込んだ。そして口をかいていくと、やっぱり年かさの子を真っ先に「チャラ！（chara!）」「chara! chara!」と大騒ぎ。まゆをかくと、「ラルー！」

ェ！」》

「ラルー！」。頭をかくと、「サパ！」「サパ！」。耳をかくと「キサラ・プイェ！」「キサラ・プイ

京助のアイヌ語採集帳には、こうしてたちまち身体の部位を示す名詞が十数個集まった。京助は愉快でたまらなかった。なにしろ相手のほうで勝手に競争しながら教えてくれるのだから。しかし、すべての物を絵に描くわけにはいかないし、たとえ描けたとしても時間がかかる。

そこで、もっと簡単に答えを引き出せる疑問詞「何？」の一語がほしくなった。それさえわかれば、物を指さすだけで、その名を知ることができる。だが、その「何？」を絵で表現するのは難しい。

《そこで、ふと思いついて、もう一枚紙をめくって、今度はめちゃくちゃな線をぐるぐる引き回した。年かさの子が首をかしげた。そして「ヘマタ！」と叫んだ。するとほかの子供も皆変な顔をして、口々に「ヘマタ！」「ヘマタ！」「ヘマタ！」

うん、北海道で「何」のことを「ヘマンダ」という。これだ、と思ったから、まず試みようと、身の回りを見回して、足元の小石を拾って、私からあべこべに「ヘマタ？」と叫んでやった。

驚くべし。群がる子供らが私の手元へくるくるした目を向けて、口々に「スマ！」「スマ！」と叫ぶではないか。

北海道で「石」のことを「シュマ」という。してみると、「スマ」は「石」のことで、そして「ヘマタ」はやっぱり「何」ということに違いなさそうだ》

ここで京助は「ふと思いついて」「めちゃくちゃな線をぐるぐる引き回した」と書いている。

それは確かにその場の思いつきだったに違いないが、このアイディアは誰の頭にもすぐ思い浮かぶようなものではない。ましてそこから「ヘマタ」というキーワードを引き出し、しかもそれを足元の小石によって実証するという手順は、まさに「ことば探偵」ならではの名推理といえる。

こうして決定的な手がかりをつかんだ以上、あとにはもう語彙という名の証拠品集めが残されているだけである。

《そこで勇気を得て、も一つ足元の草を手にむしり取って、「ヘマタ?」と高くささげると、子供たちは「ムン!」「ムン!」「ムン!」と、ぴょんぴょん飛びながら答える。私はうれしさに、子供らと一緒にぴょんぴょん飛んで笑った》

こうして一方通行だった子供たちとのあいだに、ことばによるコミュニケーションが成立した。この「心の小径」の開通の背景に、子供たちと一緒にぴょんぴょん飛び跳ねて笑い合えるような京助自身の「童心」があったことを忘れてはならない。英国のミステリー作家G・K・チェスタトンに『ブラウン神父の童心』という名短篇集があるが、洋の東西を問わず、童心は名探偵に欠かせない重要な資質のひとつなのである。

もっとも、この「心の小径」はまだ出来たばかりで、双方から自由に行き来できるほどには整備されていなかった。

《おかしかったのは、私が自分の五厘《りん》ぐらいしかない七、八本のあごひげをつまんで見せて、「ヘマタ?」とたずねた時である。声に応じて、子供らは「ノホキリ!」と答えてくれたので、「Nohkiri（あごひげ）」と記入した。何ぞ知らん、Nohkiriは「下あご」だった。ひげづらに慣れているアイヌの子供たちの目には、私のつまんだひげなどは「ひげ」の数に映じなかったので、私の指は「あご」をつまんでいると思ったのである》
　厘は尺（約三十センチ）の千分の一だから、五厘はわずか一・五ミリ。これではアイヌの子供ならずとも下あごと間違えるのは仕方がない。ちなみに京助は「チンポコを持った貴婦人」と評された人だけに、もともと髭が薄かった。大学を卒業して海城中学の教師になったころ、口髭をはやそうとしてしきりに毛生え薬をつけていたと、同宿の啄木が日記に書いている。晩年の写真に疎《まば》らチョビ髭があるところを見ると、この薬は少しは効いたらしい。
　こうして京助は数時間のうちに全部で七十四個の単語を採集することができた。こうなると、今度はそれを使ってみたくなる。折から大勢のアイヌが川原に集まって鱒《マス》を獲っていた。京助はそこへ下りていき、覚えたてのことばを使ってみることにした。
《川原の石を指しては「スマ」と叫び、青草を指しては「ムン」、鱒を見ては「ヘモイ」、鱒の頭を指しては「ヘモイ・サパ」、鱒の目を指して「ヘモイ・シシ」、鱒の口を指して「ヘモイ・チャラ！」》
　その瞬間、それまでむずかしい顔をしていた髭面の男たちが、もじゃもじゃ髭のすき間から白い歯をあらわした。それまで目をそむけていた女たちも、周りに真っ青な入れ墨が施された口を開き、白い歯を覗かせた。明らかにみんなが笑っていた。なかには網を持った手を振って見せて「ヤー（網）」といったり、砂地を指して「オタ（砂）」という者もいた。急いでそれを手帳に書きつけながら発音をまねてみせると、不思議そうに手帳を見に寄って来る者もいた。女たちの群れからは「いつ覚えたんだろう」「よく覚えたもんだ」とでもいうような感嘆の声が聞かれた。

こうして大人たちとの間にも「心の小径」が開通した。京助にとって、それはまさしく夢にまで見た至福の瞬間だった。

《たった、こうした間に、私と全舞台との間をさえぎっていた幕が、いっぺんに、切って落とされたのである。さしも越え難かった禁園の垣根が、はたと私の前に開けたのである。ことばこそ堅くとざした、心の城府へ通う唯一の小道であった。渠《きょ》成って水到る。ここに至って、私は何物をもためらわず、すべてを捨てて、まっしぐらにこの小道を進んだのは、ほとんど狂熱的だった》

「渠成って水到る」とは、水路が通じて初めて水が流れる、開拓者がいなければ物事は始まらないという譬え。「禁園の垣根」だの「心の城府」だのといった大げさな形容に、開拓者としての自負と喜びがあふれている。

《一週間の後には、ちょっと私が首を出しても、右から左からことばが投げられる。朝起きて川原へ顔を洗いにタオルを下げて通ると、両側のアイヌ小屋から「ナッケネ・エオマン・クス？(どこへ行きますか？)」「テマナ・エキ・クス？(どうしたんですか？)」などと、まるで田圃のいなごが飛び出すように、ばたばたと足もすくむほど、ことばをかけられて、私がうまく答えられたといっては笑い、とんちんかんに答えたといっては笑う。顔を洗っていると、もう子供たちが起きて、後ろへいっぱいやって来ている。夜は若い者や年寄りが、さしもがらんどうな私の宿も身動きがならないほど詰めかけて、踊る、歌う、しゃべる》

こうして「招かれざる客」だったはずの京助は、わずか十日ほどの間にアイヌの集落のなかに溶け込み、ある意味では彼らのスターになった。そこに「未開の種族」に対するエリート研究者の「上から目線」がなかったとはいえないし、そのことがのちに厳しく批判されることにもなるのだが、そのときの京助にはおそらくそれを意識する余裕はなかった。彼はそれこそ童心に返って、このにぎやかな交歓を楽しんでいたのである。

ある晩、隣村トンナイチャの首長ラマンテが京助の宿にやって来た。彼はいきなり仰向けに寝そべると、右手で脇腹をたたきながら唸りはじめた。それが北海道アイヌの「ユーカラ」に当たる「ハウキ」だと察した京助は、その音を夢中になって追いかけながらローマ字で筆記した。ラマンテが謡い終わったあと、間違いを直してもらうつもりで筆記したものを読み上げると、彼は周囲のアイヌを見まわしながらこういった。

「お前たちは何度教えてやっても覚えないが、この旦那は一度聞いただけで全部覚えてしまった。大したもんだ！」

四十数日の滞在のあと、京助は大抵の会話を支障なくこなせるようになり、樺太アイヌ語文法の大要と、四千の語彙と、三千行の叙事詩を採録したノートを「家苞《いえづと》（お土産）」に、集落の老若男女に別れをつげた。

第八章　中学教師

1

明治四十年（一九〇七）の初秋、金田一京助は四十数日にわたる樺太アイヌ語採集の旅を終えて東京へ戻った。出かけるときは東京帝国大学の学生だったが、帰ってみると何の肩書もない浪人になっていた。

樺太からの帰途、京助は盛岡に一泊して伯父の勝定に研究の成果を報告した。勝定は心から喜んでくれたが、「大学を卒業したお前に、もうこれ以上の経済的援助はしない」と宣告した。そこには破産した久米之助一家を長男として何とかしろという言外の意味も含まれていた。

盛岡から東京へ向から夜汽車の座席で、京助は一睡もせずに夜を明かした。列車が福島県の東海岸を走っているとき、朝日があかあかと海上に昇ってきた。それを見て、彼は「よし、やってやろう！」と心を決めた。

《貧乏は覚悟の前だ。父母や姉にも、必ずわかってもらえる日がくる。貧乏さえ覚悟すれば、暮らしだけはやっていけないことはない。そう決心して座席から立ち上がり、「やるぞ！」と、さし昇る朝日に向かって、そう言って決心して、東京に着いたものです。そのとき私の生涯の生き方が本当にきまったのでした》（『私の歩いて来た道』）

帰京するとすぐ、柳原にある上田萬年の私邸を訪れた。上田は京助の語るオチョポッカでの経験談に熱心に耳を傾けながら、ビールで歓待してくれた。暗くなって京助が辞去しようとすると、上田は「まだよい、まだよい」といって引き止めた。途中からは夫人も加わって、歓談は深夜まで続いた。

文科大学に博言学科が設けられた当初から、上田は日本人アイヌ語研究者の登場を熱望していた。日本にしかいないアイヌ民族のことばを研究するのは、日本の言語学者の責務だと考えていたのである。その念願がいま叶えられようとしていた。学界のリーダーとして、この弟子の活躍がよほど嬉しかったに違いない。

下宿への夜道をたどりながら、京助はしみじみと幸福を感じていた。彼にとって上田は学問上の慈父だった。この慈父のためにもアイヌ語研究をしっかりやり遂げようと、改めて心に誓った。すると自然に故郷の父のことが思い出された。慈父といえば、久米之助はまさしく慈父を絵に描いたような人だった。自分はいま、その父の期待を裏切ろうとしている。経済的に苦しんでいる父のために、自分は何もしてやれないし、今後もおそらくできないだろう。「おゆるしゃってくなんせ（許してください）」と、京助は心のなかで手を合わせた。

帰京から半月ほどたったある日、カタカナで宛名書きをした手紙が届いた。オチョポッカで仲良しになった少女、ヨーキからの便りだった。

《テガミ、アゲマス、ヨンデクダサイ。ヘンジ、クダサイ。ソシタラ、マタ、テガミ、アゲマス。

ヘンジ、クダサイ、ソシタラ、マタ、テガミ、アゲマス……》

　この手紙は同じことばを何度も繰り返したあと、最後に「サヨナラ」で結ばれていた。オチョポッカの集落で、ヨーキは京助を見かけると、いつも「トノー」と呼びながら駆け寄ってきた。「トノー」は「旦那様」を意味するアイヌ語である。

　日本の文字を知りたいというヨーキのために、京助はカタカナを教えることにした。ひらがなよりも字画が簡単で覚えやすいだろうと思ったからだ。ヨーキはすこぶる熱心で、五十音のカタカナを数日のうちに覚えてしまった。それがあとで「トノー」に手紙を書くための準備だったとは、そのときの京助には思いも及ばなかった。

　たどたどしい手紙を読みながら、京助は胸が熱くなった。それはアイヌとの「心の小径」がエクリチュール（書きことば）の上でも開通したことを意味していた。京助はすぐに返事を書いた。ヨーキの願いどおり、文通は何度も繰り返された。

　ヨーキとの文通が始まったころ、『中央公論』の編集部から思いがけない原稿依頼があった。アイヌ語に関する評論を連載で書いてもらいたいという注文である。京助は中学時代に『明星』に短歌を発表したことはあるが、それはあくまでこちらから投稿したもので、頼まれて原稿を書いた経験はなかった。しかも『中央公論』は当時もっとも権威のある総合雑誌だった。京助は高揚と畏怖を同時に感じながら「アイヌの文学」と題する評論を書きはじめた。

　このとき、この無名のアイヌ語研究者に原稿を依頼したのは、おそらく滝田樗蔭《たきたちょいん》だったろうと思われる。ひょっとすると上田萬年か金澤庄三郎の紹介があったのかもしれない。当時のアカデミズムとジャーナリズムの関係は、いまよりずっと親密だった。なにしろ文化人の絶対数が限られていたのである。

滝田樗蔭は明治三十七年（一九〇四）秋、東京帝国大学法科大学（現在の東大法学部）在学中に中央公論社に入社し、文芸欄の拡充につとめた。大正元年（一九一二）には三十歳という若さで主幹（編集長）に抜擢され、公平かつ峻厳な編集者として幾多の新人作家を育てた。

正宗白鳥の持ち込んだ原稿を酷評して彼を発奮させ、菊池寛の下宿に自家用の人力車を乗りつけて原稿を注文、この無名作家をいたく感激させたというエピソードはよく知られている。京助もまた、この名編集者に見いだされた無名の書き手のひとりだったのである。

金田一花明の名で書かれた「アイヌの文学」は、明治四十一年（一九〇八）一月一日発行の『中央公論』新年号から連載が始まり、三月号まで三回にわたって掲載された。新年号執筆者の顔ぶれを見ると、国木田独歩、鈴木三重吉、真山青果、田山花袋、北原白秋と多士済々で、与謝野鉄幹の長詩も掲載されている。かつて『明星』で鉄幹に見いだされた少年歌人は、いまこうして一流雑誌の目次で師と肩を並べるまでになったのである。

「アイヌの文学」は、ひとくちにいえば北海道と樺太におけるアイヌ語採集旅行の記録である。それが単なる研究報告ではなく、すぐれて文学的な紀行文になっているところにこの作品の特長があり、京助がこれをあえて「花明」という文名で発表した理由があるといえる。

彼はまず読者を北海道アイヌの中心地、平取へと誘う。沙流川に沿って日高山地を分け入っていくと、トドマツの原野の向こうに「異様な草屋」の集落があらわれる。「壺中の天地」ともいうべきこの村の戸数は四、五十戸。すべて同族である。「暦日素《もと》より知らず、開闢《かいびゃく》以来文字が無く」「あしたに食を求めて夕べに之を尽して終《しま》う」ような生活である。

アイヌ民族は義に篤く、美術、工芸、詩歌を楽しむという特性を有する。男児は小刀（マキリ）を使って彫刻を学び、女児は刺繍を習う。その「異趣奇工」はすでによく知られているが、その詩歌はまだあまり知られていないと前置きして、京助は似湾と白老で採集した哀歌「ヤイシャマネ」を紹介する。ヤイシャマネとは「かなしや、つらや、困ったなあ」という意味のことばである。

「アイヌは総じて、歌を嗜《たしな》む民族だ。絶海の外、窮地の涯《はて》、行くとして部落に歌ごゑの聞えぬ所はない」。アイヌの歌曲はいろいろあるが、なかでもヤイシャネマ（Yaishamane）の一曲は絹を裂くような若い乙女の歌である。「さなきだに悲しさ迫る胡浜の浦風、一揚一抑、その声咽び、その調せまり、凄艶哀切、言ひ知らぬ悲痛の韻《ひびき》が罩《こも》る」

京助は明治の人だから、気分が高揚すると漢文調が前面に出てくる。このあたりの文章は、その文学的な素養が漢詩と漢文にあったことを如実に示している。いいかえれば、このアイヌの哀歌は、京助のいささか古風な詩的感受性と共鳴して、深く彼の心をとらえたのである。

ヤイシャマネの多くは、和人の若者とアイヌのメノコ（娘）の悲恋をうたったもので、時代とともに俗化してきた。しかし、アイヌにはもともと「古語を以て成り、口づからこの民族に語り伝へられて来た律語の古謡――神曲」が存在する。この古謡こそ「ユーカラ（Yukara）」である。

ただし、それを「ユーカラ」と呼ぶのは北海道アイヌのなかでも沙流の周辺だけで、千島、根室、釧路方面では「サコロペ（Sakorope）」といい、樺太アイヌは「ハウキ（Hawki）」と称する。呼び名は違っていても、それがいずれも「謡い物」を意味していることに変わりはない。

京助は最後に、平取の古老カネカトクから採録した英雄伝説「峡中記」を引用しながら、アイヌには口づてに謡いつがれてきた叙事詩が存在することを明らかにする。そしてマシュウ・アーノルドの定義以来、文字に書きしるされたものだけを文学としてきたのは大きな誤りで、このような口承の叙事詩もまた文学にほかならないと力説する。

こうして京助は、一度は諦めたはずの「文学」に再びめぐり合うことになったのである。

2

文芸評論家江藤淳の自伝『一族再会』に、古賀喜三郎という人物が登場する。江藤の曾祖父（父方の祖母米子の父）で元佐賀藩士。明治の初めに海軍に入り、海軍兵学校監事、横須賀鎮守府衛兵司令などを歴任した。海軍中佐で退役したあと、明治二十四年（一八九一）に私財を投じて麴町区元園町（現在の千代田区麴町三丁目）に海軍将兵の養成をめざす海軍予備校を創立した。

この学校は明治三十二年（一八九九）に霞ヶ関二丁目に移転し、改正中学校令により日比谷中学校を併設、翌三十三年（一九〇〇）には海城学校と改称した。同三十九年（一九〇六）、日比谷中学校を閉鎖し、海城中学校として発足。昭和二年（一九二七）に豊多摩郡大久保町（現在の新宿区大久保）に移り、戦後の学制改革で私立海城高校となって現在に至る。

明治四十一年（一九〇八）四月、京助はひょんなことからこの海城中学校に嘱託講師として勤めることになった。ある日、本郷の古書店めぐりの途中で仏教書専門の森江書店に立ち寄ると、知り合いの店主に「勤め口は見つかったのか」と訊かれた。「まだです」と答えると、店主は京助に仏教学者の椎尾弁匡を紹介し、椎尾は同じ仏教学者で海城中学校の校長をしている石塚龍学に声をかけてくれた。

その翌日、石塚校長はわざわざ京助の下宿「赤心館」を訪ねてきた。「海城中学は一時休校していたが、成績のいい生徒百人ほどを残し、優秀な教師を呼んで再興したいと考えている。自分もまだ校長になったばかりだが、あなたには国語教師のかたわら、生徒たちの相談相手にもなってほしい」と懇願した。失業中の京助にとって、これは願ってもない話だった。

四月一日に初出勤した京助は、三年C組の担任を任された。腕白ぞろいで知られるクラスだった。最初の授業で、京助はさっそく失敗をやらかした。欠勤した教師の代わりに教科書の土井晩翠の章を講じていると、生徒の一人が「天上の星と地上の花は姉妹だと書かれていますが、そんな不思議なことがありますか」と質問した。

これは京助が高校時代に読んで感動し、自作「つゆくさ」の下敷きにした詩だった。だから彼は「天上の星と地上の花は、この世で最も美しく清々しいものの一対だ。だから詩人はそれを美しい姉妹にたとえたのだ」と自信をもって説明し、その詩を朗唱してみせた。すると、腕白坊主どもの眼に輝きが生まれた。

そこまでは上々だった。教科書の次のページには朱楽菅江《あけらかんこう》の狂歌が載っていた。菅江は江戸時代末期の狂歌師で『大抵御覧《たいていごらん》』や『故混馬鹿集《ここんばかしゅう》』などの著書がある。中学校の国語教師なら当然知っていなければならない名前である。ところが、京助はうかつにも「さあ、次はシュラスガエの狂歌だね」といってしまった。すぐに一人の生徒が手を上げた。「先生、それはアケラカンコウと読むのじゃありませんか」

その声は小さかったので、後ろのほうの席には聞こえなかったようだったが、京助の耳には寺の梵鐘のように響いた。以来、京助は「玉琢《みが》かざれば器を成さず。まして自分は玉ではなく石なのだから、ずっと琢きつづけるしかない」と自覚するようになった。もしこの失敗がなければ、この新米教師がのちに国語辞典の監修者として名を成すことにはならなかったかもしれない。

三年C組に悪童が一人いた。授業中にいたずらをしたり大声を発したりして手がつけられない。京助はその子の名前を出さずにクラスの全員に静かに語りかけた。

「悪い子が一人いると、組全体が不幸になる。先生も授業を妨げられてうまく教えられない。それは私の不幸であるだけでなく、われわれ全員の不幸でもある」云々。

京助が話し終えると、その生徒が席を蹴って立ち上がった。「先生、それはぼくのことですよね。よくわかりました。これからは気をつけますので、どうか許してください」

その眼には涙が光っていた。京助は駆け寄ってその子の肩を抱きながら「いいんだ、いいんだ」といった。この青年教師は、国語の実力のほどはともかく、指導者としてはなかなか優秀な先生だったようである。

四月二十八日、京助は生まれて初めて月給を手にした。総額三十五円。帝大卒の教師の初任給としては決して高給とはいえないが、二年前に渋民尋常小学校の代用教員になった石川啄木の月給が八円だったことを思えば、まずまずの金額といえるだろう。

翌二十九日の午後、その啄木がふらりと京助の下宿にあらわれた。散歩の途中でちょっと立ち寄ったとでもいうような無造作な様子だった。

《茶の瓦斯縞《ガスじま》の綿入に、紡績飛白《ぼうせきがすり》の羽織へちょこなんと茶の小さな紐を結んで、日和下駄の半分歯の欠けたのを突っ掛けて、手荷物というのは、五、六冊の本の包（実はそれは日記と、自分の書いた新聞の切抜だった）を、弁当箱でも持った様に手に持っているだけだった。帽子を脱ぐと、髪は五分刈で、おまけに三ヶ所ほど禿をこしらえて「台湾坊主の直り掛けだ。社長の大薬罐《おおやかん》に私の小薬罐なんですよ」などと、玄関をはいるなり、朗らかに笑ったのである》（『定本石川啄木』所収「流離から再会へ」）

前回、詩集出版をめざして上京したときの啄木は、五つ紋の羽織に仙台平の袴、中折れのソフトにステッキという派手な扮装《いでたち》で京助の度肝を抜いたが、今度は逆に、あまりにも地味な服装で彼を驚かせた。啄木はその間に「石をもて追はるるごとく」ふるさとを離れ、およそ一年にわたって北海道各地を転々としていた。その漂泊流浪の日々がかつての「天才詩人」の驕慢とナルシシズムをきれいに洗い落としていたのである。

二人はさっそく京助の部屋で積もる話に花を咲かせた。気がつくと、二人ともすっかりお国訛りが戻っていた。啄木はのちに「ふるさとの訛なつかし停車場の人ごみの中にそを聴きにゆく」とうたったが、わざわざ停車場まで行かなくても、ふるさとの訛りはすぐそばにあったのである。

《私の涙ぐましい程、嬉しくもなつかしかったのは、何を云うにも、今度の石川君は、しみじみとして、気取りもなければ、見栄坊《みえぼう》もなく、一切の過去を綺麗に清算して少しのわだかまりもなく、痩我慢《やせがまん》もしなければ、真実真底から出て来る本音のようなことばかりが口を出る、という気分だったことである。云うことが、そうだろう、そうだろう、と、みんなそのまま受取れてびしびしと来るばかりだったことである》(同)

日が暮れると、二人は近くの「豊国」という牛鍋屋へ行ってビールで乾杯した。月給をもらったばかりで、京助はふところが温かかった。そこで啄木は、妻子を函館の詩友宮崎郁雨に託して単身上京したこと、いまは千駄ヶ谷の新詩社に身を寄せているが、いずれは小説で身を立てたいと思っていることなどを語った。一方の京助は、いよいよアイヌ語研究に身を捧げる決心をしたと告げた。

その夜は啄木を下宿に泊めることにした。衣桁に掛かった京助の背広を見て、啄木は「新調したんですね」と羨ましそうにいった。京助が当面の身の振り方を尋ねると、啄木は「下宿を探すつもりだが、このとおり荷物ひとつ持っていないので、部屋を貸してもらえるかどうか心配だ。しばらくここに置いてもらえませんか」といった。「いいですよ、いつまでもどうぞ」と京助は答えた。

翌日いったん新詩社へ戻った啄木は、それからも毎日、赤心館を訪れた。五月四日に二階の六畳間が空いたので、啄木は風呂敷包み一つを持って越してきた。しかし、その日はまだ部屋が片づいていなかったので、二人は京助の部屋で枕を並べた。そして翌五日、啄木は京助から譲り受けた古い机と椅子を自分の部屋に運んだ。この日は京助の二十六回目の誕生日だった。

啄木は下宿代をかせぐために小説を書きはじめた。夏目漱石の『虞美人草』程度のものなら一ヶ月で書けるという自信があった。最初に手がけたのは、北海道時代の記者仲間をモデルにした短篇「菊池君」である。

五月十日に京助がお茶の道具と当面の生活費を持って陣中見舞いに訪れると、四十枚の予定のうち二十一枚まで書けたといって喜んでいた。しかし、この作品は予定を大幅にオーバーして百枚近くなっても結末がつけられず、そのうちに頭痛がひどくなったため、ついに未完に終わった。

つぎに釧路新聞の同僚だった佐藤衣川をモデルに「病院の窓」を書いた。さらに一ヶ月ほどの間に「母」「天鵞絨《ビロード》」「二筋の血」「刑余の叔父」の四本を書き上げて出版社に持ち込んだが、どこでも相手にされなかった。このうち観潮楼歌会で森鷗外に斡旋を頼んだ「病院の窓」と「天鵞絨」は春陽堂に売れたが、原稿料が入ったのは八ヶ月後のことで、その間の生活費はすべて京助の財布から出ていた。

このころ、啄木の部屋に植木貞子《うえきていこ》という女性が出入りするようになった。前回の上京中に新詩社主催の文士劇で知り合った踊りの師匠の娘で、そのころはまだ少女だったが、このときは十八歳の娘盛りで、二人はすぐに男女の仲になった。

しかし、啄木はやがて貞子を持て余し、彼女がやってくると、わざと京助を部屋に呼んで、二人だけになるのを避けるようになった。まだ女を知らない京助にとって、この「お邪魔虫」の役はなんとも居心地の悪いものだった。

この女性の来訪は赤心館の女将や女中たちの心証を害し、ただでさえ下宿代が滞りがちな啄木の評判をさらに悪くした。その一方で、啄木は筑紫の閨秀歌人、菅原芳子とラブレターまがいの手紙のやりとりを続けていた。京助がそれを咎めた形跡はない。

この時期の啄木は「詩人と紹介されると侮辱を感じる。歌人と呼ばれると虫酸《むしず》が走る」と自嘲し、自分はあくまで小説家だと思い込もうとしていた。しかし、その小説がまったく売れず、生活費の一切を京助のお情けにすがる状態だった。死にたいと思い詰めて路面電車に飛び込もうとしたが死ねなかった。そんな啄木を、京助は黙って支えつづけた。

第九章　友情合宿

1

明治四十一年（一九〇八）の春から秋にかけて、金田一京助と石川啄木は本郷菊坂町の下宿「赤心館」で共同生活をした。それは「友情の強化合宿」とでもいうべき日々だった。

京助は毎日カバンをさげて霞ヶ関の海城中学校に出勤し、海軍志望の学生に国語を教えた。啄木は終日部屋にこもって小説を書きつづけた。京助の先生ぶりは次第に板に付いてきたが、啄木の小説はいっこうに日の目を見なかった。

京助が学校から帰ると、二人は二階の啄木の部屋で、毎晩遅くまで語り合った。人生論から文学論まで、話題は尽きなかった。生活費はすべて京助の財布から出ていたが、議論はいつも啄木がリードした。啄木は京助の四歳年下ながら人生経験では一日の長があった。

啄木が五月十八日から書きすすめてきた短篇「病院の窓」は五月二十六日午後に完成した。憔悴した顔で京助の部屋に現れた啄木は「ようやくできました。読んでみてください。よかったらどこかに紹介してくれませんか。その前にまず、ご褒美として僕に二円恵んでください」といった。

十日ほど前、娘の京子がジフテリアに罹って危篤状態に陥ったと、函館の宮崎郁雨から知らせがあった。病状はやがて回復したが、妻の節子から「早く上京して一緒に暮らしたい」という催促の手紙がきた。「病院の窓」は、そういう切羽つまった状況のなかで書かれた小説だった。

翌日、京助はその原稿を持って中央公論社を訪れ、編集長の滝田樗陰に面会を求めた。樗陰は京助に初めての論文「アイヌの文学」を書かせてくれた恩人である。あいにく樗陰は不在だったので「親友啄木の作品です。よろしくお願いします」というメモとともに受付に預けてきた。帰りにイチゴと夏ミカンとビールを買ってきて、二人で打ち上げの祝いをした。

啄木はさらに五月三十日の朝から十二時間ぶっ通しで三十一枚の短篇「母」を書き上げた。翌日、京助はそれを持って再び中央公論社を訪ねたが、樗陰はまたしても不在。六月一日になってようやく面会が実現した。樗陰は「いちおう読んでみましょう」といった。そして二日後、前に預けた「病院の窓」と一緒に返送されてきた。啄木の小説は樗陰のお眼鏡にはかなわなかったようである。

それでもまだ諦めきれない啄木は、その日から五日かかって「天鵞絨」九十四枚を書き上げ、六月四日に森鷗外邸を訪れた。鷗外は留守だったので、「病院の窓」とともに置いてきた。五日後に鷗外からはがきで、「病院の窓」は春陽堂で買い取ることになったが、原稿料は掲載後の支払いになると連絡があった。

啄木は十一日にお礼言上を兼ねて再び鷗外邸を訪れ、残された「天鵞絨」の原稿を持ち帰ったが、そのなかに語句の誤りをただす鷗外手書きのメモが挟まっていた。陸軍軍医総監として多忙なはずの鷗外が、ちゃんと原稿を読んでくれていたのである。

その夜、京助は啄木の下宿代にあてるために冬物の衣類一式を十二円で質に入れた。ところが啄木は下宿代を十円しか払わず、残りの二円で自分の単衣《ひとえ》を買ってしまった。そのため京助はさらに五円を用立てなければならなかった。

翌日、啄木は一円だけ京助に返済し、夜店で買ってきた青磁の花瓶をプレゼントした。その金は冬物の袷《あわせ》と羽織を質入れしてつくったものだったが、一円で自分の卓上ランプを買ったので、すぐにまた文無しになった。

「手元に金があると、なんだか落ち着かなくて物を書く気になれないのです。僕はやっぱり貧乏が性《しょう》に合っているんでしょうね」

手元に金があってもなくても、小説はなかなか書けなかった。その代わり、短歌ならいくらでも作ることができた。小説の筆が進まなくなると、自虐的な気持ちで短歌を書き散らした。そこにはもはや詩集『あこがれ』を出したころの見栄や気取りはなく、はだかの自分を洗いざらしの日本語で表現する快感があった。それはまさしくことばによる自慰だった。

いったん書き出すと止まらなくなり、六月二十三日から二十五日にかけて断続的に二百四十六首の短歌を詠んだ。そこには「東海の小島の磯の白砂にわれ泣きぬれて蟹とたはむる」「たはむれに母を背負ひてそのあまり軽きに泣きて三歩あゆまず」など、のちに歌集『一握の砂』に収められることになる幾多の名歌が含まれていた。

その書き散らしの歌稿を京助に見せながら、啄木は「近頃は頭がすっかり短歌になっていて、何を書いても歌になります。父母を詠んだ四十首は泣きながら書きました」といった。

当時、啄木の父一禎は家族の口減らしのために青森県野辺地《のへじ》の旧師の寺に身を寄せ、母カツは函館で啄木の妻子とともに宮崎郁雨の世話になりながら上京の日を待ちわびていた。それもこれも、すべては自分の不甲斐なさのせいだった。啄木はただ泣くしかなかったのである。

それを聞いて、京助も泣いた。泣きながら「とにかく、あなたがしっかりしなければ」と励ました。しかし、そのことばが無力であることを、いった本人がよくわかっていた。

七月九日、今度は京助に悲報が届いた。妹のヨシが北上川に身を投げて死んだと、弟の次郎吉が知らせてきたのである。その手紙を持って啄木の部屋を訪れた京助は、物もいわず入り口に佇んでいた。「とにかく中へ」と招じ入れられた京助は、涙ながらにこれまでのいきさつを語った。

金田一家の第五子で次女のヨシは、京助と同じく幼いころ里子に出された。長女のヨネがそれを悲しんで両親に泣きついたので、五歳のときに実家に返された。

しかし、ヨシはすっかり泣き虫になっていて、いったん泣き出すといつまでも泣きつづけた。そのうちにヨネも愛想をつかし、ヨシは兄妹のなかで次第に孤立するようになった。同じ里子体験を持つ京助はやさしく接したつもりだったが、ヨシにはそれが伝わらなかったらしい。

それでもヨシは縁あって盛岡から三十キロほど離れた花巻に嫁ぐことになった。嫁入りの日、京助はヨシに「俺はお前をほかのみんなと同じように愛していた」と告げたかったが、ヨシはなぜかプイと顔をそむけた。

一年ほど前、ヨシは婚家から実家に戻った。たまたま帰省していた京助が声をかけると、ヨシは「あのとき兄さんは、それ見ろといって突き放した」と恨めしげにいって泣きだした。京助は「俺がそんなことをいうはずはない」と弁明したが、ヨシはもう聞く耳を持たなかった。

七月四日、ヨシは黙って実家を抜け出したまま行方不明になった。家族が手分けして捜すうちに、七日になって盛岡市の郊外、見前村の北上川の川原に女性の死体が漂着したという知らせが入った。みんなで現場に駆けつけると、そこには両膝を紐で縛り、頭髪を固く結い上げて覚悟の自殺をとげたヨシの亡骸があった。享年二十。遺体の周囲には月見草の花が咲き乱れていた。

長い物語を終えた京助に、啄木が「今夜はここで枕を並べて寝ますか」と問うと、京助は「いや、夢を見そうだから自分の部屋で寝ます」と答えた。十一日の夜行で帰省するという京助に、啄木は「その日は上野まで見送りに行きます。どうにもならないことで、あまり自分を責めないでくださいね」といった。

京助は盛岡でヨシの霊前に手を合わせたあと、七月十四日の夜遅く帰京した。啄木の部屋を覗くと、啄木は珍しく自分の詩集『あこがれ』を読んでいた。

翌十五日の夕方、今度は啄木が暗い顔をして京助の部屋にやってきた。

「なんだか淋しくなりましてね。近ごろ、死にたいという想いが心に浮かんで消えないのです」

啄木が引き受けていた金星会の歌稿の添削料が少し上がって、三銭切手を十一枚入れた封書が届いた。これまでより一枚多かった。うれしかった。しかし、三銭をうれしがる自分の境遇を思うと無性に悲しくなったという。

「自分の文学の価値はたったこれだけのものかと思うと、やりきれないのです。妹さんの真似をしようとは思いませんが、死のささやきを聞いていると、なぜか心が安らぐのです」

盛岡の話をすると湿っぽくなるので、京助は樺太の思い出を語った。ボートから下りた途端に数十頭のカラフト犬に吠えたてられて肝をつぶしたこと、波濤をかすめて飛ぶ渡り鳥の群れを見ながら時を忘れたことなどを話した。すると、啄木の表情が明るくなった。

「あなたの話を聞いていると、なぜか心が軽くなる。おかげで今夜はぐっすり眠れそうです。ありがとう」

しかし、啄木の心の平安は長くは続かなかった。七月二十七日、先月から滞っていた下宿料の催促を受けた。お手伝いのアイという娘がおかみさんの使者として厳しく責め立てた。啄木は「無い袖は振れぬ」と防戦につとめた。アイが五、六度階段を昇降したあと、おかみさんがやってきて、こう宣告した。

「あしたの夕方までに、なんとしても先月分の十五円を入れてください。それができなければ、すぐにここを出ていってもらいます」

そのとき啄木の財布には一銭もなかった。とりあえず英和辞典を古本屋に売って電車賃をつくり、あちこち金策に駆け回った。しかし、借りられるところからはすでに借りたまま返していなかったので、それでもなお貸そうという奇特な人はいなかった。

最後に訪ねた北原白秋も不在だとわかると、もう自殺以外に道は残されていないと思った。北山伏町の白秋の借家を出て春日町の坂を上っていたとき、市電が猛スピードで坂を下ってきた。これに飛び込めば死ねると思って身構えた瞬間、電車は無情にも通り過ぎていった。

その夜遅く下宿に戻った啄木は、京助に一部始終を語った。「死のうと思ったけど、死ねませんでした。人間はなかなか死ねないものなんですね」

翌日、京助はおかみさんに会って、今後啄木の下宿代は自分が責任をもって払うので、本人には催促しないと約束させた。しかし、京助にも十分な手持ちがなかった。京助が海城中学でもらう月給は三十五円で、二人分の下宿代を払うと五円しか残らない。しかも海城中学は経営難で、給料が遅延することも珍しくなかった。

そこで京助は「いまちょっと余裕がないので、僕の分を五円まけて二人で二十五円にしてくれませんか。あとで金が入ったら払いますから」と頼んでみた。学生時代から毎月きちんと払いつづけてきたので、それぐらいの信用はあると思っていた。

ところが、おかみさんは「書生さんというものは、金は持っているだけ使ってしまう。あるときに払ったほうがいい」といって、頼みを聞いてくれない。三十五円の月給を取っている人が三十円を払えないはずがないというのである。

それを聞いて腹がたった京助は「わかりました。払います。あしたまで待ってください」といって、返事を待たずに背を向けた。下宿代を清算して赤心館を出るつもりだった。

翌日、京助は神田の松村書店を呼んで蔵書を売り払った。高校時代から買い集めた文学書が中心で、そのなかにはハイネの極彩色版詩集、ゲーテやシラーの豪華版詩集、ケーニッヒの『ドイツ文学史』といった稀覯本も含まれていた。

古本は荷車に二台分あったが、本代は四十円にしかならなかった。しかし、京助は自分の文学青年的な一面を切り捨てて学問ひとすじに生きようと決めていたので、文学書を手放すのはそれほど苦痛ではなかった。

京助はその金で溜まった下宿代を払い、ついでに盛岡から持ってきた上物の南部鉄瓶を「長らくお世話になったお礼です」といっておかみさんに手渡した。下宿を女房にまかせて自分は会社づとめをしている亭主がそれを見て、「お前は金田一さんに何か失礼なことをいったんじゃないのか」と、おかみさんを問い詰めたという話をあとで聞いた。

その日、啄木は鷗外邸の観潮楼歌会に出かけて留守だった。深夜に帰ってきて京助の本棚が空っぽになっているのを見つけた啄木は、思わず何か声を発した。京助の『思い出の記』では「やあ！　私のためにどうも」といったことになっているが、啄木の日記には「死んだら守る」といったと記されている。「生きているあいだに恩返しすることはできそうにないが、自分が先に死んだら必ずあなたを守る」という意味だったらしい。

あとでその日記を読んだ京助は「啄木でなければいえない、腹の底から出たお礼のことばだったのに、そのときはそれを理解できなくて申し訳ない」と感じたという。ここはもちろん京助が詫びるべき場面ではない。詫びるべきなのは、自分の借金をほったらかしにして歌会に出かけた啄木のほうである。

2

九月六日、京助と啄木は本郷森川町新坂上の「蓋平館別荘」に引っ越した。木造三階建ての新築物件で、「東京一高級な下宿」という触れこみだったが、部屋代五円、食費七円で、これまでより割安だった。

窓を開けると眼下に西片の町と森が広がり、天気のいい日には富士山が見えた。最初は三階の八畳間に同居したが、二日後に啄木は家賃の安い「九番」に移った。それは「珍な間取の三畳半、称して三階の穴」という小部屋で、部屋代は四円だった。窓からは小石川、神田方面の街並みと靖国神社の森が見えた。

下宿を移ってまもなく、京助は海城中学を辞職した。辞めたくはなかったが、辞めざるをえなかった。彼には教師の資格がないことが判明したからである。

当時、帝国大学の卒業生は、教職課程を履修しなくても、自動的に中学教師の資格が与えられた。英文科を出れば英語の教師に、国文科を出れば国語の教師になることができた。ところが、京助の出た言語学科は、中学側に受け皿となる教科がなかったので教師の資格が得られなかったのである。

突然の失職で無収入になった京助は、十月の初めから、恩師の金澤庄三郎教授の推薦で、三省堂の『日本百科大辞典』編修所に校正係として勤めることになった。学生時代にアルバイトをしていた職場だが、今度は正規の採用だった。その直後に国学院大学の嘱託講師の職も得て、収入はようやく安定した。

一方、啄木の小説は相変わらず売れなかった。万朝報の懸賞小説に応募したがあえなく落選し、国民新聞の徳富蘇峰に記者として雇ってほしいと履歴書を送ったが無視された。そんなときにはいつも京助が泣き言の聞き役をつとめた。

十月の半ば、新詩社同人の栗原古城（本名元吉）から朗報がもたらされた。古城は東京帝大を卒業して東京毎日新聞の記者をしていたが、啄木の小説を連載するよう社長の島田三郎に頼んでみようといってくれた。これは千載一遇のチャンスだった。

啄木はさっそく旧稿「静子の恋」を全面改稿して『鳥影《ちようえい》』という小説に取りかかった。これは郷里の渋民村の旧家、金矢家の人々をモデルにした小説だったが、書き始めてまもなく、モデルのひとりで盛岡中学の同級生だった金矢光一がひょっこり訪ねてきた。啄木はその偶然にびっくりしたが、小説のことは黙っていた。

長篇小説『鳥影』は十一月一日から十二月三十日まで五十九回にわたって東京毎日新聞に連載された。原稿料は一回二円の契約だった。これですっかり気が大きくなった啄木は、十一月初めに浅草十二階下の私娼窟へ出かけてミツという名の娼婦を抱いた。妻の節子によく似た女だった。以後、啄木は少しでも金が入ると、足繁く浅草へ通うようになる。

大晦日《おおみそか》に『鳥影』の原稿料がまとめて入った。それは啄木が小説で稼いだ最初の収入だった。彼はその金で溜まっていた下宿代と借金を清算した。「借金というものは返せるものなんだなあ！　借金を返すってのは、よい気分のするものですね」と感に堪えぬようにいった。そのことばは京助をいたく感激させた。

《石川君の此のいつわらざる天真の声――其《それ》は一つの詩だった。創作だった。而《しか》もどの詩集にも歌集にも漏れている石川君不用意の突嗟《とっさ》の最も自然に発した自らの歌だった。半生の借りっぱなしをめぐって、石川君に金銭上の悪声が此迄《これまで》多くの旧友を叛《そむ》かせたのであったが、それは石川君には不可能を強要する無理解の笞《しもと》だったのである。借金を返し得ずにいる苦しみを、ひとりでどんなに苦しんでいたかが、一度に思いやられて、私は覚えず笑いを収めて闇然としたのである》

（『定本石川啄木』所収「蓋平館時代の思出から」）

この啄木擁護論は、いささか贔屓《ひいき》の引き倒しの観はあるものの、それを書いたのが啄木に集《たか》られっぱなしだった京助であるところに、有無をいわさぬ説得力がある。

明治四十二年（一九〇九）が明けた。数えで京助は二十八歳、啄木は二十四歳になった。

この年一月一日に文芸誌『スバル』が創刊された。『明星』廃刊のあとを受けて平野万里、吉井勇、木下杢太郎、北原白秋など新詩社系の若手詩人が森鷗外の後押しで結集した雑誌で、当時隆盛をきわめた自然主義文学に対抗する浪漫主義の拠点となった。

創刊号の発行名義人は啄木になっていたが、これは名義だけのことで、実際の編集発行人は歌人で弁護士の平出修《ひらいでしゅう》だった。平出は発行費用も負担した。啄木はのちに平出から大逆事件の裁判書類を借りて読み、深刻な思想的転換を迫られることになる。

『スバル』の編集発行人という肩書は、啄木に勇気と自信を与えた。二月三日、彼は東京朝日新聞編集長、佐藤北江《さとうほっこう》（本名真一）に、この創刊号と履歴書を同封した就職依頼の手紙を出した。北江は盛岡出身で当時四十一歳。面識はなかったが、お互いに名前だけは知っていた。

北江はすぐに会いたいと、はがきでいってきた。二月七日、啄木は京橋の本社で北江と面会した。話は三分で終わった。北江は校正係でよければ月給三十円で雇うと約束した。その夜、京助は一張羅のフロックコートを質に入れて金をつくり、都心の高級料理店で啄木と祝杯をあげた。

二月十九日、東京帝大生の野村長一（のちの胡堂）が予告なしに啄木を訪ねてきた。胡堂は盛岡中学で京助と同級だったが、一高入学までに二年浪人したので、まだ法科大学の学生だった。啄木が前回上京したとき以来、ほぼ三年ぶりの再会だった。その日、京助は三省堂に出社していて会えなかった。

胡堂のあとから『鳥影』のモデルになった金矢光一もやってきたので、三人で下宿の昼飯を食べながら積もる話に花を咲かせた。金矢はまもなく帰ったが、胡堂は夕方までいた。そのとき胡堂は名目だけの婚約者と別れ、いまは同郷の橋本ハナとつきあっていると告げた。それを聞いて、啄木は少し羨ましく、少しだけ不愉快に感じた。

こうして、京助と啄木の周辺で、物事は少しずつ動きはじめていた。

第十章　二人の校正者

1

明治四十一年（一九〇八）十月、国語教師の資格がないことがわかって海城中学校の講師を辞めた金田一京助は、文科大学の恩師、金澤庄三郎の口添えで三省堂の『日本百科大辞典』編修所に校正係として勤めることになった。ちなみに石川啄木は翌年（一九〇九）三月、東京朝日新聞社に校正係として入社しているから、二人はともに校正マンとして二十代の一時期を過ごしたことになる。

金澤庄三郎は三省堂から『辞林』という国語辞典を出した関係で、百科事典の編集長、斎藤精輔とも懇意だった。百科事典の校正には、英語、ドイツ語、フランス語のほかに、ギリシア語、ラテン語、サンスクリット語の知識が必要とされるので、世界の言語に詳しい卒業生をひとり紹介してほしいと、斎藤から頼まれていた。そこへ折よく京助が就職相談に訪れたのである。

月給は三十円。海城中学校の給料より五円安かったが、その差額には替えられない余得があった。三省堂の書庫には英国の『エンサイクロペディア＝ブリタニカ』をはじめ、ドイツの『マイエル』『ブロックハウス』、日本の『古事類苑』など、古今東西の辞書や百科事典が揃っていたからである。

斎藤編集長から「これを調べてくれ」と頼まれると、京助はそれらの辞書や事典類を読み比べて精査し、最適の語釈や説明を見つけ出した。それはまさしく「ことば探偵」の仕事だった。こうして身につけた調査法は、辞書編集者としてだけでなく、本職の言語学研究のうえでも大いに役立つことになった。

斎藤精輔は業界でも有名な凝り性だった。文芸書などの校正は再校か三校ぐらいで済ませるのが普通だが、斎藤は念入りに何度も校正を重ね、ときには十校を超えることもあった。そのため各巻の校了日が近づくと、編集部員は毎回一ヶ月ほどの徹夜作業を余儀なくされた。京助たちが次の間で仮眠をとっている間も、斎藤はひとりで黙々と校正をつづけた。「あの人はいったいいつ眠るのだろう」と京助は不思議でならなかった。

入社してしばらくたったころ、国学院大学の教務課長石川岩吉と東京帝大国語研究所助手の亀田次郎が、三省堂に京助を訪ねてきた。亀田は母校の助手と兼務で国学院大学の講師をしていたが、このたび鹿児島の第七高等学校（現在の鹿児島大学）に教授として赴任することになったので、代わりに言語学と音声学の講師を引き受けてくれという依頼だった。

その日は返事を保留して金澤庄三郎に相談すると、金澤は即座に「引き受けたほうがいい」といった。「ただし、初めて大学の教壇に立つのだから、前日は休暇をとってきちんとした講義ノートをつくりなさい。三省堂へは私からも話しておきます」

こうして無事に話がまとまり、三省堂は講義前日の毎週金曜日を休みにしてくれた。当時、京助が啄木と一緒に住んでいた本郷森川町の下宿「蓋平館別荘」から東大の図書館までは目と鼻の距離だった。金曜日は朝から図書館にこもって翌日の講義ノートづくりに励んだ。そうしていると、自分の本分はやっぱり研究者なのだという実感が湧いてきた。

国学院での初講義の日、緊張して教壇に上がると、最前列に黒い口髭をはやした学生がいた。自分より明らかに年長だと思われた。その学生がいきなり「先生！」と大声を発し、髭をひねくりながら立ち上がった。京助は一瞬何事ならんと身構えたが、その質問は埒《らち》もないことだったので、ひとまず胸をなで下ろした。気がつくと、脇の下にびっしょり汗をかいていた。

なんとか授業を終えて廊下に出ると、ひとりの学生が待ち受けていた。大学部二年生の折口《おりくち》信夫《しのぶ》だった。折口は開口一番「金田一先生でよかった。後藤さんや小倉さんやったら、わたしは授業に出やしませせなんだに」といった。

京助と折口は、前年（一九〇七）一月に金澤庄三郎の私邸で会っていた。この家は金澤が『辞林』の印税で建てたもので、屋根が銅版で葺かれていたところから「赤銅御殿《あかがねごてん》」と呼ばれていた。その赤銅御殿に、東京帝大から言語学科の京助と後藤朝太郎、国学院大学から師範部三年の岩橋小弥太と大学部一年の折口が集まって『辞林』の校正をした。校了の間際には京助の一級先輩の小倉進平も加わった。つまりここには、やがて日本の国語・国文学界を背負って立つことになる俊英が顔を揃えていた。

その校正作業のときに、折口は後藤が中心になって校閲したゲラの不備や誤りを幾度となく指摘した。京助は「この男は若いのに偉いものだ」と、その学殖の深さに感銘を受けた。折口は額に痣《あざ》があった。あとから加わった小倉はそれを知ってか知らずか、「きみ、顔にインクがついてるぞ」といって、その場にいた者をヒヤリとさせた。

もし後藤や小倉が国学院の講師になっていたら、自分はその授業には出なかっただろうと折口がいった背景には、そういう事情が隠されていた。ただ、そのときの京助は、自分の俄《にわ》か仕込みの音声学をこの優秀な学生に聞かれたことを、内心ひそかに羞じていた。

ある日、学生服姿の折口が蓋平館別荘に京助を訪ねてきた。その場にたまたま俳人の大須賀乙《おおすがおつ》字《じ》がいて、「頼み寄るに買ふ塵紙や秋の暮」という句における「に」のはたらきについて力説していた。黙ってそれを聞いていた折口は「日本の国語史上、そういう『に』の用法はありませんよ」といった。学生とみて侮った大須賀は、高飛車に出て屈服させようとしたが、折口は一歩も引かずに反論し、ついにはこの俳論の大家をやりこめてしまった。栴檀《せんだん》は双葉のころから芳しかったのである。

折口信夫は歌人釈《しゃく》迢空《ちょうくう》としても知られた。明治二十年（一八八七）二月、大阪に生まれ、天王寺中学、国学院大学予科をへて、明治四十三年（一九一〇）に同大学の国文科を卒業した。その後、大阪の今宮中学校、東京の郁文館中学校の教師をへて国学院大学講師、同教授、慶應義塾大学教授などを歴任した。国文学の研究に民俗学を導入して民俗学的国文学の基礎を築き、芸能史や神道史にも新生面を開いた。それらを総称して「折口学」とも呼ばれた。

折口は昭和二十八年（一九五三）に六十六歳で没するまで、京助をつねに師として仰ぎつづけた。発表のあてがなかった京助のユーカラ研究の一部を歌誌『アララギ』に頼んで掲載させたこともある。京助のアイヌ研究における民俗学的な知見は、この優秀な弟子に負うところが多かった。

2

明治四十二年（一九〇九）三月、東京朝日新聞社に校正係として入社した啄木は、すぐにも家族を東京に呼び寄せたいと思った。函館に残した家族からは、一日も早く上京したいという手紙が頻繁に届いていた。超過勤務手当を含めて毎月三十円の収入があれば、なんとか一緒に暮らせるはずだった。しかし給料は前借りつづきで手元に残らず、小説もいっこうに売れなかった。

そうした憂悶のなかで、啄木は四月二日からローマ字で日記を書きはじめた。最初はそれまでの当用日記を利用していたが、七日からは新しく買ってきた背革黒クロース装の横罫ノートに書いた。六月一日までは日付を追っているが、それ以後十六日までの分は「二十日間（床屋の二階に移るの記）」としてまとめられている。このノートは戦後に公開されて「ローマ字日記」と呼ばれることになった。

四月七日の日記に、こういう記述がある。

《なぜこの日記をローマ字で書くことにしたか？　なぜだ？　予は妻《さい》を愛している。愛してるからこそこの日記を読ませたくないのだ、――しかしこれはうそだ！　愛してるのも事実、読ませたくないのも事実だが、この二つは必ずしも関係していない。そんなら予は弱者か？　否《いな》、つまりこれは夫婦関係という間違った制度があるために起こるのだ。夫婦！　なんという馬鹿な制度だろう！》（翻字と表記は筑摩書房版の全集に拠る）

ローマ字で日記を書くのは、愛する妻に読ませたくないからだというのだが、節子は盛岡女学校時代に京助から英語を教わったほどだから、ローマ字は読めたはずである。とすれば、これはどうやら自分の良心に対する言い訳にすぎないようだ。四月十日の日記に、さっそく「妻に読ませたくない」記述が出てくる。

《いくらかの金のある時、予は何のためろうこともなく、かの、みだらな声に満ちた、狭い、きたない町に行った。予は去年の秋から今までに、およそ十三、四回も行った。そして十人ばかりの淫売婦を買った。ミツ、マサ、キヨ、ミネ、ツユ、ハナ、アキ……名を忘れたのもある。予の求めたのは暖かい、柔らかい、真っ白な身体《からだ》だ。身体も心もとろけるような楽しみだ。しかしそれらの女は、やや年のいったのも、まだ十六ぐらいのほんの子供なのも、どれだって何百人、何千人の男と寝たのばっかりだ。顔につやがなく、肌は冷たく荒れて、男というものには慣れきっている、なんの刺激も感じない。わづかの金をとってその陰部をちょっと男に貸すだけだ》

啄木がこの浅草十二階下の「きたない町」に求めたのは「身体も心もとろけるような楽しみ」だけではなかった。啄木は自分が背負わされた人生の重荷からの「脱出」を求めていた。しかし、それは求めても得られない夢だった。このころ、啄木はしばしば会社を休んで小説を書こうとしたが、何を書いてもうまくいかなかった。いっそ病気になってしまえば、もう少し楽になれるだろうと思った。この願いだけは、それから遠からずして叶えられることになる。

四月十三日には函館の母カツから手紙が届いた。カツは盛岡の寺子屋では一番の優等生だったというが、父一禎と結婚してからは読み書きの習慣を失い、啄木が釧路にいたころに受け取った手紙には誤字が多くて読みにくかった。ところが、啄木が上京して手紙を書く回数が増えると、文字までが次第にうまくなった。啄木には、それがむしろ悲しかった。

《このあいだみやざきさまにおくられしおてがみでは、なんともよろこびおり、こんにちかこんにちかとまちおり、はやしぐわちになりました。いままでおよばないもりやまかないいたしおり、ひにましきょうこおがり、わたくしのちからでかでることおよびかねます。そちらへよぶことはできませんか。ぜひおんしらせくなされたくねがいます》

——先日、宮崎（郁雨）様へ送られた（就職が決まったという）手紙を読んで喜び、今日か今日かと（上京の日）を待つうちに早くも四月になりました。今まで及ばずながらも子守りや賄いをしてきましたが、京子も日増しに大きくなり、私の力でかでる（遊ばせる）のは難しくなりました。そちらへ呼び寄せることはできませんか。ぜひお知らせくださるようお願いします。

四月二十五日、啄木は何日かぶりに出社して月給を受け取った。袋に入っていたのは七円だけで、あとは十八円の前借証だった。とはいえ、先月の月給日には二十五円の顔を見ただけで、そっくり佐藤編集長に借金を返したことを思えば、今月は残りがあるだけましだった。

社の帰りに、千駄ヶ谷から駿河台に引っ越した与謝野家の新居を訪ねた。鉄幹は芝居見物で留守だったので、二階の居間で晶子と話した。そこへ吉井勇がやってきたので、三人で『スバル』の短歌特集号について話し合った。その話のなかで、山川登美子が十日ほど前に死んだことを知った。登美子は晶子と並ぶ鉄幹門の才媛で「白百合の君」と呼ばれていた。まだ三十一歳という若さだった。

鉄幹が帰宅するとすぐ、啄木は与謝野家を辞した。何かの話のつづきで高笑いしながら門外に出ると、啄木は「チェッ」と舌打ちし、「彼らと僕とでは住む世界が違う。いまに見ていろ、馬鹿野郎！」と吐き捨てた。このころ、啄木の心はすでに鉄幹の浪漫調から離れ、実生活に根ざした「喰《くら》うべき詩」に傾いていた。

このあと、電車の回数券を買って下宿に戻り、勤めから帰ってきた京助を誘って夜の散歩に出た。本郷三丁目から市電に乗り、坂本で乗り換えて吉原へ向かった。東京暮らしの長い京助は何度か吉原へ見学に来たことがあったが、啄木はこれが初めてだった。

その日は二人とも登楼するだけの金がなかったので、不夜城のような郭のなかを一周しただけで、「角海老」の時計台が十時を打つころに吉原をあとにした。性欲が昂進した啄木は「十二階下へ行こう」と誘ったが、京助が首を振ったので、浅草の牛鍋屋で飯を食っただけで下宿に戻った。その夜、二人は「いつかは吉原で上玉と寝てみたいものだ」と語り合った。そのとき二十六歳の京助はまだ女を知らなかった。

四月二十六日、函館の宮崎郁雨から手紙が届いた。「六月になったら君の家族を上京させる。旅費は全部こちらで持つ」という内容だった。啄木は気が滅入った。「よし、今夜だけは遊ぼう」と心に決め、京助を誘って浅草へ行った。前に北原白秋と来たことのある「新松緑」で、たま子という女の身の上話を肴に飲んだ。すぐに酔った啄木は、女将に代金二円を渡して隣室でおえんという女を抱いた。あっけなくことを終えて元の部屋に戻ると、京助とたま子が服を着たまま畳の上に寝そべっていた。

帰りの電車はもう途中の車坂までしかなかった。二人は池ノ端から本郷まで歩いて帰ることにした。道すがら、京助は「たま子とは寝なかった。ただ生まれて初めてキスをした」と打ち明けた。それを聞いて悲しくなった啄木は、泣きじゃくりながら「下宿に帰ったら、今夜は僕を抱いて寝てくれませんか」といった。

その夜、何があったのか、啄木は何も書いていない。ただ、京助は後年、この日のいきさつが公表されることを恐れて「ローマ字日記」の公刊に強く反対した。「嫁入り前の娘の縁談に差し支える」というのが反対の理由だった。

五月二日は日曜日ながら啄木の出勤日だった。早朝、渋民村の助役の息子、岩本実が徳島出身の清水という青年を連れて下宿を訪ねてきた。岩本は横浜の叔母を頼って家出をしたが、二週間ほど前に叔母から帰りの旅費を渡されて追い出された。しかし、どうしても東京で働きたかったので帰郷せず、三日前に泊まった神田の安宿で清水と知り合った。清水も親と喧嘩して家出中だった。

啄木は渋民尋常小学校の代用教員時代に岩本助役にさんざん世話になっていたので、その息子の苦境を見捨てるわけにはいかなかった。その日は社を休んで下宿を探し回り、本郷弓町二丁目（現在の文京区本郷二丁目）に手頃な下宿を見つけた。啄木は手付金として一円を払い、近くの天ぷら屋で二人に飯をおごった。前日、佐藤編集長に頼んで五月分の月給を前借りしたばかりだったが、これでまた文無しになった。

翌日は疲れたので病気欠勤届けを出して、一日寝て過ごした。その翌日も休んで朝から机に向かったが、ペンはいっこうに進まなかった。「鎖門一日」を書いてはやめ、「面白い男？」を書いてはやめ、「少年の追想」を書いては破り、ついに諦めてペンを放り出した。せめて早寝をしようと床に入ったが、その夜は眠気さえ訪れようとしなかった。

五月十日すぎのある夜、急に絶望的な気分に襲われた啄木は、京助から借りていた剃刀で胸を切った。自殺するためではなく、怪我を口実に長期休暇をとって、今後の身の振り方を考えてみるつもりだった。しかし、途中で怖くなり、左の乳の下に浅い傷をつけただけに終わった。

それを知った京助は啄木の腕をつかんで外へ連れ出し、買ったばかりのインバネスのコートを質に入れて本郷の天ぷら屋へ行った。そこでしたたか酒を飲んだ啄木はようやく生気を取り戻したが、部屋に戻ると、また母から気の滅入るような手紙が来ていた。啄木は今度こそほんとうに死にたくなった。

五月十五日の新聞に二葉亭四迷の死が報じられた。ロシアから船で帰国する途中、ベンガル湾上で肺結核のため客死したという。その夜、京助と啄木は二葉亭について語り合った。

晩年の二葉亭は「文学は男子一生の事業に非ず」と主張して実業家への転身をめざしていた。啄木もまた従来の文学至上主義を否定して、のちの生活短歌に代表される「喰うべき詩」をめざしていた。だから啄木は、京助が「二葉亭が文学を否定し、文士と呼ばれるのを嫌ったのは納得できない」というのを聞いて悲しかった、と日記に書いている。文学を諦めたはずの京助には、なお文学へのあこがれが残っていたのである。

六月に入ると、啄木は身なりを構わなくなった。髪の毛が肩まで伸び、まばらな髭がやつれた顔面を覆っていた。蓋平館別荘の女中たちは「まるで肺病病みのようだ」といって、嫌悪感を隠そうともしなかった。

六月十日の朝、啄木は宮崎郁雨と節子から届いた手紙を寝床で読んだ。二通とも盛岡から投函されていた。一行は七日に函館を発ち、節子と京子は盛岡の実家に身を寄せていた。母は父一禎のいる野辺地の寺に立ち寄ったあと、盛岡で合流することになっていた。

このとき、啄木は郁雨と節子が一緒に行動していることに格別な疑いは持たなかったし、そんなことを気にするだけの余裕もなかった。このことはのちに妹ミツもからんで離婚の危機にまで発展する。

啄木は「受け入れの準備をするから五日間だけ猶予をくれ」と郁雨に手紙を出したあと、下宿探しを始めた。幸い手元には郁雨が送ってくれた十五円があった。その金で本郷弓町二丁目十八番地で新井喜之助夫妻が営む床屋「喜之床《きのとこ》」の二階二間を借りることができた。溜まっていた蓋平館の下宿代百十九円は、京助が保証人になって毎月十円ずつ返済することで話がついた。

啄木の「借金メモ」によると、この時点での借金総額は一千三百七十二円五十銭。明治四十年代の一円には現在の一万円以上の価値があったとされるから、総額千五百万円から二千万円相当の借金をかかえていたことになる。

地域別の内訳は、北海道四百八十三円、東京二百九十八円、盛岡二百八十三円、渋民村百五十

四円、仙台十八円。個人別では山本千三郎（義兄）、堀合忠操（節子の父）、金田一京助がそれぞれ百円となっている。金額的には宮崎郁雨がいちばん多かったはずだが、それはおそらく「北海道」のなかに含まれている。京助が用立てた金が百円ぽっちだったはずはないが、その多くは借金ではなく「贈与」だという暗黙の了解があったのかもしれない。

いずれにしろ、啄木はこのときすでに自力では返済不可能な債務者になっていた。その債務者が新たに収入のない家族を受け入れることになったのだから、破綻はすでに約束されていたといえる。

六月十六日朝、まだ暗いうちから、啄木は京助、岩本実と三人で上野駅のプラットフォームに立っていた。盛岡からの夜行列車は、一時間ほど遅れて到着した。母、節子、京子が郁雨に先導されて降車口に姿を現した。前年四月に別れて以来、一年二ヶ月ぶりの家族再会だった。

こうして京助と啄木の十三ヶ月にわたる蜜月は終わりを告げた。

第十一章　結婚

1

明治四十二年（一九〇九）六月、啄木が函館から上京した家族を迎えて本郷弓町二丁目の床屋「喜之床」の二階に移ったあとも、京助は森川町の下宿「蓋平館別荘」に住んで三省堂の「日本百科大辞典」編修所に校正係として勤め、毎週土曜日には国学院大学に出講していた。

国学院の講師料は大先生でも一時間一円、いちばん若い京助も一円だった。当時の一円は現在の一万円ぐらいに相当するから、決して安いというわけではないが、休講になると一銭も貰えないので、月四円を下回ることが多かった。それでも三省堂の月給三十円と合わせて、なんとか食べていくことはできた。

そんなある日、啄木が蓋平館にやってきて、いきなり「金田一さん、結婚しなさい」といった。

「なんだよ、藪から棒に。安月給の身で結婚なんかできるわけないじゃないか」

「いやいや、できますよ。一人で食えれば二人でも食えます。一人だと、ついつい外食するでしょう。二人になると、それがなくなるから大丈夫です」

「そうかなあ」

「そうですよ。ぼくだって安月給で家族三人を養っているんですから」

そんな会話を交わしたあと、啄木はおもむろに「実はいい口があるんです。お見合いに行きましょう」と切り出した。京助がはにかんで「よしてくれ、お見合いなんかしたくないよ」とことわると、啄木は京助を見下ろすように、こういった。

「おかしな人だなあ。べつに恥ずかしがるようなことじゃない。ただで若い娘さんの顔を見に行こうといってるんですよ。なにがいやなんですか」

京助にも、それまで結婚話がまったくなかったわけではない。大学の先輩から「おれの妹を貰ってくれないか」といわれたこともある。しかし、若い女性にはなんとなく近づきがたい感じがして、恋愛はもとより、一対一で話をしたこともなかった。

一方、十九歳で結婚したあとも女出入りの絶えなかった啄木は、四つ年上の京助が未だに女を知らないことに精神的な圧迫を感じ、浅草の十二階下に連れ出して童貞を捨てさせようとしたが、前述のように京助はそれに応じなかった。かくなる上は無理にでも結婚させてしまおうというのが、年下の月下氷人、啄木の思惑だったのである。

ことのはじまりは、啄木と貸本屋の老人との世間話だった。本郷界隈の下宿や家庭に出入りして貸本の商いをする山本という老人がいた。まだ蓋平館に住んでいたころ、啄木はこの老人から『春情花の朧夜』といった艶本を借りて独り寝のさびしさを紛らしていた。

「じいさん、あんたは本を背負ってあちこちの家に出入りするから、世間が広いはずだ。どこかに、いいお嫁さん候補はいないかね。こっちは帝大出の文学士で、大学の先生で、しかも母方の伯父さんは盛岡銀行の頭取をしている」

そのとき啄木は、京助の略歴のほかに父久米之助、伯父勝定の名前を紙に書いて山本老人に渡した。老人はそれを蓋平館にほど近い林という家に持ち込んだ。すると、その家に同居して宮内庁に勤めている池田という夫妻が「静江ちゃんにぴったりの縁談じゃないか」と身を乗り出してきた。

林家では不幸が続いていた。父親の林義人は三年ほど前に病没、母親はもっと早くに亡くなり、一人息子は出張先の樺太で客死していた。夫に先立たれた長女のカオルが娘の政子を連れて実家に戻り、末の妹（五女）の静江を母親代わりに世話していた。

静江はこのとき二十歳。政子は十八歳で、二人とも婚期が迫っていた。カオルとしては、静江を早く嫁に出し、政子に婿を取って林家を継がせたいと思っていた。

池田夫妻のはからいで、本郷に新しく出来た「若竹」という寄席で、お互いに遠くから顔を見るだけの見合いをすることになった。相手は前方の席にいて、早めに引き上げる。こちらは入り口付近の席で、帰っていく相手をチラッと見るだけだから、仮にことわったとしても、あとにしこりは残らない。そういう段取りになっていると聞かされて、京助はとにかく行ってみることにした。実はそのとき、京助にはある「下心」があった。

《私としては、一つには、家内をもらうなら、くにの女ではなく、東京の本郷台の、ことに西片町あたりのをもらいたいと思っていたのです。あのへんが標準語だし、標準語を操っている娘だったら、そのアクセントを標準アクセントと知ることができるという下心があった。というのも、日本語の辞書をつくるうえに、西洋の字引きのようにアクセントをつけたいが、日本語の辞典にはアクセントをつけた辞典がないので、そうするには、郷土の婦女子を家内にするより、標準語を話す娘を家内にもつと、一語一語発音させればすぐ用にたつのだがなあ、という考えが頭にあったからです。

静江はちょうどそれにぴったりの西片町の誠之《せいし》小学校出ときいて、それでは東京中の小学校でも有名な模範的な小学校出だ。一等標準アクセントを身につけているなと考え、それならと少し気が動いて、見合いに行く気にもなったのでした》(『私の歩いて来た道』)

京助は言語学や音声学の専門家でありながら、自分の盛岡弁のアクセントをなかなか矯正することができず、大学で講義をしながら羞しい思いをすることが多かった。この縁談は自分のアクセントを矯正し、ひいては日本語のアクセント辞典をつくるうえでも大いに役立つだろうというのだから、いかにも「ことば探偵」らしい下心である。

ちなみに京助の盛岡訛りは結婚後もあまり改善されなかったが、日本語アクセント辞典のほうは、のちに息子の金田一春彦によって達成されることになる。

京助のお見合いには啄木と山本老人が付き添った。先方の付添人は池田夫人とカオルだった。静江は大きな白い薔薇の簪《かんざし》を挿しているということだったが、寄席に入って前方の席をうかがうと、たしかに白い簪が見えた。山本老人が「あれです、あれです」とささやきながら指をさした。

演芸が半分ほど終わったところで、先方は出口に向かった。京助がそれとなく見ていると、静江は客席の座布団を踏まないように片手で丁寧に退《ど》かしながら通っていった。京助はその所作に好感を抱いた。

そのあとすぐ、京助たちも席を立った。帰りの道すがら、京助は「あの娘さんなら、これまでに何度も会ったことがある」といって同行の二人を驚かせた。

学生時代、京助は毎日、本郷菊坂町八十二番地の下宿「赤心館」から本郷台町を通って大学にかよっていた。そのころ静江は森川町一番地の家から同じ道を通って女子美術学校の刺繡科にかよっていた。色白で眼のぱっちりした少女だった。

二人は毎日のように顔を合わせたが、静江はすれ違う男子学生などには目もくれず、いつも下を向いて歩いていた。だから京助は、よほど堅い家の娘なんだろうと思っていた。それから二年ほど会わずに過ぎたが、ある日、森川町の本田子爵邸の前で、その娘と行き合った。前に見たときはまだ少女という感じだったが、そのときは一人前の娘になっていた。今日会ったのはまさしくその娘だった。

その夜、京助は盛岡の父に手紙を書いた。すると久米之助は喜んですぐに上京してきた。京助は山本老人に頼んでもう一度、形ばかりのお見合いをさせてもらうことにした。話はすぐにまとまり、今度は上野の動物園で会うことになった。

その日、京助は久米之助、東京帝大工科大学（現在の東京大学工学部）に在学中の弟安三、山本老人の四人で動物園に出かけた。先方は姉のカオルと池田夫人の三人だった。今回も遠くからチラッと顔を見ただけだったが、父は即座に「あれならよかろう」といった。

2

その年（一九〇九）の暮れも押し詰まった十二月二十八日に、親族だけのささやかな結婚式を挙げた。新郎は二十七歳、新婦は二十歳だった。京助はすぐにも盛岡へ連れて帰りたかったが、「それではお嫁さんがかわいそうだ」と池田夫人がいったので、箱根湯本の旅館に一泊してから盛岡へ向かった。

盛岡では本家の伯父、勝定の屋敷に親類縁者を招いて盛大な披露宴をおこなった。費用はすべて勝定が負担した。京助は色白美人の新妻を郷里の人々に披露できて大満足だったが、静江はこの強行軍に疲れ果て、以後はすっかり「盛岡アレルギー」になった。その辺の事情を、息子の春彦がつぎのように解説している。

《京助にとっては、盛岡は地球上のどこよりもすばらしい天地だった。緑の山、清らかな川、一つ一つのものは少年の日の思い出を語り、貧しいとは言え、学成り、新妻を伴って帰る自分を、笑顔をもって迎えてくれたものと見た。

しかし、江の島より遠いところに行ったことのない静江にとっては、異民族の住む異郷にでも連れて来られたようなもので、旅疲れでこちらはふらふらになっているのに、その心も察せず、うわついた声ではしゃいでいる夫の姿をおぞましく思った。都から来た長兄の新妻を見ようと、代わる代わる前に現れる夫の弟妹たちは、何やらわからぬ言葉でささやきあい、笑いあい、気持ちの悪いこと限りない。静江は一ぺんで盛岡がきらいになり、二度と足を向けることがなかった》(「父ありき」)

こうした齟齬《そご》は、田舎出の秀才と都会育ちのお嬢さんが結ばれたケースではありがちなことだったといっていい。多くの場合は、双方が歩み寄ることによって少しずつ解消されていくのだが、このケースでは、おそらく京助の郷土愛が強すぎたせいで、なかなか解消されなかった。

それともう一つは、京助は銀行頭取の甥っ子で金持ちのお坊ちゃんという触れ込みだったのに、実際に嫁いでみれば、三十円ちょっとの月給取りで、真面目なだけであまり面白味のない男だったという失望感である。静江は生涯、「わたしは騙されたのよ」と周囲に洩らしつづけた。

一週間ほど盛岡で過ごして、正月の松飾りが取れたころ東京に戻った。その間にカオルが住む家を見つけてくれていた。本郷駒込追分町三十番地の借家で、家賃は十三円。嫁に来たばかりの静江に水仕事をさせるのは気の毒だと思い、安月給の身で女中まで雇い入れた。その後まもなく、弟の安三が同居することになった。安三は伯父の勝定から毎月二十五円の仕送りを受けていた。京助の収入と合わせて月に六十円あれば、三人でなんとかやっていけるだろうという計算だった。

それにしても家賃の負担が大きすぎた。カオルがそれを気の毒がって、自分の家の裏側の一軒を半値で貸そうといってくれた。そこで三月末に林家と背中合わせの森川町一番地新坂上の借家に引っ越した。大正五年(一九一六)に同じ森川町の牛屋横町に移るまで、ここが二人の新生活の拠点となった。

林家の先祖には絵師がいたらしく、『三国志』の三傑を描いた掛け軸が遺されていた。カオルから「これは何の絵ですか」と訊かれた京助は、以後数夜にわたって、劉備、関羽、張飛にまつわる物語を語って聞かせた。『三国志』は小学校のころから何度も読んでいたので、すっかり頭に入っていた。カオルと政子はしきりに面白がり、「どうしてそんなに詳しいの」と感心し、おかげで京助は大いに面目を施すことができた。

安三は二階の四畳半で暮らしていたが、京助夫妻が林家の母娘とたのしそうに雑談していると、自分もすぐに降りてきて、話の輪に加わった。そのため勉強がおろそかになり、とうとう落第してしまった。これではならじと一念発起した彼は、やがて近くの「桜館」という学生下宿へ越して行った。

それからは京助の月給だけで暮らさなければならなくなった。三省堂までの電車賃が片道五銭、往復で九銭。「朝日」というたばこ代が六銭。合計十五銭が一日の必要経費だった。そのほかに、職場ではときどきアミダ籤《くじ》をやった。一銭から五銭までの金額を決めて籤を引き、負けた者がその金で焼き芋などを買ってきて、おやつの時間にみんなで食べた。そのアミダ籤代込みの合計二十銭を入れたレース編みの小袋を静江から受け取って家を出るのが毎朝の日課だった。

昼は職場で蕎麦や寿司の出前を頼んだ。その代金が月末に給料から差し引かれ、手取りは二十八円ぐらいになった。一方、晦日の払いは米屋と酒屋でざっと二十円。酒屋は酒だけでなく味噌から薪炭までの生活物資を配達した。これに家賃を加えると、夫婦で毎月自由に使える金は十円足らずしかなかった。

それでも家計の歯車はなんとか回っていたが、この歯車はときどき狂うことがあった。原因はいつも啄木だった。石川家は月給三十円で四人家族。しかも月給は前借りつづきで毎月半分ぐらいしか貰えなかったから、台所はいつも火の車。そこで妻の節子がしばしば啄木の手紙を持って金田一家を訪れ、一円、二円と返せるあてのない借金を申し込んだ。

金田一家もぎりぎりの生活だったから、啄木に貸した分だけ赤字になり、食べるものまで節約しなければならなくなった。それでも京助は啄木の借金を拒まず、手元に金がなければ同僚に借りて用立ててやった。これでは財布を預かる主婦はたまらない。静江は「石川」と聞いただけで頭痛がするようになった。

啄木は明治四十四年（一九一一）二月に結核性の腹膜炎と診断され、東京帝大病院に入院した。三月に退院したが、その後も微熱が続き、寝たり起きたりの状態が続いた。七月に入ると容態が悪化し、日夜氷嚢なしにはすまされなくなった。そのころ妻節子も肺尖カタルを発症し、母カツが炊事を引き受けたが、カツもかねてから胸を患っており、三人が枕を並べて寝込む日が多くなった。

そのため大家の新井夫妻から「二階が病人だらけでは床屋商売に差し支える」と明け渡しを求められ、八月初めに小石川区久堅町七十四番地（現在の文京区小石川五丁目）に引っ越した。その家には門と小さな庭があり、他人に迷惑がられずに住むことができた。

このころ、京助は三省堂の仕事が終わると同僚の岩橋小弥太や御橋真言と、電車に乗らずに歩いて帰宅することが多かった。岩橋は折口信夫、武田祐吉と大阪府立第五中学校の同窓で、のちに国学院の国史の教授になった。御橋は山形県庄内の寺の息子だった。

三人とも本好きだったので、いつも途中の古本屋に立ち寄って掘出し物を探した。浮いた電車賃に少し足した十五銭くらいの金で、けっこう珍しい本が手に入った。そのなかには松浦武四郎の『蝦夷日誌』のような稀覯書も含まれていた。牛込五軒町の三省堂から本郷の森川町まで道草をしながら歩くのが毎日の楽しみであり、健康法でもあった。

結婚してほぼ一年後、明治四十四年（一九一一）一月に長女の郁子が生まれた。夫婦の喜びは大きかったが、その喜びは長くはつづかなかった。年の瀬が近づいたころ、郁子が苦しげに咳き込むようになった。両親は枕元に瀬戸物の火鉢を二つ置き、金盥《かなだらい》に水を張って湯気を絶やさないようにした。

正月七日は寒の入りで冷え込みが厳しかった。朝起きてみると、なぜか火鉢の火が消え、湯気が立たなくなっていた。あわてて火を起こそうとすると、郁子がはげしく咳き込んで白目をむき出しにした。

大家族のなかで育ちながらこれまで一度も人の死に立ち会ったことのなかった京助はすっかり動転し、「おい、どうした、お前死ぬなよ！」と呼びかけたが、郁子はまもなく息を引き取った。死因は急性肺炎。貧乏で医者に診せられなかったことが悔やまれてならなかった。

それからしばらく放心状態がつづいた。勤めから帰ってアイヌ叙事詩《ユーカラ》を読んでいると、耳元で郁子のカッカッと咳き込む声が聞こえて、読んだものがまったく頭に入らなかった。このままではダメになってしまう。何か悲しみを忘れて没頭できるような仕事がしたいと思うようになった。

ちょうどそこへ英国の言語学者ヘンリー・スウィートの『言語の歴史』の翻訳話が舞い込んだ。

三省堂の同僚に藤野という早稲田の苦学生がいて、京助はときどき言語学の初歩を教えていた。その藤野が友人の父親の出資で出版業を始めることになり、第一弾としてスウィートの翻訳書を出したいといってきたのである。

この本は学生時代に一度ノートに訳してあったので、それを清書すればいいはずだった。そこで二月いっぱいに脱稿するという約束で取りかかったが、いざ始めてみると直したいところがたくさん出てきて、少し延期してもらうことにした。

京助の書斎は中二階の北向きで、家中でいちばん寒い部屋だった。原稿は細筆による真書《しんがき》だったが、夜中に冷え込むと墨が凍って書けなくなる。そのときは筆先を口にくわえて温めるので、唇のまわりが真っ黒になった。

原稿は三月三十日に完成した。翌日は日曜日で桜が満開だったので、林家の母娘と弟安三を誘って上野へ花見に行くことになり、静江は朝から弁当づくりに励んでいた。その傍で京助が読売新聞に目を通していると、文壇消息欄「よみうり抄」に啄木重態の記事が出ていた。

三週間ほど前の三月十日、啄木から「久しぶりに会いたい」というはがきが来たので、京助は久堅町へ出かけた。啄木はその三日前に母親を亡くしていたが、京助は翻訳に忙殺されて葬式にも行かなかった。啄木は一年ほど前から寝たり起きたりの状態だったが、母親が死ぬと枕から頭を上げることもできなくなっていた。

啄木の危篤を知った以上、もう花見どころではなかった。「花は神武天皇祭（四月三日）まで待ってくれるだろうが、啄木の命はもう持ちそうにない。今日は見舞いに行かせてくれ」と頼んでみんなをがっかりさせたあと、京助は久堅町に駆けつけた。

啄木にはすでに死相が現れていた。京助が名を呼ぶと、うっすらと目を開けて「金田一さん、今度はもうダメかもしれない」といった。「薬代を払えないから医者も来てくれないし、もうこんな状態ですよ」と、布団をまくって尻を見せた。それは骸骨に皮をかぶせたように痩せこけていた。

「これじゃダメだよ、もっと滋養になるものを食べて体力をつけなくちゃ」というと、啄木は「滋養をつけようにも、もう米さえないんです」といった。

昨日脱稿した翻訳の原稿料は二十円の約束だった。急いで家にもどった京助は、原稿を持って藤野を訪ね、藤野は明日までに全額届けると約束してくれた。また家に引き返した京助は「明日二十円入るから、いま手元にある金を全部出してくれ」と静江に頼み、かき集めた十円ほどを持って久堅町へ走った。

第十二章　啄木昇天

1

明治四十五年（一九一二）三月三十一日、啄木の窮状を知った京助は、静江に事情を話し、四月分の家計費から十円を出してもらって小石川区久堅町の石川家に駆け戻った。

京助が息を切らしながら枕元に座り、「石川君、これで何とかしてくれ」と一円札十枚を手に握らせると、啄木はしばらく眼をつぶったまま何もいわなかった。せめて紙に包んで渡せばよかったなと思いながら眼を上げると、啄木は胸の上で両手を合わせて拝むような恰好をした。対座していた妻の節子も、無言のまま大粒の涙を膝にこぼした。京助もにわかに胸が詰まって涙がこみあげてきた。それからしばらく、三人は無言のまま涙を流しつづけた。

「病んで寝ていると、つくづく人の情けが身にしみます」と病人が口を切った。「きっとまた金田一さんにご無理をさせたんでしょうね」

「いやいや、これは前に話した翻訳料の半分だから心配はいらないよ」

「そうですか、あなたの処女作がいよいよ世に出るんですね。よかった、よかった」

啄木は少し元気を取り戻したように見えた。そのあと一時間ほど世間話をして、京助は石川家を辞した。

それから二週間後の四月十三日、夜明けに金田一家の門が叩かれた。静江が出て見ると、門前に人力車が停まっていた。

「小石川の石川さんから参りました。こちらの旦那さんにすぐ来てくれとのことです」

それを聞いて、京助はついに来るべき時が来たと思った。その日は土曜日で八時から十時まで国学院の授業があった。そのため枕元に着て行く服を用意しておいたので、支度はすぐに整った。

車に乗り込むとき、静江が背中から声をかけた。「授業はなるべく休まないでくださいね」。講師料の一円が入らないと、その月の家計に支障が生じるからである。

車が石川家に着くと、節子が玄関に出迎えた。

「昨日の夕方から昏睡状態になって、目を覚ますたびに金田一さんを呼んでくれっていうんです。今夜はもう遅いからとなだめたんですが、今朝も暗いうちからせがむものですから、こんな時間にお呼びたてして申し訳ありません」

玄関を上がって取っ付きの唐紙を開けると、啄木はこちら向きに寝ていた。痩せこけて骸骨じみた目、鼻、口が一斉に開き、そこから風が吹き出すようなかすれ声で、啄木はひとこと「頼む！」といった。

遺していく家族のことを頼まれたのだとはわかったが、そのときの京助には啄木一家を引き受けて世話をするだけの経済的な余裕はなかった。そのため、ろくな返事もできないまま呆然としていると、啄木は安心したかのように昏睡した。

そこへ若山牧水がやってきた。京助の乗ってきた人力車を節子がそちらへ回したらしい。牧水は近所に住んでいたので、最近は足繁く石川家に出入りしていた。

節子が枕元で「若山さんがいらっしゃいましたよ、若山さんですよ」と大きな声で繰り返したが、啄木は返事をしなかった。何度目かの呼びかけに応えてやっと「知ってるよ」といった。知ってるなら早く返事をすればいいのにと、京助と牧水が目を見合わせていると、啄木は牧水を手で呼び寄せた。

牧水が枕元の畳に両手をついて身を乗り出すと、啄木はその手首に目をやりながら「きみはいいなあ、そんなに太っていて」といった。牧水がぷっと吹き出し、その場にふさわしからぬ笑い声がはじけた。

それから啄木と牧水は何かの打ち合わせを始めた。京助にはさっぱり事情が呑み込めなかったが、一年後に牧水が読売新聞に寄稿した「啄木臨終記」を読んで、当時二人の間で雑誌刊行の話が進んでいたことを知った。

啄木はその前に歌人の土岐哀果と『樹木と果実』という雑誌の刊行を計画したが、印刷所工員のストライキのために頓挫していた。今度の雑誌は啄木の死によって頓挫し、結局二つとも「幻の雑誌」に終わった。

牧水との話の途中で、啄木は京助のほうに顔を向け、「今日は国学院の講義がある日でしたね。時間は大丈夫ですか」と訊いた。京助が「まだ大丈夫」と答えると、またしばらく牧水と話したあとで、「もう行ってください。遅れるといけないから」といった。部屋の出入り口に控えてい

た節子も、京助の耳元に口を寄せて「この分なら大丈夫だと思います。どうかいらしてくださ
い」とささやいた。
そういわれて、京助もその気になった。出がけに静江から「なるべく休まないで」といわれた
ことも耳に残っていた。そこで、「じゃ、行って来ようかな」といって立ち上がった。部屋を出
るときに振り返ると、啄木は眼でうなずいてみせた。それがこの世の見納めになった。
国学院の授業を終えて十一時ごろ久堅町へ戻ると、近所のポストのそばに啄木の娘、京子が立
っていた。母に頼まれて手紙を出しに来たらしい。京助が腰を屈めて「お父さんは？」と問うと、
京子は「寝ている」と答えた。京子にとって最近の父はいつも寝ている人だった。
京子を伴って家に入ると、玄関の屏風が逆さまに立てられ、啄木の着物が逆さまに掛けられて
いた。節子が啄木の顔の上の白布を取って「どうぞお別れをしてください」といった。そこには
先刻と寸分変わらぬ顔があった。その口は今にも開いて「知ってるよ」といいそうに見えた。し
かし、頰に手を触れてみると氷のように冷たくて、啄木がすでにこの世の人ではないことを納得
させられた。
啄木の葬儀は、四月十五日午前十時から浅草の等光寺で営まれた。ここは土岐哀果の実家で、
先月亡くなった母カツの葬儀も哀果の好意でこの寺で行われた。
小石川から運ばれてきた啄木の棺は、ここで金田一京助、土岐哀果、若山牧水、佐藤北江らに
よって本堂に安置された。会葬者は夏目漱石、木下杢太郎、北原白秋、佐佐木信綱など四十数名
に上った。与謝野鉄幹は少し遅れて到着した。次女房江を身ごもっていた節子は葬儀には加わら

ず、自宅で待機していた。
この葬儀には当時の日本を代表する文学者がほぼ全員顔を揃えていた。生前に詩集と歌集を一冊ずつ残しただけの文学青年の葬儀としては、それは盛大にすぎるものだった。啄木は生活者としては不遇だったが、文学者としてはきわめて潤沢な交友関係に恵まれていたのである。

2

それから七年後、大正八年（一九一九）四月十二日付けの「時事新報」に、京助は「啄木逝いて七年――石川君最後の来訪の追憶」という文章を書いた。
《垂死の病人が、跪座して肘を挙げ眥《まなじり》を決して、社会の病患を指摘し現代の組織を呪詛する声が、悲しと聞かれずに何と響こう。「そうだ」とは同《どう》じ切れず「そうでない」とも争えず、闇然として涙を呑めば、夫人もそっと顔を掩って泣いているのであった。気づいた様子もなかったけれど、敏感な詩人はやっぱりこれに気づくのであったらしい。即ち其歌である――『友も、妻も、かなしと思ふらし、病みても猶、革命のこと口に絶たねば』》
この歌は啄木の死後に刊行された第二歌集『悲しき玩具』に収められた。本郷弓町の「喜之床」の二階で病臥していた明治四十四年（一九一一）六月の作と推定される。当時の啄木は、この年一月に判決の出た大逆事件に触発されて幸徳秋水やクロポトキンの思想に共鳴し、社会主義への傾斜を強めていた。ロシアの革命家たちへの共感をうたった詩「はてしなき議論の後」が書かれたのも、このころのことである。

しかし、天皇制国家主義という明治の国体を堅く信じて疑わなかった京助は、啄木の新しい思想についていけず、病める社会主義者の熱弁を枕元で聞きながら肯定も否定もできず、ただ「闇然として涙を呑」む以外になかったのである。

これにつづけて京助は《此の切実なる欣求《ごんぐ》が、石川君の魂に果して何を齎《もたら》したか？　石川君はあの社会主義詩を残して此の世を呪詛しつつ死んだか？　果ては一片の希望を握って力の尽きるが儘に瞑目したか？》と自問しながら、次のように追憶する。

《併し乍ら私はこういう事を十分なる所信を以て読者に報告することができる。其は四十四年の夏から秋へかけての事だったと思う。其の間に一度杖に摑まって私の家迄来てくれたのが恐らくは石川君が此の世の最後の訪問であったろう（私は生涯此の時の石川君を忘れる事が出来ない）。私が驚いて玄関へ立ち迎えると、其処に杖に摑まって立っている人は石川君と云うよりは石川君の幽霊のようであった。其程面窶《おもやつ》れしていたに係わらず気分は極めて軽そうに「やあ」と云ってにこにこしていた。中二階の私の室へ通って坐った時には、少し息切がしていた様ではあったが、目馴がしたのか非常に晴やかな石川君に見えていた》

記憶だけに頼って書かれた京助のエッセイの例に洩れず、この文章にも裏付けとなる資料が存在しない。日々のできごとを克明に記した啄木の日記にも、なぜかこの訪問に関する記述はない。そのため研究者のなかには、この「報告」自体をフィクションと見る向きもあるようだが、情景描写の迫真性から推して、少なくとも啄木の来訪だけはあったと見るのが自然だろう。しかし、問題はそのあとである。
《挨拶し乍ら「今日は本当に心から来たくなって突然にやって来た」と云い云い、「実は愉快でたまらない僕の心持を少しも早くあなたに報告したさに来た。私の思想に就ては随分御心配を掛けたものだが、もう安心して下さい。今僕は思想上の一転期に立っている。やっぱり此の世界は、此の儘でよかったのです。幸徳一派の考えには重大な過誤があったことを今明白に知った」そう云って「今僕の懐くこんな思想は何と呼ぶべきものだかは自分にも未だ解らない。こんな正反対の語を二つ連ねたら、笑われるかも知れないが、強いて呼べば社会主義的帝国主義ですなあ」》

　これによれば、啄木は晩年になって幸徳秋水一派の思想（無政府主義）に重大な過誤があったことを悟って「社会主義的帝国主義」に転向したことになる。しかし、啄木はこのころ、大逆事件に関する思想的見解を述べた「'V NAROD'《ヴナロード》 SERIES《シリーズ》」を執筆し、社会主義歌人土岐哀果との親交を深めていた。啄木の日記はもとより土岐側の資料にも、啄木の転向を窺わせる記述は見当たらない。つまり、それを知っていたのは京助だけだったということになる。

《此の日の石川君は何を語っても日頃に似ず凡ての判断の恐ろしい妥当性、凡ての推理の驚くべき透徹、私はただ歓喜の涙に目をしばたたくのであった。其の思想が呑み込めぬ迄もなお論理的形式は私にもわかるのであったから。今の言葉に云い換えるなら、此は石川君の思想の当然の帰趨として個人主義的国家主義、或いは民本主義的国家主義と呼ぶべきものだった様である。名義は兎も角要は君が前半世《（ママ）》の帝国主義と後半世の社会主義と、此の全く相反する二大対立を包容する所の、更にもひとつ上の大きな統一態へ入ったことなのである。石川君の憧憬していた壁一重

に咫尺《しせき》していた所のものは、即ち愛の世界――民衆の愛であったのである》
これは京助の「如是我聞」である。つまり、その日の啄木の発言を自分はこのように聞いたということで、そこには当然、京助自身の「願望」が反映されている。
大正時代の初め、啄木はプロレタリア文学運動の先駆者として左翼陣営に取り込まれようとしていた。官学アカデミーの優等生にして国家主義者でもある京助にとって、それは身を切られるようにつらいことだった。だから彼はなんとしても啄木をこちら側に引き留めておきたかった。「民本主義的国家主義」などという無意味な造語が何よりも雄弁にそれを物語っている。ちなみに吉野作造が「民本主義」を唱えたのは、啄木の死から四年後、大正五年（一九一六）のことである。
この文章はこう結ばれている。
《ああ、石川君がどんな心を懐いて墓場へ行ったかは、やっぱり私にはわからない》
この啄木転向説に噛みついたのは、啄木研究家の岩城之徳《いわきゆきのり》（一九二三－一九九五）である。岩城は『短歌』昭和三十六年（一九六一）四月号の五十年忌記念特集座談会「啄木とその時代」のなかで、「大逆事件についてはすでに明確な認識を持っていた啄木が、この時期になってアナーキズムの過誤を発見し、それをわざわざ関係が疎遠になっていた金田一氏に報告するために訪問したとは考えられない」と、訪問自体を否定した。
これに対して京助は、同誌六月号に「最終期の啄木――啄木研究家の怠慢、報告者の無識」を書いて反論、世に名高い「啄木論争」が始まった。

この論争で、岩城はさまざまな文献資料を駆使しながら啄木の思想的転向がなかったことを緻密に実証してみせたが、京助は自分の「記憶」を絶対視して誤りを認めず、「岩城君の強弁にあきれる」「知らぬことを想像するな」などと若い岩城を恫喝するような姿勢に終始した。

関係者がすべていなくなった今、この「事件」の真相は名探偵金田一耕助の推理をもってしても解決不能の謎だといっていいが、この論争に限っていえば、明らかに岩城に分があるといわざるをえない。京助と啄木が「日本一美しい友情」（桑原武夫）で結ばれていたのは事実だが、さりとてそれは京助の啄木論の正当性を保証するものではなかったのである。

昭和四十三年（一九六八）に語り下ろされた『私の歩いて来た道』では、この問題はもう少しソフトな言葉でいい直されている。

《生き残って、彼の生涯をふりかえってみるというと、かつて啄木がだんだん普通選挙が必要だ、婦人選挙もあるべきだ、社会党というものがあるべきだ（そのころ社会主義というと、お巡りさんにあとをつけられたものだったから、私などは考えることもできなかった）、社会党と保守党とが対立して、互いに政権をこうするべきだ、というふうにいっていたことが実現していることに驚きます。私などそんなことは、啄木の夢だと思っていたのが、夢どころか、ちゃんと戦後には社会党内閣ができた。啄木は、ひとつひとつ時代に先んじていたんだなと思います》

ここでは啄木の「社会主義」は時代を五十年先取りした先覚的な思想として、改めて見直されている。そして、かつての「民本主義的国家主義」は、そっくりそのまま戦後民主主義に置き換えられている。

《最後には、今日の我々の思想の全体というものは、個々のために存在し、個々というものは全体のために存在するんだ。全は個のため、個は全のためという、最近の普遍的な思想——啄木はそこまで到達してひとつの大往生をしていった。そうした彼を回想してみると、急に大きな啄木が目の前に浮かんできます。ですから私の、いきとどかなかったことをも、啄木はあの世で微笑して、許してくれたろうと思い、いくらか心がなごんできたら、やっとその夢から解放されて、夢をみないようになりましたが、夢をみなくなると、それもまた寂しい気がしました》

3

話は元に戻って明治四十五年（一九一二）四月十五日、啄木の葬儀を終えて帰宅した京助を新たな災厄が待ち受けていた。「チチキトク」の電報である。取るものも取りあえず、京助はすぐに盛岡へ向かった。郷里はまさに花の盛りだったが、彼にはそれが自分の親不孝を責めているように感じられた。

久米之助は肉体と精神を同時に病んでいた。事業の失敗による失意と心労の日々が彼の心身を蝕《むしば》んだのである。京助は長男でありながら経済的には何の助けにもならず、一家の生計は盛岡駅前で旅館を営む長姉ヨネの細腕に支えられていた。

久米之助の精神病は一進一退を繰り返した。難しい病気だけに、地元の病院よりも設備の整った東京の病院に入院させたほうがよさそうに思われた。そこで東京に詳しい三省堂の同僚に相談すると、彼は巣鴨にある病院を紹介してくれた。

問題は久米之助がそれを承知するかどうかだった。気分のよさそうな日を見計らって話を切り出すと、父は拍子抜けがするほどあっさりと承諾した。これまでの親不孝の罪滅ぼしに、せめて身近で世話をしたいという京助の願いは、こうして叶えられた。

京助は日を置かずに巣鴨の病院に通いながら翻訳原稿の校正に励んだ。父が生きているうちに本にしたいと思った。その思いが実を結んで、京助の最初の訳書『新言語学』は六月十三日に出版された。跋文には「渺たる小冊子」とあるが、本文四百二十八ページの大冊だった。扉裏には「姉上へ」と献辞を記し、自分に代わって一家を支えてきたヨネへの感謝を表した。

久米之助は東京の夏を乗り越えた。九月の初め、京助が見舞いに行くと、父は珍しく冗談をいった。和やかに談笑したあと、京助が「じゃあ、また来るからね」といって去ろうとすると、父はぽつんと「俺はお前に飯粒ひとつ食わせてもらったことはなかったたな」といった。それはまるで自分に言い聞かせるような、しみじみとした口調だった。

帰りの道すがら、京助は何度もその言葉を反芻した。自分は確かに父親の喜ぶようなことを何ひとつしてこなかった。死んだ啄木のためにはできるだけのことをしてきたつもりだが、実の父親にはうまい物ひとつ食べさせてやることもできなかった。

それもこれも、自分が一銭の金にもならないアイヌ語の研究に身を入れたせいだ。しかもそれはユーカラの聞き書きをノートしただけの段階で行き詰まっている。父のためにもアイヌ語にはこの辺で見切りをつけたほうがいいのではないか……。思考は堂々巡りするばかりで、いっこうにまとまらなかった。

九月二十六日、久米之助は死んだ。享年五十八。京助は自筆年譜に「父死す。憂悶、危うくアイヌ語学を廃せんとす」と記しているだけだが、長男の春彦によると、それは尋常な死に方ではなかったらしい。

《久米之助は、小柄ではあったが、人並み外れた力の持ち主で、力自慢だったそうだ。それが病院であばれたらしい。さぞや始末に困ったことであろう。病院では臨終を知らせず、死体になった後でも、どうして死んだかは、はっきり言わなかった。が、遺骸を取りに行った京助を病院で迎えたのは、腕っ節の強そうな屈強の若者たち数人で、京助はその若者たちの目の光り具合から、こいつらが自分の父親に押し掛かって取り押さえ、そうしてその息の根を止めたのではないかと直観したそうである》（「父ありき」）

第十三章　アイヌのホメロス

1

明治から大正へと元号が変わった一九一二年は、京助にとって人生最悪の年だった。一月七日に長女郁子が急性肺炎で亡くなり、その十日後には尊敬する盛岡中学の先輩、原抱琴（本名達）が亡くなった。

抱琴は平民宰相原敬の甥。盛岡中学始まって以来の秀才といわれ、一高時代には正岡子規門下の俳人として鳴らしたが、在学中から胸を患っていた。京助が中学で同級だった野村長一（胡堂）らと築地本願寺で開いた追悼会には、当時内相だった原敬も顔を見せて挨拶した。

四月十三日には盟友、啄木が昇天。その葬儀を終えた日に盛岡から「チチキトク」の電報が届いた。京助は急ぎ帰郷して父、久米之助を東京巣鴨の精神病院に入れた。七月に明治天皇が崩御して大正と改元された。

九月二十六日、久米之助が急死した。病院で暴れたところを職員に取り押さえられて圧死したらしい。京助は親不孝を重ねたという自責の念から一時はアイヌ語研究を諦めようと決意した。

そしてこの月、三省堂が倒産して京助は職を失った。校正係として編集に携わった『日本百科大辞典』の販売不振が原因だった。災厄つづきの京助にとって、それはまさしく泣きっ面に蜂の一撃だった。

しかし、「禍福はあざなえる縄の如し」とはよくいったもので、失職して家でブラブラしていたことが彼に思わぬ幸運をもたらした。

この年十月、拓殖局総裁元田肇《もとだはじめ》の発案による拓殖博覧会が上野公園で開かれた。樺太、ギリアーク、オロッコ、アイヌなどの少数民族を一ヵ所に集めて、その住まいや生活ぶりを国民に見せようという、日本政府の植民地政策を地で行く博覧会である。

この博覧会に樺太アイヌが参加すると聞いて、京助は雀躍した。五年前にオチョポッカ村で筆録したハウキ（北海道アイヌのユーカラにあたる）には分からないところがたくさんあった。いまでは使われなくなった古語が多用されているため、バチェラーのアイヌ語辞典は役に立たなかった。かといって、もう一度樺太に出かけるだけの余裕はない。それが向こうから来てくれるというのだから、これは願ってもないチャンスだった。

妻、静江の姉のカオルが京助に博覧会通いをすすめてくれた。「暮らしのことはこちらで何とかしますから、あなたはこの機会にしっかり勉強してらっしゃい」

結婚式用につくった京助の紋付と仙台平の袴、静江の裾模様の着物はとっくに質に入っていたが、カオルのことばに後押しされて、京助はさっそく上野公園へ向かった。

日本の人類学の草分けとして知られる東大教授の坪井正五郎が、博覧会の監修をしていた。京助はその坪井から『諸人種の言語の比較対照語彙幷《ならび》に会話篇』という小冊子の制作を委嘱された。

題名は厳めしいが、要するに「ありがとう」「こんにちは」といった簡単なことばを集めた会話の手引書である。そのために門鑑（通行証）を下付された京助は、いつでも自由に会場に出入りし、少数民族と面談することができた。

夕方五時に会場の門が閉まったあと、京助が樺太アイヌの展示小屋を訪ねると、彼らはみんな退屈していた。だから、京助が持参のノートを開いてハウキを読み上げると、樺太アイヌだけでなく北海道アイヌも集まってきた。彼らは口々に「地元でも暗誦できる者が少なくなったというのに、東京にこんなにハウキに詳しい人がいたとは驚いた」といって感心し、なかにはアイヌ衣裳の袖で涙をぬぐう者もいた。

京助が一節ごとに読み上げたあと、「このことばはどういう意味？」と問うと、彼らは喜んで、まるで競うように説明してくれた。当時のアイヌは誰でも普通に日本語を話せるようになっていたが、語彙は十分とはいえず、アイヌ語に対応する適当な日本語が見つからなくて苦労することも多かった。そういうときにはお互いに身振り手振りのボディ・ランゲージによって、なんとか訳語にたどりつくことができた。

こうした日々を積み重ねた結果、会期が終わるころには、樺太で筆録した三千行のハウキの日本語訳が完成した。京助はそれを清書して、東京帝国大学文科大学長の上田萬年、民俗学の柳田国男、京都帝国大学教授の新村出らに見せた。

上田はかねてから提唱してきた日本人によるアイヌ語研究がようやく緒に就いたことを喜び、新村は「舟出の叙述の条などは海洋文学として万葉集以上のもの」と評して京助をいたく感激させた。

特に喜んでくれたのは柳田国男だった。五年ほど前に農商務省の役人として樺太を視察して以来、アイヌの民俗に並々ならぬ関心を寄せていた柳田は、この翻訳を本にするためにわざわざ「甲寅叢書《こういん》」という叢書を企画し、大正三年（一九一四）三月に、第一編『北蝦夷古謡遺篇』と題して出版した。これが京助のアイヌ語学者としての出世作となった。

柳田国男は明治八年（一八七五）兵庫県の生まれで、京助より七つ年上である。一高時代に田山花袋、島崎藤村、国木田独歩らと親交を結び、西欧文学通の新体詩人として鳴らした。東京帝大の法科を卒業して農商務省に入り、法制局参事官、内閣書記官、貴族院書記官長などを歴任した。

早くから民間伝承に関心を抱き、役人生活のかたわら日本各地を行脚した。明治四十二年（一九〇九）に日本民俗学のはじまりとされる『後狩《のちのかり》詞《ことば》記《のき》』を出版。以後、『石神問答』『遠野物語』『山島民譚集』などを著して「柳田民俗学」と呼ばれる学風を確立した。

京助は『私の歩いて来た道』のなかで、大正二年（一九一三）の三、四月ごろに初めて柳田を役所に訪ねたと回想しているが、それはどうやら記憶違いで、柳田が法制局参事官と内閣書記官記録課長を兼務していた明治四十三年（一九一〇）にはすでに会っていたと思われる。それを裏書きするように、柳田が明治四十四年（一九一一）十月八日付けで南方熊楠《みなかたくまぐす》にあてた手紙に「今夕アイヌ語研究者金田一氏来訪」という一節がある。いずれにしろ、京助は大正の初めに柳田の推輓によって世に出ることができた。このことは何度でも強調されなければならない。

2

拓殖博覧会で知り合った北海道アイヌのなかに、日高沙流川の紫雲古津《しうんこつ》村から来た鍋沢コポアヌという老女がいた。紫雲古津はかつて沙流郡一帯を支配する大酋長がいた村である（郷原註＝酋長は現在では差別的と思われる表現だが、京助はそれを「部族的な生活集団の長」という意味で用いており、そこに差別的な意図は感じられない。時代的な背景を示す語として私もこれを準用する）。

コポアヌは京助にこんな話をした。

「旦那《ニシパ》、うちの村にワカルパという男がいます。まだ五十代ですが、かわいそうなことに眼が見えない。そのためにますます記憶力がよくなり、沙流川筋では一番のユーカラ名人になりました。ワカルパはいつも、もし自分が死んだら沙流川のユーカラが滅びてしまう、誰か文字を知っている人に記録してもらえたら安心して死ねるんだが、といっています。ユーカラのなかで一番長い『虎杖丸《いたどりまる》の曲』と『葦丸《あしまる》の曲』を謡えるのは、もうワカルパしかいません」

コポアヌによれば、盲人ワカルパはどうやら「アイヌのホメロス」ともいうべき人物らしかった。古代ギリシアの盲目の吟遊詩人ホメロスは『イリアス』『オデュッセイア』という二大長篇叙事詩を暗誦して後世に伝えた。京助はこのアイヌの詩人に会って『虎杖丸の曲』と『葦丸の曲』を自分の耳で聞きたかったが、いまは先立つものがなかった。すると、コポアヌが耳寄りな提案をした。

「旦那、東京までの旅費十五円を用意してください。わたしは来年もこの博覧会に来るつもりだから、そのときにワカルパを連れてきてあげますよ」

その翌日、京助は上田萬年の部屋の前に立っていた。何度か逡巡したあとで思い切ってドアをノックすると、「入れ!」という野太い声がした。上田のデスクの前に直立して、昨日コポアヌから聞いたばかりの話をした。

「旅費はいかほどか?」

「十五円です」

上田はすぐにポケットから財布を取り出し、一円札十五枚を京助に差し出した。

「すぐに呼びたまえ!」

話はそれで終わり。上田はそれ以上、何も訊かなかった。すでにハウキ三千行の和訳を成し遂げた弟子に余計なことをいう必要はなかった。このとき上田は四十六歳、京助は三十歳だった。

学長室を出て構内の銀杏並木を歩きながら、京助は「あの先生のためなら俺は死んでもいい」と思った。

ワカルパがコポアヌに伴われて上京したのは、翌大正二年(一九一三)七月初めのことだった。金田一家では、この年四月三日に長男春彦が生まれ、静江は育児に追われていた。

ワカルパは日本語で丁寧な挨拶をした。アイヌ同士が初めて対面したときは、来訪者が手を揉みながら儀礼のことばを朗唱するのが普通だったが、ワカルパは朗唱の代わりにこんな話をした。

昔々、ひとりの和人が知り合いのアイヌに「今度、アイヌに会ったときにはアイヌ語で挨拶をしたい。『こんにちは』をアイヌ語で何というか教えてくれ」と聞いた。そのアイヌは和人をからかうつもりで「エコロコサンペ、ケムケム」というのだと教えた。

和人が大酋長に会ったとき、さっそくそのことばを口にすると、大酋長は真っ赤になって怒り出した。それは「お前のアレを出してなめてみろ」という意味だった。しかし、大酋長は「和人は悪くない。嘘を教えたほうが悪いのだ」といってそのアイヌを厳しく罰したという。

「だから私は旦那に対して絶対に嘘はいわない、まちがったことは教えないと固く決心して村を出てきました。どうぞよろしくお願いします」

ワカルパはそれから三ヶ月、金田一家に逗留した。京助は毎日、朝から晩までワカルパの朗唱するユーカラを大学ノートに筆記した。やがてワカルパの声は掠れ、京助の指にはマメができた。その結果、英雄のユーカラ十三篇と神々のユーカラ十四篇のほかに、各地の大酋長の系図や沙流郡の人々の血縁関係まで詳しく知ることができた。驚いたことに、ワカルパは遠く離れた国後《くなしり》島の大酋長や伝説上の豪傑、イトコイの家系まで暗記していた。筆録ノートは全部で十冊に達した。

話は変わるが、アガサ・クリスティの名作『アクロイド殺し』に「ディクタフォン」という器械が出てくる。アクロイドを殺した犯人が犯行時刻を偽装するために利用し、名探偵ポアロが最後にそれを見破る。手元の英和辞書では「口述筆記用録音機の登録商標名」となっているが、要するに初期のテープレコーダーのことらしい。

もし当時の日本にこの「ディクタフォン」があれば、京助の作業は大いに捗《はかど》ったに違いない。音声を録音しておいて、あとでゆっくり再生すればいいからだ。場合によっては語り手と書き手が対面する必要もなかったかもしれない。

だが、残念なことに当時の日本にはまだ録音機などという文明の利器はなかったので、ユーカラの伝達は口から耳へ、耳から手へ、手から文字へと両者の肉体を通して行われた。アイヌの伝承文学ユーカラは、こうしてマンツーマンで現代に伝承されたのである。

ワカルパは村の祈禱師を兼ねていた。彼の妻も盲目で、甥の一家に養われていたが、ワカルパの留守中にチフスにかかり、それが村中に伝染した。そのため地元から、早く帰って祈禱してくれという知らせが何通も届いた。ワカルパは「来年また来ます」といって帰村したが、病人を全員治したあとで自分が感染して死んでしまった。京助がそれを知ったのは、翌年正月に村人から届いた年賀状によってだった。

十月初め、京助は十冊分のノートを清書して上田萬年に見せた。上田は何よりもワカルパがそれだけ長大かつ多数の物語と系譜をすべて暗誦したという事実に驚いたようだった。

ちょうどそのころ、国文学の安藤正次らが『古事記』の成立に疑義を呈していた。『古事記』の序文では稗田阿礼《ひえだのあれ》が暗誦した事柄を太安万侶《おおのやすまろ》が筆録したことになっているが、あれだけの長文をひとりの人間が暗記できるはずはないから、この序文は後世のつくりごとだというものである。

「しかし、現にアイヌのじいさんがこれだけのことを暗誦してみせたんだ。このノートは『古事記』偽書説を粉砕する貴重な資料だから大切にしておきなさい」と、上田は京助の労を労ってくれた。

その帰りがけに、上田は「今度、きみを文科大学の講師に呼ぶことになった。ただし無給かもしれないから、そのつもりでいてくれ」といった。しかし、月末に下された辞令には「文科大学講師に任ず。但し年百円を給す」とあった。アイヌ語教室は上田が京助のためにつくった講座だった。

こうして京助のアイヌ語研究は軌道に乗り、金田一家にはしばしばアイヌの吟遊詩人たちが訪れて逗留するようになった。京助にとってそれは歓迎すべきことだったが、家族にとってはむしろ迷惑なことだった。

長男の春彦は、のちに「父がアイヌ語研究のために北海道からアイヌの人たちをかわるがわる呼び寄せては泊まらせたことが子供心にいやだった」と正直な感想を述べている。

《今でこそアイヌ人と言っても、一般の日本人と何ら変わらない生活をしているが、そのころ、ことにアイヌ語のよい資料を持ち、ユーカラを暗唱できるようなアイヌ人は、一目でそれと分かるような服装をし、老婆の場合には、口のまわりに鮮やかな入れ墨をしていた。よく家に来て泊まっていた日高のコポアヌという老婆は、男まさりの、ユーカラを暗記している人とかで、父は特にひいきにして、手を取り合わんばかりに親しくしていた。たまたま私の学校の友人が遊びに来てそういう状景を見ると、「あれがおまえのおばあさんか」と、よく私はからかわれたものである。私はかなり大きくなるまで、父のような学者にはなろうと思っていなかったが、その理由の一つは、そんな思い出につながる》（「父ありき」）

大正四年（一九一五）七月、京助は初めて官費で樺太と北海道へのアイヌ語調査旅行をした。これは内閣書記官だった柳田国男が樺太庁と北海道庁に掛け合ってくれたおかげで、両庁から百円ずつの調査費が出た。贅沢とまではいかないが、前回の樺太旅行に比べればまさに雲泥の観があった。

その帰りに京助は日高へ回ってワカルパの故郷、紫雲古津村へ寄った。ちょうどワカルパの三回忌にあたっていたので、法要をしようと思ったのである。ワカルパはかつて京助にこんな話をしていた。

《アイヌも昔は年に三回は酒を造って大祭を行ったものだ。その酒は秋酒、冬酒、春酒といった。夏は腐るから造らなかった。この大祭をシンヌラッパといい、それ以外の小さな祭りをヌラッパといった》

ヌラッパは「涙を流す」という意味で、シンヌラッパには「死者を供養する」という意味も含まれていた。京助は村の酋長をしていたワカルパの兄を訪ねて「シンヌラッパをしましょう。費用はすべて私が持ちます」と提案した。

こうしてその夜、酋長の家でシンヌラッパが開かれた。親戚一同が対座して居流れ、男たちは神々に祈りのことばを捧げ、女たちは炉端でウポポという民謡のようなものを合唱した。酒が回って宴もたけなわになると、全員が立ち上がって踊り出した。それが延々と夜明けまで続いた。

その席で、京助は村の若者からこんな話を聞いた。

ワカルパは村に帰ってくると「東京は魚の高いところだ。世話になった旦那に沙流川の生鮭を食わせてあげたい」といって、まだ眼の見えていたころに覚えたやり方で網を作り、毎晩夜中に冷たい川に入って鮭を追い回した。しかし、眼のある鮭が眼のないじいさんに捕まるはずはない。とうとう一匹も捕らないうちに死んでしまった。

若者はこれを笑い話として語ったが、聞いた京助は涙が止まらなかった。彼はのちにこう書いている。

《自分らの伝統的な生活をかき乱されることを避けて、漁利の磯浜は侵入者にゆだねてだんだん川沿いに退漸して来たこの人々は、いつでも黙々として、損を耐えている人たちである。陰でありったけの真心をしはらって、知られぬまゝにうずもれていったこの種の純情は、国土の開拓の下に昔からどんなにたくさん浪費されたことであろう。無告の冤枉《えんおう》の限りなき下積みに、恬《てん》として優勝者の顔をして、少しの不安もなしにのさばっておれた我々のあさましさ》(「太古の国の遍路から」)

これはアイヌを「土人」と呼んだ当時の日本政府のアイヌ政策に対する、アイヌ語研究者としての精一杯の糾弾である。京助が天皇制国家主義の一翼をになう学者だったことは事実だが、アイヌ語研究者としては歴とした反植民地主義者だったのである。

その翌日から、三人の老婆が毎日酋長の家にやってきてユーカラを教えてくれた。そのころになると、京助も耳で聞いただけでユーカラのおもしろさがわかり、筆録の作業も捗るようになった。

ある日、隣村から一人の老婆がやってきて入り口に黙って腰をかけていた。京助が「あんたもユーカラを教えてくれるのか」と訊くと、「わたしは何も存じません」といった。そこで京助がまた三人のところに戻って筆録ノートを開くと、その老婆がにじり寄ってきてノートを覗き込もうとした。京助がノートをそちらへ向けてやると、彼女はいきなりオイナ神の物語を朗唱しはじめた。

「あるとき、オイナ神は天の女神たちが神の泉で沐浴しているところを目撃した。女神たちがみんな天に帰ったあと、それまで見張りをしていた女神が衣を脱いで泉に入った。その裸があまりにも美しかったので、オイナ神は女神の衣を隠してしまった」

それはアイヌの羽衣伝説だった。物語の大筋は前にも聞いていたが、オイナ神が女神の衣を盗むくだりは含まれていなかった。語り手が神様に遠慮して省略したらしい。それを聞いて、京助は無性にうれしくなった。

《そのとき覚えた幸福感は、立身出世もなにもいらない、自分はなんと幸せ者だろう、という気持ちでした。自分一人でこれを味わっているのがもったいない、だれか他の人にもこれを見せてやりたいという気持ちになって、ほんとうに満足感にひたったり、驚嘆したりしたのです。あの村を訪ねたときは、出張の帰り道だったので、もう残りの金もほとんどなく、二、三日いて、法要を営んで帰ろうと思っていたのに、こんなことで、とうとう二週間滞在してしまいました》

(『私の歩いて来た道』)

紫雲古津村は、こうして京助の第二の故郷、心のふるさとになった。

第十四章　近文と札幌の一夜

1

明治十五年（一八八二）生まれの京助は、明治から大正へと元号が改まった一九一二年に三十歳の誕生日を迎えた。二十代が研究者の修業期間だとすれば、三十代はそれが開花し結実する年代である。京助は大正の十五年間に学者として数々の実績を積み重ね、名実ともに日本を代表する「ことば探偵」になっていく。

北海道の紫雲古津村から帰った翌年、つまり大正五年（一九一六）の七月、京助は本郷区森川町一番地の牛屋横町に引っ越した。それまで住んでいた妻静江の実家の隣家から歩いて五分ほどの場所だったが、今度は立派な門構えの一戸建てで、小なりといえども一国一城の主になったような気がした。

それもまた柳田国男のおかげだった。前述のように、柳田は明治三十九年（一九〇六）に京助より一足早く樺太を視察旅行して以来、アイヌの言語や習俗に興味を抱き、「室蘭の絵鞆《えとも》、日高の襟裳《えりも》といった地名は、いずれも岬を意味するアイヌ語のエンルンからきている」という学説を発表していた。

数年後、京助は柳田に呼び出されて霞ヶ関の内閣書記官室に参上した。当時、柳田は内閣と貴族院の書記官を兼務していた。二人は同学の士としてたちまち意気投合し、時間を忘れて語り合った。

そのとき、京助がほとんど無収入の失業状態だと知った柳田は、文科大学長の上田萬年に会って京助を講師に取り立てるように進言し、さらに大正四年（一九一五）の樺太・北海道アイヌ語調査旅行に際しては、樺太庁と北海道庁にかけあって両方から百円ずつの調査費を出すように斡旋してくれた。

その後も柳田は、全国知事会議などで上京した北海道長官が内閣書記官長に挨拶に来るたびに、北海道はアイヌ語の研究者に対して何らかの俸給を支払うべきだと力説した。その結果、政友会内閣の北海道長官、中村純九郎がそれを受け入れ、京助は非常勤の道庁事務嘱託という名目で毎月四十円の俸給をいただくことになった。

文科大学講師の年俸が百円だったことを思えば、月俸四十円は大きい。おかげで京助は、盛岡の少年時代からほぼ二十年ぶりに、門のある家に住めるようになった。晩年の啄木が京助一家の貧乏神だったとすれば、柳田はまさしく福の神だった。

しかし、家庭では不幸がつづいた。大正四年（一九一五）四月に次女弥生が生後まもなく息を引き取り、大正六年（一九一七）の初めには三女美穂が百日咳のために一歳の誕生日を待たずに死んだ。そして大正七年（一九一八）六月には、前年から体調を崩して寝込んでいた義姉、林カオルが永眠した。カオルは京助夫妻にとって母親代わりの人だった。

こうした家族の相次ぐ死は、もともと丈夫でなかった静江の心身を痛めつけずにはおかなかった。京助の失業時代には、ご飯のおかずは塩と味噌だけで我慢し、「食後のお茶はもったいないからお白湯にしましょうね」といって貧乏生活に耐えていたが、次女の弥生を医者にも診せずに死なせてしまったころから心身の不調を来し、次第に神経衰弱の症状があらわれるようになった。

ある夏、中耳炎を患ったときには、外出着はすべて質屋に入っていたので、寝間着用の浴衣二枚を代わる代わるに洗濯して近所の耳鼻咽喉科医院に通った。京助と同年の医者は、そんな境遇に同情して「治療費は旦那さんの出世払いでいいよ」といってくれた。

その間にも、金田一家には次々とアイヌの語り部たちがやってきて長逗留した。その応対もまた、病弱な静江の身には応えたに違いない。

2

大正七年（一九一八）は北海道の開道五十年にあたり、さまざまな記念行事が催された。明治二年（一八六九）に維新政府が「蝦夷地」を勝手に「北海道」と命名してから五十年というわけで、アイヌにとってそれは強制的な同化政策と被植民地化の歴史だったが、特に抗議運動のようなものは起こらなかった。アイヌはすでに民族としての魂を抜き取られていたのかもしれない。

ちなみに昭和四十三年（一九六八）の開道百年祭のときには、「北海道以前に長いアイヌの歴史があったことを忘れるな」という声がアイヌ自身の間から湧き上がった。それはユーカラの研究を志したころからの京助の一貫した姿勢であり、念願でもあった。開道から百年たって、その声はようやく日本人の耳に届くようになったのである

開道五十年目の夏、京助は自費で北海道のアイヌ語調査旅行に出かけた。厚岸《あっけし》、釧路、帯広、名寄《なよろ》、美幌と回ってユーカラの伝承者を訪ね歩き、最後に旭川郊外の近文《ちかぶみ》というコタンに金成《かんなり》マツという女性を訪ねた。札幌の聖公会で宣教師ジョン・バチェラーに会ったとき、近文へ行ったらぜひ金成家を訪ねるようにといわれていたからである。そこはアイヌの小学校に隣接する小さな教会だった。

玄関に入って「ごめんください」と声をかけると、右手の部屋から「はい、はい」という声が聞こえたが、誰も出てこなかった。京助はアイヌのならわしに従って軽く咳払いをしながら二度三度と声をかけた。すると、ようやく中年の女性が松葉杖をついて現れた。それが金成マツだった。

京助が身分を名のってバチェラー師から紹介されてきたと伝えると、マツは恐縮して「そうとは知らずにお待たせして失礼しました。さあさあ、どうぞお上がりください」といった。

そこへ十五、六歳の少女が息をはずませながら入ってきて、「お母さん、ただいま」といった。

「あら、お帰り。お前がもう少し早く帰ってきてくれれば、先生にご迷惑をかけずにすんだのに。先生のお声があんまりやさしかったので、私はてっきりお前が私をかついでいるのだと思い込んで、カラ返事をしながらお迎えに出なかったのよ」

マツはそういいながら京助にまた頭を下げた。

「ひどいわ、お母さん。わたしがいつお母さんをかついだことがあって？」

「だって、お前。先生のお声がお前にそっくりだったんだから、しようがないでしょ」

そういうわけで、なんだか京助の声がいちばんの悪者ということになった。そのことに気づいた三人は同時にあっと叫び、玄関に明るい笑い声がはじけた。何事ならんと奥から顔を出した老女も笑いの輪に加わった。こうして京助は苦もなくこの家族のなかに溶け込んだ。

この家は女ばかりの三人家族だった。老女のカンナリモナシノウクは、幌別の大酋長だったカンナリの未亡人で、この地方では随一のユーカラ伝承者として知られていた。京助はのちに「私が逢ったアイヌの最後の最大の叙事詩人《ユーカラクル》である」と評している。今回の訪問は、実はこのユーカラクルに会うためだった。

モナシノウクには二人の娘がいた。長女のイメカノは日本名マツ、次女のノカアンテはナミと名づけられた。前述のとおり、二人の伯父にあたるカンナリキは登別の有力者で、地元で布教活動を始めたバチェラーにアイヌ語を教え、経済的にも支援した。学生時代に初めて渡道したとき、京助もこのカンナリキからアイヌ語文法の手ほどきを受けている。

その伯父とバチェラーの関係から、マツとナミは明治二十七年（一八九四）、日清戦争が始まったころに函館に出てイギリス聖公会の伝道学校で七年間英語を学び、洋風の生活習慣を身につけ、伝道者の資格を得た。当時のアイヌにとって、それはほとんど奇蹟的な経歴だった。

学校を卒業した二人は、古来アイヌの都とされてきた日高の平取の教会で十二年間、伝道師として働いた。その後、マツは近文の教会を任されて母親のモナシノウクと同居し、アイヌの女性や子供に聖書や賛美歌を教えていた。幼時の事故がもとで足が不自由だったが、経済的には不自由のない暮らしぶりだった。

妹のナミは登別コタンの有力者の息子、知里高吉と結婚し、長女幸恵、長男高央、次男真志保の三人の子の母となった。高吉は結婚と同時にコタンを去り、登別郊外の丘陵地帯で農場の開拓を始めた。しかし、心臓に持病があって重労働を禁じられていたので、開墾や農作業の多くはナミが担当することになった。

ナミは早朝から深夜まで、神に祈りながら身を粉にして働いたが、生活はなかなか楽にならなかった。そこで長女の幸恵を子供のいない姉に託すことにし、幸恵は未入籍のままマツの養女となった。

幸恵は教会に隣接したアイヌ小学校を卒業し、いまは片道四キロの旭川区立女子職業学校に徒歩で通っていた。同校初のアイヌ学生だったので、入学当時は「ここはお前なんかの来るところじゃない」といじめられたが、それを神の試練と受けとめて勉強に励んだ結果、一年後には副級長としてクラスの信望を集める優等生になっていた。

このとき京助が会ったのは、幸恵（十五歳）からみて、母親代わりの伯母マツ（四十三歳）、祖母モナシノウク（七十歳前後）の三人家族である。ちなみにこのとき京助は三十六歳の男盛りだったが、「女のようにやさしい声」のおかげで、この女系家族のなかで格別警戒されることもなかったらしい。

その夜はランプの灯を明るくし、囲炉裏の火を囲みながら、アイヌの昔話に花が咲いた。時が過ぎ、はっと気がついたときには、もう最終列車が出たあとだった。

京助が困惑していると、マツは「先生さえよろしければ、どうぞ泊まっていってください」といった。そのあとで三人は「泊まっていただくのはいいけれど、朝食にお出しするものがジャガイモぐらいしかない、どうしましょう」とアイヌ語で相談を始めた。

それを聞いた京助が「ジャガイモを茹でてくだされば十分ですよ」と日本語でいうと、「あら、内緒話がばれてたようだよ」とモナシノウクがいって、また炉端に笑い声がはじけた。

近文は蚊の多いところだったが、金成家には蚊帳がひとつしかなかった。幸恵が隣の小学校の先生の家に借りに行ったが、そこにも客用の蚊帳はなかった。そのため京助がひとつの蚊帳を独占することになった。何度も辞退したが、ついに聞き入れてはもらえなかった。

長旅の疲れが出たのか、蚊帳に入るとすぐに寝てしまった。翌朝めざめると、すでに朝日が蚊帳のなかに差し込んでいた。顔を洗って戻ると、炉端にヒノキの小枝の燃えさしがたくさん残っていた。それは蚊遣りのあとだった。三人は夜中に交代で起きて蚊遣りの当番をしていたのである。

炉に吊された大鍋には、大きなジャガイモがふつふつと音を立てていた。昨夜の予告通り、茹でたジャガイモに塩を振りかけただけの質素な朝食だったが、京助にはそれが世界のどんな料理よりもおいしく感じられた。

京助が大きなジャガイモを頬張ろうとしたとき、箸がすべって炉のなかに転がり落ち、イモは灰まみれになった。京助が目に入った灰をこすっていると、女三人は「先生がイモを転がしてべソかいた」といってはやし立てた。何かにつけてよく笑う家族だった。

やがて、別れの時がやってきた。京助が玄関で編上靴の紐を結んでいると、マツが幸恵を指さしながらいった。

「この子はおばあさん子で、母のアイヌ語を聞きながら育ちましたので、この辺のどんな年寄りにも負けないほどアイヌ語が達者になりました。母の口真似でユーカラも謡えます。作文も上手なんですよ。幸恵、いい機会だから、先生にお前の書いた作文を見ていただいたら」

「いいよ、お母さん、恥ずかしいから」

「いいから、持ってらっしゃい」

そういわれて幸恵が持ってきた作文のノートを見て、京助はマツの娘自慢が少しも誇張でないことを知った。そのときの驚きを、京助はのちにこう回想している。

《幸恵さんは、驚くべき才媛でした。ことに作文が一番お得意で（中略）実に流麗な国文で（中略）誤字とか仮名づかいの誤りというようなものが、一つも見出されませんでしたので、これは大したものだと（中略）。驚嘆はそれのみにとどまりませんでした。そういったようによく和風《シーシャムブリ》に親しんだ、勉強のできる人に限って、アイヌ風《ブリ》は捨てて顧みぬものですのに、幸恵さんはアイヌの古辞・古文にも堪能で、この種族の伝統的叙事詩の長篇（中略）を、おっかさんやお祖母さんに聞き覚えて、暗誦伝受していることだったのですから、ほんとうにアイヌ民族最後の誇りと神様が育てていてくれた尊い萌《め》だと思って、どのくらい伸ばせば伸びるものか、一つ東京へ出して勉強をさしてあげたいものだと、その時すぐに思ったのでした》（『北の人』所収「故知里幸恵さんの追憶」)

五十年にわたる同化政策の結果、当時のアイヌは誰でも普通に日本語を話せるようになっていたが、これほど完璧に日本語のエクリチュールをこなせる者は少なかった。しかも幸恵は和風に親しんだ優等生たちが捨てて顧みなかったアイヌの古辞・古文にも堪能で、祖母や母からユーカラの暗誦まで伝授されていた。京助にはそれがアイヌの神様が育てた希望の芽のように感じられたのである。

京助が読み終わるのを待って、幸恵が口を開いた。

「先生、ユーカラって、そんなに価値のあるものなんですか?」

そこには、日本人がなぜアイヌのことを研究するのか、他人のことはほっといてほしいという拒否のニュアンスが含まれているように感じられた。そこで京助はこう答えた。

「あなた方のユーカラは、あなた方の祖先の戦記物語で、叙事詩という口伝えの文学なんだ。ヨーロッパでも『イリアード』『オデッセイア』という叙事詩は、その最後の伝承者だったホメロスの時代に文字が発明されて初めて書き留められ、後世に伝えられた。叙事詩は民族の歴史であると同時に文学であり、宝典でも聖典でもある。いま、これを文字にして残しておかないと、ユーカラは消滅してしまう。だから、私はこの研究に全財産を費やし全精力を注いでも少しも惜しいとは思わない」(同)

京助の語り口はいつも熱っぽくロマンティックで、表現がいささかオーバーだった。大学の講義ではその語り口が人気を呼び、女子学生たちが競って前方の席を確保しようとしたと伝えられる。このときの熱弁もアイヌの少女の心を熱くとらえたらしい。幸恵は眼に涙を浮かべながらいった。

「わかりました。私はこれまで自分がアイヌであることを何か恥ずかしいことのように思っていましたが、先生のお話を聞いて勇気が湧いてきました。私もこれからユーカラの勉強をしてみようと思います」

そのとき京助は、この利発な少女を東京に呼んで高等教育を受けさせてやりたいと思ったが、薄給の身でそれは叶わぬ夢だった。一方、幸恵には父親譲りの心臓の持病があって、東京の学校へ進学するのは体力的に難しかった。その夢が曲がりなりにも実現したのは、それから四年後のことである。

3

金成家を辞したあと、京助は旭川、名寄、余市を回って札幌のジョン・バチェラー宅を再訪した。コタンの写真を飾った応接間で近文の一夜について報告すると、バチェラーは自分のことのように喜んだ。

その席で、京助は二人の若い女性を紹介された。ひとりはバチェラーの養女、八重子（幼名向井フチ）。この女性もアイヌの伝道師で、のちに歌集『若き同族《ウタリ》に』を著した。もうひとりは作家の中條《ちゅうじょう》百合子。二年前、日本女子大学在学中に『貧しき人々の群』を発表して注目されていた。その後、アメリカ留学をへて非合法の共産党に入党、宮本顕治（のちの日本共産党委員長）と結婚して宮本百合子と改名する。

有名な作家がなぜここに？と訝る京助に、バチェラーが事情を説明した。百合子の父で建築家の中條精一郎は、札幌農学校（現在の北海道大学）の設計監督として文部省から派遣され、一家で札幌に移住した。東京生まれの長女百合子は、生後八ヶ月から三歳までをここで過ごした。今度、父と一緒に渡米することになったので、外国生活の見習いを兼ねて旧知のバチェラー宅に滞在し、近在のコタンめぐりを楽しんでいるという。

百合子は感情表現が豊かで、ウイットに富んだ会話に上品な知性が感じられた。

ひとときの歓談のあと、京助が辞去しようとすると、八重子と百合子に「話があるから」と、玄関脇の小部屋に連れ込まれた。そこで八重子はまず「あなたはアイヌの同族《ウタリ》なのか」と問い、ユーカラを研究する動機や目的を厳しく問い詰めた。

百合子は椅子から降りて床に跪き、京助の膝頭に顎を押し付けるような姿勢で鋭い質問を放った。それはまさしく思想的な査問会だった。京助は追及にたじたじとなりながらも、日頃自分の考えていることをすべて正直に打ち明けた。そのアイヌ談義は十一時を過ぎ、隣室のバチェラーから「声が高い。もう少し静かに」とたしなめられるまで続いた。

別れ際に百合子は「機会があったらまたお会いしたい」といって、こう付け加えた。

「私は金田一さんのことを世間離れのしたアイヌ語学者とばかり思っていましたが、この民族に人間愛の精神をもって接しておられることを知って、とてもうれしく思いました。アイヌ学はヒューマニズムの学なんですね」

京助は『貧しき人々の群』の作者に「ヒューマニズムの学」といわれたことが無性にうれしかった。そこで京助が「あなたもぜひアイヌをテーマにした小説を書いてください」というと、百合子は「そのつもりです」と答えた。

中條百合子は札幌滞在中に「風に乗って来るコロポックル」という五十四枚の小説を書いた。京助に勧められたとおり、イレンカムというアイヌの裁き手を主人公にした短篇である。ところが、渡米前のあわただしさのなかで、原稿を紛失してしまった。この作品に愛着のあった百合子は、必死になって探したが、生前にはついに見つからず、没後に発見されて全集に収録された。

小説は紛失したが、このとき札幌で書いたエッセイ「親しく見聞したアイヌの生活」は『女学世界』十月号に掲載された。寒い土地に住むアイヌは炉の神様を大切にする。この神様はおばあさんで「フッチ」と呼ばれている。アイヌの人々は見たまま思ったままをすぐ歌にしてうたう。こんなに自由で生気に満ちた民族が失われてしまうのは惜しい――といった内容が、いかにも若い女性らしい、しなやかな文体で語られている。

この文章を読んだとき、京助はあの札幌の一夜を懐かしく思い出した。

第十五章　三冊のノート

1

大正七年（一九一八）の夏、北海道近文の金成家で忘れがたい一夜を過ごした京助は、九月初めに帰京するとすぐに鄭重な礼状をしたためた。「真底からの御厚意一生御恩に負ひて忘れヤすまじく」で始まるこの手紙のなかで、彼は知里幸恵に宛てて「アイヌ語の筆記にはローマ字が一番適しているので、どうかローマ字を勉強してください」と書いた。

この手紙をきっかけに、以後、幸恵が上京するまでの四年間、京助と幸恵のあいだで頻繁に手紙が交わされた。そのうち京助からのはがき二十通は、登別の「知里幸恵銀のしずく記念館」に保存されている。いずれも慈父が愛娘に宛てたようなやさしい文面である。

大正八年（一九一九）、女子職業学校の三年生に進級した幸恵は発熱して寝込むことが多くなり、二学期からはほとんど休学状態が続いた。そのせいか、この年の手紙は一通も残されていない。翌九年（一九二〇）三月に、幸恵からの久しぶりの手紙でそれを知った京助は、すぐに返事を書いた。

「暫くでした。御たよりありがたく拝見しました。が何といふ悲しい事でせう。実はもうお卒業の三月ですから、いよいよ今度ハ御出京のはこびにでもなるかしら、そしたら、せまいけれどうちへ来ていただけますか、など手紙をあげて見よう見ようと思ひつゝ、学期末の忙しさに取まぎれてゐたのでした。御病気などと《（ママ）》は夢にも思ひませんでした。お大事になさい。一番若い人が何とした事で《（ママ）》しょう。神さまに任せて楽観しながら御保養の事、くれぐれもお願ひします」

大正九年（一九二〇）三月に女子職業学校を卒業した幸恵は、五月初めに谷口という医学博士の診察を受けた。症状は慢性気管支カタルだが、心臓に先天性の欠陥があり、根治するのは難しい、ただし無理をしなければ当面生命に別状はないだろうという診断だった。心臓の病名は僧帽弁狭窄症。いまでは内科的外科的な治療が可能だが、当時は不治の難病だった。十六歳の少女には、それはほとんど死の宣告のように感じられた。

この年六月、京助から三冊の大学ノートが送られてきた。「MITSUKOSHI」の社名の入った百四十ページもある大判のノートで、そこにはこういう手紙が添えられていた。

「御病気ハその後如何ですか。どうぞ一日も早くおさっぱりなさるやう祈って居ります。このノートブックをあなたの『アイヌ語雑記』の料として、何でもかまはず気のむくまゝに御書きつけなさい。それハ私のためではなく、後世の学者へのあなたの置きみやげとしてです。あなたの生活ハそれによって不朽性を持ってくるのです。永遠にその筆のあとが、二なき資料となって学界の珍宝となるのです。えらい事を書かうとする心は不必要で、たゞ何でもよいのです。それが却って大事な材料となるのです」

自分の病気が治らないことを知った幸恵は、おそらく京助に絶望的な心情を吐露し、自殺をほのめかすようなことを書いたのかもしれない。それに対して京助は、ユーカラの筆録という目標を与えて生への意欲を掻き立てようとした。「後世の学者へのあなたの置きみやげ」といった文言がその間の事情を雄弁に物語っている。

幸恵はすぐに返事を書いた。

「私は後世の学者へのおきみやげなどといふ大きな事は思ふことも出来ませんけれど、ただ山程もある昔からのいろいろな伝説、さういうものが、生存競争のはげしさにたえかねてほろびゆく私等アイヌ種族と共になくなってしまふことは私たちにとってはほんとうに悲しい事なので御座います。ですからさういふ事を研究して下さる先生方には、私たちはふかいふかい感謝の念をもってゐるので御座います。私の書きます中のウエペケレの一つでもが、先生の御研究の少しの足しにでもなる事が出来ますならば、それより嬉しい事は御座いません。そのつもりで私の知ってゐる事は何でも、オイナでもユカラでも何でも書かふと思ふて、それをたのしみに毎日、ローマ字を練習して居ります。あのノートブック一ぱいに書きをへるまで幾月かかるかわかりませんけれどきっと書きます」

こうして幸恵の人生の目標が定まった。それは京助が初めて幸恵に会った日から密かに望んでいたことでもあった。

幸恵は学校ではローマ字を教わらなかったので、先生は養母のマツだった。マツは英語で手紙が書けるほど横文字に堪能で、ユーカラの発声や発音にも通じていたので、幸恵にとっては最良の教師だった。

ところで、ここで幸恵がユーカラを「ユカラ」と表記していることに注意しなければならない。ユーカラを原音どおりに表記すればyukarで、yuの部分は伸ばさず、最後のrは英語の子音と同じ無声音である。だからカタカナ表記ではユカㇻとすべきところだが、日本語で語頭のユにアクセントを置くとどうしても長音になり、語尾のrは直前のaに引かれて有声音のラになってしまう。

バチェラーのアイヌ語辞典ではyukaraと表記されており、京助もそれにならってユーカラと表記した。それに最初に異を唱えたのが幸恵で、以後は次第にユカㇻと表記する人が増えた。現在、北海道の公文書ではすべてユカㇻが採用されている。

しかし、日本の活字文化にはラ行の音を小文字で表記する習慣がなく、また終生それをユーカラと表記した京助の著作を多数引用する必要もあるので、本稿では従来どおりユーカラと表記することにする。

京助には「ノートブック一ぱいに書きをへる」と約束したものの、それはしばらく空白のままだった。気管支カタルの症状が一進一退で気分がすぐれないうえに、祖母モナシノウクが体調をくずし、母マツも持病のリュウマチが悪化したため、夏の二ヶ月は家事と看病に追われる日々が続いた。

秋風が立つころ、ようやく状況が好転した。九月八日付けの手紙で、幸恵は京助にこう近況を伝えている。

「秋風が吹くやうになりましてから祖母も元気ですし、私も気分がよくなってまいりました。遠からず母も床を払ふ事が出来るだらうと思ってゐます。ローマ字は少しなれました。先生の御手紙によりまして、自分の責任の重大な事を自覚いたしました。今度冬支度がすみましたならば専心自分の使命を果すべく努力しやうと思って居ります」

幸恵が「専心自分の使命を果すべく」ノートに向かい始めたのは、大正九年（一九二〇）暮れから翌十年一月にかけてのころである。最初の筆録は鱒に化けた悪魔の話。一ページを二つに仕切って、左半分にはローマ字のアイヌ語が、右半分には日本語の訳文が、小さな文字でぎっしりと書き込まれている。大切なノートを節約しようと思ったらしい。

「大昔、悪魔がオイナカムイを試みるために両頭の鱒に化けてオイナカムイが作ったウライ（魚をとる仕掛）にはいってゐました。けれどもオイナカムイは悧巧ですから歌をうたって其の鱒をすてゝ悪魔の心を外へそらしましたから、それからは何の悪魔も悪戯をしなくなりました」

そのときオイナカムイがうたった歌は、こんなふうに訳されている。

鱒のぼっちゃん、鱒の赤ちゃん、私の言ふことをよくおきゝなさい
東の方に鱒の小父さんと鱒の小母さんが夫婦《いっしょ》になって
六人の男の子と六人の女の子とをうみました

これを読んで、私は金子みすゞの詩「お魚」や「大漁」を思い出した。もっと正確にいえば、金子みすゞの詩集を読んだとき、知里幸恵の『アイヌ神謡集』を思い出した。両者は詩の発想と語り口が瓜二つといっていいほどよく似ている。

金子みすゞは幸恵と同じ明治三十六年（一九〇三）に山口県で生まれ、ちょうどこのころから詩を書き始めた。二人のあいだに交流はなかったが、鳥獣虫魚のいのちに対するやさしいまなざしと、それを詩として表現できるしなやかな感受性を共有していた。そのまなざしや感受性を培ったものが、彼女たちの育った豊かな自然環境と、児童雑誌『赤い鳥』に代表される大正の文化だったことはいうまでもない。

『赤い鳥』は芸術性の高い創作童話の確立をめざして、大正七年（一九一八）に鈴木三重吉によって創刊された。鈴木の呼びかけに応えて、芥川龍之介、小川未明、北原白秋、西条八十、秋田雨雀らが「大正デモクラシー」の時代にふさわしい清新な童話や童謡を寄稿した。

自由とヒューマニズムと個性の尊重を基調とするその作風は、従来の自然主義文学や新興のプロレタリア文学とは異なる新しい物語のスタイルをつくり出した。幸恵もみすゞも、この時代の新しい空気を吸って育った文学少女だったのである。

しかし、幸恵の『アイヌ神謡集』の文体に最も大きな影響を与えたのは、なんといってもそれを実際に謡って聞かせたモナシノウクである。幸恵はマツの養女になる前に、五歳から六歳にかけての約二年間を、人里離れたオカチペという山中の小屋《チセ》で、モナシノウクと二人だけで過ごしている。

それは昔ながらのアイヌの暮らしで、カムイ（神）とともに生きる日々だった。アイヌでは自然現象や動植物はもとより、食器や道具、家の戸口や便所に至るまで、この世のすべてはカムイのはたらきによるものとされており、人々は寝ても起きてもカムイに感謝を捧げながら生きる。

幼い幸恵にとっていちばんの楽しみは、夜の炉端で祖母の昔話や歌を聞くことだった。英雄が群がる敵をばったばったと切り倒すユーカラをはじめ、動植物を主人公にしたカムイユカラ、ウエペケレという昔話、物悲しい子守唄のイフンケ、自分の心情を即興で謡いあげるヤイマサなど、何度聞いても飽きなかった。モナシノウクが「今夜はこれまで、さあ寝ましょう」というと、幸恵は「もっともっと」とねだって困らせた。春秋の筆法をもってすれば、ユーカラに捧げられた幸恵の生涯は、この二年間に決定されたのだといっていい。

2

アイヌの口承文芸は、韻文体の物語と散文体の物語に大別される。韻文体の物語をユーカラといい、散文体の物語をウエペケレという。ユーカラはさらに神のユーカラ（カムイユカラ＝神謡）と人間のユーカラ（英雄叙事詩）に分けられる。

神のユーカラは、フクロウ、キツネ、ウサギ、オオカミ、カエルなどの自然神が主人公となって自らの体験を語る一人称の物語で、オキキリムイという半神半人のキャラクターが狂言回しとして登場することが多い。そしてサケへと呼ばれる囃子ことばのリフレインが謡いのメロディを生み出していく。

人間のユーカラは、孤児の少年ポイヤウンペが無数の敵を相手に孤軍奮闘、縦横無尽の活躍をする英雄物語である。彼は自在に空を飛び、水中に潜り、殺されてもたちまち生き返るというスーパーヒーローで、最後には囚われていた美女を救い出して故郷に凱旋する。

ユーカラといえば、一般的にはこの英雄叙事詩のことを指す。語り終えるのに何日もかかる大河物語だが、モナシノウクはその全篇を諳《そら》んじていた。そして幸恵は何よりもこの英雄物語が好きだった。

一方、散文体のウエペケレは教訓説話ともいうべき昔話で、人間の主人公が主として自分の失敗談を語る。そのほかにウポポ、リムセといった古い踊りの歌があり、その多くは神を讃える内容になっている。アイヌの子供たちは、こうしたさまざまな口承文芸を通して自然の大切さを学び、人間としての生き方を学んだのである。

京助から贈られた大学ノートは少しずつ、だが確実に埋まっていった。「何でもかまはず気の向くまゝに」といわれたとおり、一冊目のノートには、ユーカラ、ウポポ、ウエペケレ、早口ことばなど、さまざまなジャンルの作品が脈絡なしに並べられている。ただ、何を書いても、そこには幸恵独自の語感とリズム感があって、すでに立派な文芸作品になっている。たとえばアイヌの子供たちのことば遊び歌と思われる一篇。

年寄り鳥は何処へ行った！
糀《こうじ》をとりに行った
其の糀を何うした？
酒に造ってしまった

其の酒は何うした?

飲んでしまった

ノートの十一ページ目に「小狼の神が自ら歌った謡『ホテナオ』」が出てくる。これが京助のために筆録された最初のカムイユカラ(神謡)である。その書き出しの一節。

「(ホテナオ)或る日に退屈なので浜へ出た。遊んでゐたら　一人の小男がやって来た。それで川下の方へ下ると　自分も川下の方へ行き　川上へ来ると自分も川上へ来て　道をさへぎった。スルと川上へ六回　川下へ六回になった時　小男は非常に怒を顔にあらはして言ふには(ピイトントン　ピイトントン!)」

この訳文はたどたどしいが、公刊された『アイヌ神謡集』(岩波文庫版)ではつぎのように改訳されている。

ホテナオ
ある日に退屈なので浜辺へ出て、
遊んでいたら一人の小男が
来ていたから、川下へ下ると
私も川下へ下り、
川上へ来ると私も川上へ行き道をさへぎった

すると川下へ六回
川上へ六回になった時小男は
持前の癇癪《かんしやく》を顔に表して言うことには、
「ピイピイ
この小僧め悪い小僧め、そんな事をするなら
この岬の、昔の名と今の名を
言い解いてみろ」

これは一種の問答歌で、その呼びかけの部分がサケヘ（リフレイン）になっている。アイヌはよく歌う民だった。山へ狩りに行っては歌い、川へ水汲みに行っては歌い、浜で魚をとるときには労働の唄を歌った。この問答歌には、そうしたアイヌの特性がよく表れている。

大正十年（一九二一）四月半ば、北海道にも遅い春が訪れた。幸恵は冬の間に書き留めた一冊目のノートを京助に郵送した。そして「自信はないけれど、とにかくお目にかけます。悪いところはご教示願います」という手紙を別便で出した。すると、すぐに返事が届いた。消印は「本郷10・4・23」となっている。

「御手紙は昨日、筆記は今日、拝受致しました。あまり立派な出来で私は涙がこぼれる程喜んで居ります。もっともっと帳面をぜいたくに使って下さい。余りこまかに根をつめて書いてハ、からだへ障るといけません。片面へアイヌ語の原文、片面へ訳語、といふ位にして、それも、真中

へだけ書いて、端は註でも書く所にして置いたらいゝでせう。まだまだ、拝んでゐる所で、これから読む所です。読んだら、又感服しさうです。そしたら又申し上げます」

それから一ヶ月かけてノートを読み込んだ京助は、今度はこんな手紙を出した。

「こんなに立派にしおほせる人があらうとは夢にも思ひかけませんでした。これならこのまゝ後世へのこして結構な大したお仕事です。どんなにか御面倒だったでせう」

京助を感激させたのは、訳文の予想外の出来ばえもさることながら、母語としてのアイヌ語を完璧に日本語に訳せるアイヌがついに現れたという喜びだった。

これまで数多くのユーカラを筆録してきた京助は、アイヌ語の理解にかけては人後に落ちないという自信を持っていたが、「アイヌにとって自分はなお外部の人間にすぎない」という思いを捨てきれないでいた。ほんとうの意味でユーカラの筆録が可能なのは、自らユーカラを謡える者でなければならない。彼は長らくそういう人材を探し求めていたが、その願いを叶えてくれそうな人材がついに見つかったのである。

京助から「涙がでる程感動した」「後世にのこる立派な仕事だ」と褒められた幸恵は、さっそく二冊目のノートを埋める作業に取りかかった。幸いなことに気管支カタルの症状が和らぎ、モナシノウクとマツも体調が回復して普通の生活ができるようになった。

何よりもうれしいのは、和人の同級生たちとの間でつねに緊張を強いられてきた学校生活が終わって、自分のために使える時間がたっぷりあることだった。その時間をアイヌの伝承を後世に伝えるために使うことが幸恵の幸福であり、生き甲斐でもあった。

アイヌ語に相当する日本語が見つからないときは、京助に手紙で相談した。「ainuのituituyeを日本語で何と云ふのか、私にはいくら考へても思ひ付きません」と書くと、「御尤デス、簸《ひ》るト申シマス」という返事が来た。「簸る」とは箕《み》を使って穀物の皮や屑を取り除くという意味で、日本人でも知る人は少なかった。

大正十年（一九二一）九月、幸恵は書き上げた二冊のノートを京助に送った。第二のノートには五篇のカムイユカラが、京助の指示したとおり見開きに記載されており、それはそのままの順番で『アイヌ神謡集』に収録された。

第三のノートはウエペケレを集めたものだったと推定されるが、京助がどこかで紛失したらしく、いまも見つかっていない。

二冊のノートを読んだ京助は、これは本にして世に問う価値のあるものだという確信を深めた。そこで柳田国男の郷土研究社から出始めた「爐邊《ろへん》叢書」に加えてもらうべく、欧州滞在中の柳田に手紙を出し、その返事が来る前に、幸恵にこう書き送った。

「私はあらゆる人々に向って、あなたのこの美しいけだかい企画と努力と、立派なこの成績とを誇ってゐます。ぜひ版にしてあげたいと思ひます。（中略）土俗研究の発表機関として「爐邊叢書」といふものが発行されてゐます。その中へ、あなたのこの蒐集を一冊に編纂して加へたいと思って居います。私ハ今からさうした暁の、世への驚異を想像してひとり微笑を禁じ得ません」

幸恵はすぐに返事を書いた。

「まるで夢のやうでございます。百千万の祖先のためにどんなに喜ばしいことかわかりません」

そして、このまま世間に発表するのはあまりにも不完全で恥ずかしいので、どうか厳しく添削してほしいと付け加えた。

すると京助から「よしんば誤りがあったとしても、その誤り自体がわれわれの参考になるので、あなたが心配することはない。このままで出しましょう」という返事が来た。

こうして幸恵の上京の日が近づいた。

第十六章　幸恵上京

1

京助から送られた三冊のノートに取り組んでいたころ、幸恵は恋をしていた。相手は村井曾太郎という三歳年上のアイヌで、知り合った当時は旭川第七師団の兵士だった。背が高くがっしりとした体つきで、父親の知里高吉と風貌がよく似ていた。村井家は名寄の有力アイヌの一族で、知里家と同じく農業と酪農を営んでおり、曾太郎の母親と幸恵の養母マツは以前から親交があった。

若い二人の馴れ初めは、幸恵が女子職業学校を卒業した大正九年（一九二〇）春ごろのことだと思われる。マツは近文の教会で聖書や讃美歌を教えるかたわら、希望者には特別にローマ字を教えていた。そこへ曾太郎がやって来て生徒の列に加わった。兵舎から教会までは歩いて約三十分。やがてその時間と距離は幸恵への熱い思いで満たされるようになった。

幸恵は特に美人というほどではなかったが、年のわりには大人びていて立ち居振る舞いに色気があり、近隣の青年たちの注目を集めていた。藤本英夫『知里幸恵　十七歳のウエペケレ』（草風館、二〇〇二）によれば、「おれのほうが先に幸恵に惚れていた」と告白する青年もいたという。

曾太郎は翌十年（一九二一）春に除隊して名寄に帰ったが、汽車で二時間の距離を物ともせず、しばしば幸恵に会いに来た。気管支カタルを病んでいた幸恵にとってそれは大きな慰めになり、症状は次第に快方に向かった。「私も気分がよくなってまいりました」と京助に手紙を書いたのは、この年の秋の初めのことである。

ちょうどそのころ、弟の真志保が旭川の北門尋常高等小学校の高等科に入学してマツの家に同居することになった。真志保は曾太郎を兄のように慕い、ときにはお小遣いまで貰うようになった。

そんなある日、幸恵が曾太郎と遊びに出かけたまま、夜になっても帰ってこなかった。心配になった真志保は、夜中に何度も起きて玄関へ行って見たが、そこに姉の下駄はなかった。翌日は明け方から雪になった。朝早く起きて外に出て見ると、薄く積もった雪の上に新しい下駄の跡がついていた。

「いまでは、ほんとうによかったと思っている。あの若さで人を愛することを知っていたんだから」と真志保がのちに妻の萩中美枝に語ったと、石村博子の近著『ピリカ チカッポ（美しい鳥）知里幸恵と『アイヌ神謡集』』（岩波書店、二〇二二）が伝えている。以下の記述も同書に教わるところが多い。

しかし、この恋はすぐに暗礁に乗り上げた。曾太郎の人柄をよく知る祖母モナシノウクとマツは、二人はいずれ結婚するだろうと温かい眼で見守っていたが、実母のナミが強硬に反対した。

開拓農家の主婦の過酷さを身に染みて知っているナミは、心臓に持病をかかえる幸恵に農家の嫁がつとまるはずはないと思ったのである。曾太郎が小学校の高等科しか出ていないことも反対理由のひとつだった。

それでも幸恵が自分の言いつけに従わないと知ると、ナミは深い雪のなかを登別から旭川までやってきた。ナミは娘を台所の板の間に座らせ、長時間にわたって曾太郎と別れるよう説得した。幸恵は泣きながらそれを聞いていた。マツが見かねて幸恵の肩をもったので、今度は姉妹の仲が険悪になった。幸恵には自分のことより、二人の母がいがみ合うことのほうが悲しかった。

その後も曾太郎からの求愛は続いた。幸恵はナミの言いつけを守って一旦はそれを断わったが、「体の弱い私はいつ死ぬかわからないが、死ぬときはあなたの胸に抱かれて死にたい」と手紙を書いた。あなたを愛してはいるが結婚はできませんという決意の表明である。

大正十一年（一九二二）に入ると、幸恵は曾太郎への思いを断ち切るかのように上京の準備を急ぎ、三月一日に『アイヌ神謡集』の序文を書き上げた。これは天才少女、知里幸恵の絶唱と呼ぶにふさわしい名文である（引用は岩波文庫版に拠る）。

《その昔この広い北海道は、私たちの先祖の自由の天地でありました。天真爛漫な稚児の様に、美しい大自然に抱擁されてのんびりと楽しく生活していた彼等は、真に自然の寵児、なんという幸福な人だちであったでしょう》

この書き出しにつづけて、大自然に抱擁された「彼等」の生活が語られる。

《冬の陸には林野をおおう深雪を蹴って、天地を凍らす寒気を物ともせず山又山をふみ越えて熊を狩り、夏の海には涼風泳ぐみどりの波、白い鷗の歌を友に木の葉の様な小舟を浮べてひねもす魚を漁り、花咲く春は軟らかな陽の光を浴びて、永久に囀ずる小鳥と共に歌い暮して蕗《ふき》とり蓬《よもぎ》摘み、紅葉の秋は野分に穂揃うすすきをわけて、宵まで鮭とる篝《かがり》も消え、谷間に友呼ぶ鹿の音を外に、円《まど》かな月に夢を結ぶ。嗚呼なんという楽しい生活でしょう》

しかし、それも今は昔。押し寄せる植民地化の波によって「彼等」の夢は破られ、大地は急速に変貌してゆく。

《太古ながらの自然の姿も何時の間にか影薄れて、野辺に山辺に嬉々として暮していた多くの民の行方も亦いずこ。僅かに残る私たち同族は、進みゆく世のさまにただ驚きの眼をみはるばかり。しかもその眼からは一挙一動宗教的感念《(ママ)》に支配されていた昔の人の美しい魂の輝きは失われて、不安に充ち不平に燃え、鈍りくらんで行手も見わかず、よその御慈悲にすがらねばならぬ、あさましい姿、おお亡びゆくもの……それは今の私たちの名、なんという悲しい名前を私たちは持っているのでしょう》

時は流れ、世は進展する。激しい競争場裡に取り残された同族のなかから、いつかは強者があらわれて進みゆく世と歩をならべる日も来るだろう。それが私たちの切なる望みなのだと断わったうえで、幸恵はいよいよ『アイヌ神謡集』刊行の意義に説き及ぶ。

《けれど……愛する私たちの先祖が起伏す日頃互いに意を通ずる為に用いた多くの言語、言い古し、残し伝えた多くの美しい言葉、それらのものもみんな果敢なく、亡びゆく弱きものと共に消失せてしまうのでしょうか。おおそれはあまりにもいたましい名残惜しい事で御座います。

アイヌに生れアイヌ語の中に生いたった私は、雨の宵、雪の夜、暇ある毎に打集って私たちの先祖が語り興じたいろいろな物語の中極く小さな話の一つ二つを拙ない筆に書連ねました。

私たちを知って下さる多くの方に読んでいただく事が出来ますならば、私は、私たちの同族祖先と共にほんとうに無限の喜び、無上の幸福に存じます》

亡びゆく民族の遺産を、アイヌに生まれアイヌ語のなかで育った自分が書き残す。それはまさしく「無限の喜び、無上の幸福」だったに違いない。

幸恵はこの原稿を京助に送り、「健康も回復したので近く上京したいと思いますが、ご迷惑ではないでしょうか」と問い合わせた。するとすぐに「それは私の方で前からお願ひしてきたことです。私の家でよかったら、いつでも喜んで歓迎します」と返事がきた。これで幸恵の上京の意思は固まった。

幸恵の結婚に反対した登別の両親は、この上京にも同じ健康上の理由で反対した。そこで幸恵は父親の高吉あてに懇願の手紙を出した。

「何卒後生のお願ひですから、お父様御賛成下さる様におねがひ申上げます。(中略) ほんとに、此の度だけ何うぞお願ひをお聞き入れ下さいまして、不孝な娘の望みを達してやって下さる様にお願ひ申上げます」

この必死の願いが功を奏して、頑固な父親もついに折れた。曾太郎との仲を引き裂いたことに内心やましさを感じていた母も、今度は意外にあっさりと上京を許した。

ところで、前記『ピㇼカ チカッポ』によれば、幸恵と曾太郎は三月に名寄で仮祝言を挙げたという話があり、地元ではそれが半ば定説になっているという。

しかし、幸恵はのちに京助の問いに対して「嫁として舅姑に仕えることを考えると、病身の自分には満足なことはできない。それはお互いの不幸だと思わざるをえなかった」と答えているから、仮にもせよ、この時期に祝言を挙げたとは考えにくい。真相はおそらく、上京の挨拶にきた幸恵を迎えて、村井家で送別会が開かれたということだろう。

2

大正十一年（一九二二）四月二十八日、幸恵は家族に見送られて旭川を出発した。荷物のなかには清書した『アイヌ神謡集』の原稿が入っていた。曾太郎には「本が出たらすぐに帰ります」と約束していたが、その約束が果たされることはなかった。

登別の実家で十日ほど過ごしたあと、五月十一日の夕刻に室蘭から青森行きの船に乗った。翌日未明に青森港に着き、午前六時十五分青森発の上り列車に乗った。

列車は翌十三日午前五時に上野駅に着いた。到着ホームには京助が待っていた。二人は駅前から人力車に乗って本郷区森川町の金田一邸へ向かった。途中の商店や住宅はまだ戸を閉ざしていた。東京の人たちは夜更かしをするので朝が遅いのだろうと幸恵は思った。

金田一家では、京助の妻静江、九歳の長男春彦、一歳になったばかりの四女若葉、そして幸恵と同年輩のお手伝い、きくが出迎えた。静江は若葉を産んだころから不定愁訴の症状がつづき、日によって気分がはげしく変化した。

東京に着いて五日目の五月十七日、幸恵は登別の両親に四時間かけて長い手紙を書いた。

《(青森港で船を下りると）道の両側、彼方にも此方にも赤い大林檎を山と積んで、光った眼に商売人の色をたゝへた男たちが、「姐さん、ねえさん、林檎をおかひなさい、東京へのお土産に」なんて、何処へ行くとも云ひやしないのに、人の顔に書いてあるのを読む様な目をして「おいしいんですよ、東京の人もよろこびますよ」だのって、口々に呼びかけるのです。（中略）あんまり林檎が美味そうなのにのどがかわき出したので、六十八銭出して大きな林檎の十五はいってゐるのを買ってブラ下げて来ました。スルトまた法被を着た宿引だか何だかにつかまったので、「いゝえ、今一番で行くんです」と言ってプイとそらして参りました。六時十五分発、東北本線上野行に乗りこんで汽車が動き出した時は、私は、あの小さいフォークで林檎の皮をむいて頬ばってゐたのでした》

見るもの聞くものがすべて珍しい初旅の興奮を伝えて、これはなんとも見事な描写力である。この手紙の書き手がもう少し長生きしていたら、あるいは小説家としても一家を成したかもしれない。

六月一日からは日記を書き始めた。「おもひのまま」と題されたこの手帳サイズの日記帳は、幸恵の短い生涯の最後の日々を伝える貴重な資料となった。これらの手紙や日記はすべて登別の「知里幸恵 銀のしずく記念館」に収蔵展示されている。

《昨日と同じに机にむかってペンを執る、白い紙に青いインクで蚯蚓《みみず》の這ひ跡の様な文字をしるす……たゞそれだけ。たゞそれだけの事が何になるのか。私の為、私の同族祖先の為、それから……アコロイタクの研究とそれに連なる尊い大事業をなしつゝある先生に少しばかりの参考の資に供す為、学術の為、日本の国の為、世界万国の為、（中略）私は書かねばならぬ、知れる限りを、生の限りを、書かねばならぬ》

啄木の日記がそうだったように、幸恵のこの日記にも、どこかに読者の眼を意識したようなエクリチュールが感じられる。ひょっとすると、幸恵はこれを遺書のつもりで書き始めたのかもしれない。その最初の読者だった京助は、なぜかそれを終生秘蔵して人目にさらそうとしなかった。

この年の夏は、ことのほか暑かった。京助は当時、東大と国学院のほかに、早稲田、中央など四つの大学の講師をかけもちしていたが、大学が夏休みに入ると、幸恵とともに終日書斎にこもった。

《私の書斎にいてもらって、アイヌ語の先生になってもらうと同時に、私からは英語をおしえてあげつゝ、お互いに教えつ教わりつして、本当にお互いに心から理解し合って入神の交わりをしました。涙を流してアイヌ種族の運命を語り合うことなどが習慣のようになりました。しかし、幸恵さんはいつでもその悲しみの嗚咽《おえつ》の下から、感謝の祈りを神様にさゝげさゝげされました》

（「故知里幸恵さんの追憶」）

京助がここで「入神の交わり」などと書いたために、地元の旭川では「幸恵は金田一先生の子を宿していた」というあらぬ噂が立った。弟の真志保も一時はそれを疑っていた形跡がある。

しかし、「入神」とはもともと技量が上達して霊妙の域に達するという意味だから、ここはあくまで学術的に息が合った師弟の交わりと解すべきだろう。もし仮に何かがあったとしたら、京助がそれを追悼文のなかで公開することはなかったはずである。

この「入神の交わり」を通じて、京助のアイヌ語学は飛躍的に向上した。

《私が十年わからずにいた難問題を捕えて、幸恵さんに聞くというと、実に、袋の中の物を取り出すように、立派に説明してくれる。その、頭脳のよさ、語学の天才だったんですが、本当に天が私に遣わしてくれた、天使の様な女性だったんです》(『金田一京助全集第14巻』所収『心の小道』をめぐって」)

その十年来の「難問題」のひとつに、アイヌ語における動詞の複数形の問題があった。

《ですから私は、十人のアイヌがこうやった、とその複数形を使うと、複数形があって、誤りはないはずなのに、なおされる。いつでも必ずなおされるので、「なぜ複数形があって、その複数形を十人なり二人なり、はっきり数字が一人じゃないということを表しているのに、複数形を使うと間違いなのか、どういうわけか」と聞いたら、幸恵さんは笑っていうのです。

「先生、十人とか二人とか、はっきり一人じゃない、とわかっているのに、複数形を使うと、馬から落馬したとか、被害をこうむった、という言い方と同じです。ですから、私は、馬から落ちたとなおし、被害があったというふうになおすのです」

といって、その例をいくらでもあげてくれました。そして、ヒマラヤ山中に住んでいる二、三の種族などもそうだが、アイヌ語もそうだったのか、とすっかり感服したものです》(『私の歩いて来た道』)

それから九年後の昭和六年（一九三一）に刊行された京助の代表作『アイヌ叙事詩ユーカラの研究』の第七章「文章法」に、こういう一節がある。

《アイヌ語に数の制あり、単数・複数によりて人称辞・代名詞及び動詞が形を替えるのであるが、その用法の上に甚だ特色あり、久しく知りがたいものであった。（中略）名詞そのものには単複による形の変化はない。動詞に単複による語幹の変化あること、殊に自動詞に於て然り》

その「久しく知りがたいもの」を教えてくれたものこそ、このときの幸恵のことばにほかならない。京助は昭和七年（一九三二）にこの研究で帝国学士院（現在の日本学士院）恩賜賞を受賞して学者としての名声を確立した。つまり金田一京助を金田一京助たらしめたのは幸恵の教えだったといっても過言ではない。

幸恵が寄寓している間も、静江の心身の不調は続いた。「赤ん坊の声を聞くと死にたくなる」と訴えたというから、いわゆる「産後鬱」だったのかもしれない。そういうときには幸恵が若葉をおんぶして近所へ散歩に出かけた。歩きながらイフンケ（子守唄）を口ずさんでいると、自分も子供が欲しくなった。

《何だか自分が母親になった様な、涙ぐましいほど赤ちゃんがかはゆくて、母らしい気分で赤ちゃんをあやし、赤ちゃんのために心配する……。子供が欲しい。またしてもこの望みが出てくるのだ》（六月二十九日の日記）

長男春彦の相手をして、東大構内へ遊びに行くこともあった。花を摘みながら柔らかな芝生の上を歩いた。三四郎池の木々の間を飛び回る小鳥たちを見ていると、祖母と過ごしたオカチペの森の生活が思い出された。

六月十四日には静江に連れられて三越百貨店へ行った。静江は幸恵に似合う服を探して売り場を巡り歩いたが、幸恵は商品の多さに圧倒されて目が回り、心身ともに疲れはてた。

《すべてが私の目をまるくする種であった。何を見たのかちっとも覚えていない。何でもあゝいふものは私よりも色の白い人たちが興味を持って見るものであらう。私はたゞ別の人間の住む星の世界を見物にでも来た様な気がした。自分で欲しい、自分の身につけて見たいなど丶はちっとも思はなかった》

金田一家にアイヌが出入りすることは世間周知のことだったが、最近若い娘が来たというので近所の評判になっていた。ある日、幸恵が家の外で若葉を抱いていると、近所のおばあさんが近づいてきて、勝手口にいたきくを指さしながら「あの娘さんがアイヌですか?」と尋ねた。幸恵が「いいえ、アイヌは私です」と答えると、老婆は「へえ、あなたがそうだったの」と、へどもどしながら立ち去った。

書斎でその問答を聞いていた京助は《おかしいやら、痛快なやら、また涙ぐましさに、覚えず読みさしの本をほうり出してしまったのであった》(『北の人』所収「秋草の花」)と書いている。これらのエピソードは、幸恵が周囲の日本人に対して「別の人間の住む星の世界」を見物にきたような違和を感じながら少しも劣等感を抱くことなく、「アイヌは私です」と明言できるだけの主体性を確立していたことを示している。京助が「涙ぐましさ」を感じたのは、そのことへの感動だったに違いない。

しかし、幸恵の内心は穏やかではなかった。日曜日には足しげく教会に通った。六月十一日には本郷教会の朝礼に参加し、夕食後に本郷中央会堂で牧師の説教を聞き、そのあとさらに救世軍の本郷小隊に駆けつけている。「教会へ行く事が私には大きな楽しみなのだ」（六月十四日）と書いているが、一方でそれは「偽善者とは私の事、本当に私の事」（六月九日の日記）という自覚と、それに対する自己処罰をも意味していた。

あるとき、静江に「おきくは家の小物に手をつける悪癖があったが、最近はあなたの正直さに感化されて盗まなくなった」と耳打ちされた幸恵は、その日の日記にこう書いた。

《ハテ、私に一たい何んなよいところがあるのか、臆病な卑怯な心の持ち主の私の、何処が人を感化する力を持ってゐるのだ——自分で自分をさへよくする事が出来ない私ではないか……おゝはづかしい。（中略）

私にはどんな性癖があるのだ。——人前を飾る——それではないか。即ち虚偽！　言葉にも行動にも。他人の感情を害ふ事を無闇とおそれる私。やはり臆病なのだらう。心にもないお世辞を吐いたりする》（六月十四日）

こうした「偽善者」意識の芽生えは、思春期の女性には（男性にも）格別珍しいことではないともいえるが、幸恵はとりわけ罪の意識に敏感な少女であり、それが彼女の感受性の基層を形成していた。

その間にも幸恵の心臓病は次第に悪化し、最期の時が近づきつつあった。

第十七章　美しい鳥

1

大正十一年（一九二二）七月六日、爐邊叢書の編集者岡村千秋が、幸恵に原稿を頼みに金田一家を訪れた。『アイヌ神謡集』の刊行に先立って『女学世界』という雑誌に何か書いてほしいという依頼だった。そのとき幸恵は若葉のおもりで外出していたので京助が代わりに応対し、「それはいい、ぜひ書いてもらいましょう」という話になった。帰宅してそれを聞いた幸恵は、自分に何が書けるだろうかと思い悩んだ。

二日後に再び岡村がやってきた。今度は雑誌に掲載する写真を撮るためだった。石庭を背景に和服姿で佇み、両手を軽く組んで少し恥ずかしげな微笑を浮かべたその写真は『女学世界』九月号に掲載され、幸恵の晩年の姿を後世に伝える貴重な資料となった。

ところが、同月十二日になって、岡村がある懸念を伝えてきたと、京助の口から聞かされた。それは、東京へ出てきた幸恵が、黙っていればそのまま日本人で通せるのに、あえてアイヌを名乗って『女学世界』に寄稿すると、世間から見下されて、つらい思いをするのではないかという心配だった。

これはもちろん岡村の、そしてそれを取り次いだ京助の善意による気づかいだったのだが、すでに物見高い近所の老女に対して「アイヌは私です」と宣言していた幸恵にとって、それは余計な心配であり、むしろアイヌ民族に対する侮辱のように感じられた。その夜、幸恵は日記にこう書きつけた。

《さう思っていたゞくのは私には不思議だ。私はアイヌだ。何処までもアイヌだ。何処にシサム（郷原註＝和人）のやうなところがある?! たとへ、自分でシサムですと口で言ひ得るにしても、私は依然アイヌではないか。つまらない。そんな口先でばかりシサムになったって何になる。シサムになれば何だ。アイヌだから、それで人間ではないといふ事もない。同じ人ではないか。私はアイヌであったことを喜ぶ。私がもしかシサムであったら、もっと湿ひの無い人間であったかも知れない。アイヌだの、他の哀れな人々だのの存在を知らない人であったかも知れない。しかし私は涙を知ってゐる。神の試練の鞭を、愛の鞭を受けてゐる。それは感謝すべき事である》

当時、アイヌの出自を隠して実業界で成功した人がいて、地元では密かに崇敬されていた。幸恵の前にも、ある意味では同じ成功への道が開かれていた。しかし、幸恵はきっぱりとそれを拒否し、「私はアイヌだ」と名乗る道を選んだ。それを「神の試練の鞭」として受けとめていた事実は、その生い立ちに照らして重要である。

幸恵はさらにこう書いている。

《アイヌなるが故に世に見下げられる。それでもよい。自分のウタリが見下げられるのに私ひとりぽつりと見あげられたって、それが何になる。多くのウタリと共に見さげられた方が嬉しいことなのだ。

それに私は見上げらるべき何物をも持たぬ。平々凡々、あるひはそれ以下の人間ではないか。アイヌなるが故に見さげられる、それはちっともいとふべきことではない。

ただ、私のつたない故に、アイヌ全体がかうだとみなされて見さげられることは、私にとって忍びない苦痛なのだ。おゝ、愛する同胞よ、愛するアイヌよ!!!》

ここで幸恵はみずからの内なる民族意識を確認し、自分ひとりが見上げられるより同族と共に見下げられるほうがうれしいとまで言い切ってみせる。「おゝ、愛する同胞よ、愛するアイヌよ」という叫びには、岡村や京助の鈍感で無理解な忖度をはね返すだけの熱量が感じられる。

しかし、幸恵のこの思いは、なぜか正確には伝わらなかったらしい。『女学世界』九月号の口絵ページには、幸恵の写真、名前とともに、奇妙な紹介文が組み込まれていた。

《素直な魂を護って　清い涙ぐましい祈りの生活――アイヌ種族の存在を永遠に記念する為め一管の筆に伝へ残さうと決心した知里幸恵女。美しい出自を持つ素晴らしいアイヌ乙女が美しい父祖の言葉と伝説を伝へ残さんと……》

この甘ったるい紹介文が京助の筆になることは彼の回想からも明らかだが、なぜかどこにも署名がなく、編集部が幸恵の写真に付けた少し長いキャプションといった体裁になっている。これでは幸恵の意思がまったく生かされていないうえに、その出自を世間から隠そうという当初の目的にも反している。

そもそもこの企画は『アイヌ神謡集』の出版予告を兼ねたものだったはずだから、その著者の出自を隠すのはもともと無理な相談だし、およそ無意味なことだったのである。

どうしてこんな無様なことになったのか。それは結局、アイヌ民族に対する京助の及び腰の姿勢にあったというしかない。

前述のように、京助がアイヌ語学を専攻したのは、日本の「国語学」の創始者にしてのちの東京帝国大学文科大学長、上田萬年のすすめによるものだった。天皇制国家主義者の上田は、「国体」の根幹をなす言語という意味で「国語」という名辞と概念を創出し、その正しいあり方を確定するために、日本を取り巻く諸国語と日本語との関係を研究しようと思い立った。

そこで弟子たちに命じて中国語、朝鮮語、琉球語などを研究させることにしたが、アイヌ語をやる者がいなかったので、東北出身の京助に白羽の矢を立てた。上田のこの構想には、いずれはアジア諸国を併合して日本の「国語」を共通語にしようという、のちの「八紘一宇」や「大東亜共栄圏」に通じる思想が含まれていた。

京助もまたこの国家主義的な植民地思想と無縁ではなかった。京助は終生アイヌを愛し、アイヌを支援することに力を尽くしたが、アイヌは所詮「滅びゆく民族」であり、和人と同化して自然に消滅するのが一番の幸せだと信じて疑わなかった。だからこそ、彼はアイヌの文化遺産であるユーカラを自分の手で後世に残そうと考えたのである。

それが京助なりの善意であり、学者的な良心の発露だったことは疑えないが、幸恵たちアイヌにとってみれば、そうした善意や同情自体が和人の思い上がりであり、アイヌ民族への見下しにほかならなかった。つまり、「入神の交わり」で堅く結ばれていたはずの師弟の間には、深くて越えがたい溝が横たわっていたのである。

2

北海道に残してきた恋人、村井曾太郎との仲も微妙に変化しつつあった。石村博子の労作『ピリカ チカッポ（美しい鳥）知里幸恵と『アイヌ神謡集』』によれば、幸恵は五月十七日に曾太郎への第一便を投函し、二十五日には村井一家に八枚の絵葉書を送った。三十日に曾太郎から返信があり、六月二日にその返事を出した。その日の日記に、幸恵はこう書いている。

《真剣、私の心に真剣な愛があるか。真剣な愛を彼に捧げてゐるのか、果して。純真な美しい愛か。おゝ私は愛します。たゞ貴郎を愛します。身も魂も打ちこんで……》

ここには、自分はほんとうに彼を愛しているのだろうかと自問して確信が持てないまま、無理にも愛していると思いこもうとする少女がいる。一方にそんな疑いが生じたとき、その恋はすでに終わりつつあったと見るべきだろう。

曾太郎からの返事は三週間後の二十二日に届いた。その日の日記には、曾太郎はなぜか「S子さん」という名で登場する。

《S子さんからの長いお手紙、ひらくと、ぱたりと落ちたのは二円のお銭。あの方の愛は純粋なのだ。私の愛はにごってゐる。おゝ御免なさい。私はあなたの為に生きます。お銭など送って下さらなくともいゝのに……》

幸恵はすぐに返事を出したが、曾太郎からの返信はなかなか来なかった。一ヶ月後の七月二十二日にやっと届いた手紙は、幸恵を落胆させずにはおかなかった。

《鉛筆の走書で書いてあることも、私の聞きたいと思ふことは何も書いてゐない。そして浮ッ調子なようにもとれる。然し、やはり何処かに愛のひらめきが見えるのは嬉しい事である》

曾太郎からしばらく手紙が来なかったのは、農繁期で忙しかったこともあるだろうが、それ以上に、幸恵の「私の聞きたいと思ふこと」に答えられなかったためだと考えられる。この時期、教会へ通いつめていた幸恵は、おそらく偽善や原罪といった自分の宗教的な関心事について曾太郎の意見を求めたに違いない。

しかし、農家の長男の曾太郎には、そんなことを考えている暇はなかったし、またそれを文章で表現するだけの知性も持ち合わせてはいなかった。二人を隔てる時間と距離が、それまで見えなかった格差を浮かび上がらせた。「鉛筆の走書」は、曾太郎の自嘲の表現だったように感じられる。

こうして恋人との間が疎遠になる一方で、郷里からしばしば悲報が届くようになる。

六月二十二日には、近文のマデアルという女性が肋膜炎にかかったという知らせが届いた。幸恵はその日の日記に「あの人は弱々しい体格の持主だった。ほんとうに素直な優しい気性の人」と懐かしみながら「何故アイヌは、知識と健康を併得《あわせ》る事が出来ないであらうか」と書いた。これが幸恵の日記に登場する「アイヌ」ということばの初出である。

六月二十九日の日記には、直三郎という少年の病気のことが出てくる。「とうとうあの子が肺病になったといふ。なんといふ痛しい事であらう。（中略）何故神は我々に苦しみをあたへ給ふのか。試練！　試練!!（中略）私たちアイヌも今は試練の時代にあるのだ」

悲しみに追い討ちをかけたのは、やす子という娼婦の死だった。やす子は少女のころ町の遊郭に売られ、性病にかかって近文の実家に返された。前借金が残っているので治ったらすぐ戻ってくるようにと抱え主にいわれていた。「治れと祈るべきか治らないでと祈るべきか迷いました」という手紙がマツから届いたとき、幸恵は心の平静を失った。

「旭川のやす子さんがとうとう死んだと云ふ。人生の暗い裏通りを無やみやたらに引張り廻され、引摺りまはされた揚句の果は何なのだ！」

その怒りを京助にぶつけると、京助は淡々と「アイヌはいま、すべてが呪わしい状態にあるのだね」といった。そこで幸恵は必死に神に呼びかける。

「おゝアイヌウタラ、アウタリウタラ！　私たちは今大きな大きな試練をうけつゝあるのだ。あせっちゃ駄目。（中略）人を呪っちゃ駄目。人を呪ふのは神を呪ふ所以《ゆえん》なのだ」

七月十一日には、幼いころに幸恵をかわいがってくれた近所の葭原《よしはら》キクが亡くなり、キクの娘みゆきは十歳で孤児になった。同月十四日には前記の直三郎が死んだ。

悲劇は身近なところでも起きた。七月二十六日、静江夫人の親戚の娘で幸恵とも親しかった「みいちゃん」が鉄道自殺した。結婚して間もない二十歳の若妻の死だった。

近親者の相次ぐ死と東京の猛暑が幸恵の心身を痛めつけた。八月後半に入ると、日記を書くだけの気力も失われ、呆然と日を送ることが多くなった。このままでは迷惑をかけるから北海道へ帰りたいと告げると、京助は驚いて幸恵をすぐに病院へ連れて行った。

それでいったん小康を取り戻したが、八月二十八日未明に激しい腹痛に見舞われ、三十日の早朝には心臓発作に襲われた。静江は医者へ、お手伝いのきくは氷屋へ走り、京助は水を飲ませ、長男の春彦は幸恵の胸をさすり続けた。

ようやく危機を脱した幸恵は、登別の両親に「今一度幼い子にかへって御両親様のお膝元に帰りたうございます」と手紙を書き、静江と相談して九月二十五日を帰郷の日と決めた。

京助は盛岡中学の同級生で内科医の小野寺直助に幸恵の往診を依頼した。小野寺博士はのちに消化器医学の世界的権威となり、同じく盛中の同級生だった野村胡堂の主治医をつとめた。

九月七日に金田一邸で幸恵を診察した小野寺は「心臓僧帽弁狭窄症」と診断し、安静にしていれば大丈夫だといった。しかし、渡された診断書には「結婚不可」と書かれていた。妊娠すると心不全を引き起こす危険があるのだという。幸恵にとって、それは三年前に「不治の病」の宣告を受けたとき以上の衝撃だった。同月十四日に両親に出した手紙のなかで、幸恵はこう書いた。

「私は自分のからだの弱いことは誰よりも一番よく知ってゐました。また此のからだで結婚する資格のないこともよく知ってゐました。それでも、やはり私は人間でした。(中略)いろいろな空想や理想を胸にえがき、家庭生活に対する憧憬に似たものを持ってゐました。(中略)然しそれは心の底の底での暗闇で、つひには征服されなければならないものでした。はっきりと行手に輝く希望の光明を私はみとめました。(中略)それは、愛する同胞が過去幾千年の間に残しつったへた、文芸を書残すことです」

幸恵が暗闇の底で前途に「希望の光明」を見いだしたのは、この手紙を書いた前日に、爐邊叢書の渋沢敬三が『アイヌ神謡集』のタイプ原稿を持って金田一家を訪れたからである。渋沢は、幸恵の原稿があまりにもきれいに書かれていたので、そのまま印刷所に渡すのが惜しくなり、わざわざタイピストに頼んで打ち直させたのだという。

その日から、幸恵は病身に鞭打って校正に取り組んだ。そして四日目の夕方、「ああ、これで全部済みました」といってペンを置いた。父の書斎でそれを見ていた春彦は、明日、根津神社の祭礼に一緒に行こうと約束して自分の部屋に戻った。

その直後に容態が急変した。近所の医者が呼ばれて強心剤の注射を打とうとすると、幸恵は「それは最後の手段だそうですね。私はまだそれをしてほしくありません」といって拒否した。

その後の経過は京助の回想に俟《ま》つしかない。

《あっと思ふ間に、口から桃色のシャボン水様のものを仰山に吐かれるので、びっくりして私は両手に抱き起し、幸恵さん幸恵さん、と声をかぎりに呼ぶ、と三声目が届いたのか、そのとき幽《かす》かにハアと答へたのが二人の間の最後の交渉で、あとは呼んでも、答へが無く、たった今まで校正をしてゐた姿もそのまゝ、はやこときれて、呼べど返らぬ芳魂《ほうこん》の再び引き戻すべきすべもなく、ただ狂ふやうに幸恵さん、幸恵さん、を連呼するばかりで、茫然として為すところを知らなかった》(「胸うつ哀愁‼アイヌ天才少女の記録」)

大正十一年(一九二二)九月十八日午後八時三十分、上京して百二十九日目、十九歳と三ヶ月の短く儚い生涯だった。

京助は雑司ヶ谷墓地に小さな墓を建てて遺体を埋葬した。アイヌの風習に従って火葬ではなく屈葬だった。周囲にはまだ空き地が残っていたので、墓石の隣に椎の木を植えた。墓地台帳には特別に「アイヌ人」と記されている。

3

『アイヌ神謡集』は幸恵の死から約一年後の大正十二年（一九二三）八月十日、爐邊叢書の一冊として郷土研究社から刊行された。それから三週間後の九月一日に関東大震災が首都圏を直撃し、一瞬にして資料の多くが失われた。幸恵が最後に心血を注いだ校正済みのタイプ原稿もついに見つからなかった。

巻末には京助が『女学世界』に寄稿した「知里幸恵さんの事」がそのまま掲載され、「追記」として次の一文が加えられた。

《今雑司ヶ谷の奥、一むらの椎の木立の下に、大正十一年九月十九日、行年二十歳、知里幸恵之墓と刻んだ一基の墓石が立っている。幸恵さんは遂にその宿痾《しゆくあ》の為に東京の寓で亡くなられたのである。しかもその日まで手を放さなかった本書の原稿はこうして幸恵さんの絶筆となった。種族内のその人の手に成るアイヌ語の唯一のこの記録はどんな意味からも、とこしえの宝玉である。唯この宝玉をば神様が惜しんでたった一粒しか我々に恵まれなかった》

幸恵が亡くなったのは九月十八日の夜だったはずだが、ここで京助はなぜか「十九日」と記している。いま私たちが手に取ることのできる岩波文庫版『アイヌ神謡集』は、この郷土研究社版を底本とし、北海道立図書館北方資料室「知里幸恵ノート」を閲覧して補訂したとされているが、なぜかこの死亡日の異同に関する説明はない。

『アイヌ神謡集』には十三篇のカムイユカラが収められている。いずれもキツネ、ウサギ、フクロウ、カエルといった動物たちが人間にいたずらをして懲らしめられたり、オキキリムイという小さなヒーローが悪神ウエンカムイをやっつけたりするという話で、形の上では日本のおとぎ話に似ているが、おとぎ話ほど単純ではない。

たとえば、最もよく知られた冒頭の一篇「梟の神の自ら歌った謡」。

「銀の滴降る降るまわりに、
金の滴降る降るまわりに。」
という歌を私は歌いながら
流に沿って下り、人間の村の上を
通りながら下を眺めると
昔の貧乏人が今お金持になっていて、
昔のお金持が今の貧乏人になっている様です。
海辺に人間の子供たちがおもちゃの小弓に
おもちゃの小矢をもって遊んで居ります。

「銀の滴降る降るまわりに
金の滴降る降るまわりに。」という歌を
歌いながら子供等の上を通りますと、
（子供等は）私の下を走りながら
云うことには、
「美しい鳥！ 神様の鳥！
さあ、矢を射てあの鳥
神様の鳥を射当てたものは、
一ばん先に取った者は
ほんとうの勇者、ほんとうの強者だぞ。」
（引用は岩波文庫版に拠り改行を一部改めた）

このあと、「私」（梟の神）は貧乏な子の放った小矢にわざと射られてその貧しい家を訪れ、私を「大神様」と崇める両親のために一家を金持ちにしてやり、村に平和と幸せをもたらす。そして「――と、ふくろうの神様が物語りました」という決まり文句で話は締めくくられる。見られるように、この訳文にはたどたどしいところが多く、表記や措辞も一定していない。アイヌ語の研究が進んだ現在では、もっと正確に、もっと上手に訳せる人がいるだろう。しかし、「銀の滴降る降るまわりに、金の滴降る降るまわりに。」という美しいリフレインだけは間違いなく幸恵の詩才によるものであり、それがこの一冊を歴史的な名著にしているといっていい。『アイヌ神謡集』は、京助とその一家の全面的な協力と援助がなければ成立しなかった。そして京助の主著『アイヌ叙事詩ユーカラの研究』もまた、知里幸恵の献身的な協力なしには成立しなかった。仏文学者桑原武夫は、金田一京助と石川啄木の関係を「日本一美しい友情」と名づけたが、私たちはいま、京助と幸恵の交わりを「日本一美しい師弟愛」と呼ぶことができるだろう。

第十八章　恩賜賞への道

1

大正二年（一九一三）に上京して筆録ノート十冊分のユーカラを語り伝えた「アイヌのホメロス」こと日高の紫雲古津村のワカルパは、帰郷する前に、京助にある宿題を残していた。
《長篇叙事詩「虎杖丸《クトネシリカ》」は全部で六回戦の物語だが、自分が知っているのは四回戦までだ。その後の物語を聞かないうちに年寄りたちと死に別れてしまったからだ。貫気別《ぬっきべつ》の黒川トゥナレは最後まで知っている。旦那が沙流のユーカラを究めようと思うなら、ぜひトゥナレ老人に会ってもらいたい》
ワカルパは帰郷後まもなく伝染病にかかって死んだので、これはそのまま京助への遺言になった。京助は二年後の大正四年（一九一五）夏、官費でのアイヌ語調査旅行の帰りに紫雲古津村に寄ってワカルパの法要をおこなったが、黒川トゥナレを訪ねることはしなかった。貫気別へ行くには、沙流川をさらに十六キロも遡らなくてはならなかったからである。
京助がその約束を果たしたのは、大正十二年（一九二三）の夏、ワカルパの死から十年後のことである。このときはまず紫雲古津村に寄ってワカルパの法要を営み、翌朝早く、ワカルパを京助に紹介した老女コポアヌの案内で貫気別をめざした。

この旅の思い出を綴った随筆「太古の国の遍路から」には、ひとり旅だったように書かれているが、全集の自筆年譜では「久保寺・宮坂二君と貫気別に黒川トナレを訪う」となっており、実際には同行者があったらしい。久保寺逸彦は国学院大学の教え子で、のちに知里真志保と並んで京助の二大弟子と称された人である。

平取を過ぎると、ちょうど義経神社の祭礼がおこなわれていた。この神社は、アイヌの祖神オイナカムイは実は源義経だったと信じる幕末の探検家近藤重蔵が、聖地ハヨピラの丘に義経像を安置したことに由来するもので、毎年八月十四日から十六日にかけて賑やかな祭礼がおこなわれる。

この日はお祭り見学で大幅に行程が遅れ、目的地に着く前に日が暮れてしまった。その夕闇のなかで、馬に乗って同じ方向をめざすアイヌの青年と出会った。青年はコポアヌの知り合いだった。

「婆さんが、なんでまた、そんな人たちを連れて、こんな山道を歩いているんだ?」と尋ねる青年に、コポアヌがこれまでの事情を説明すると、彼は今度は京助に向かって「そんなことを調べに、わざわざ東京からやって来るなんて、よっぽど暇なんだね」と馬鹿にしたような口調でいった。

そこで京助が例のごとく、ユーカラがいかに貴重なアイヌの文化遺産であるかを力説すると、青年は馬から下りて肩を並べて歩きながら、次から次へと京助を質問攻めにした。

その夜、一行は貫気別の手前の村、沙流川の対岸にあるニオイに泊まることにした。京助たちは和人の農家に、コポアヌは青年の家に泊めてもらった。翌朝早く、貫気別への道を急ぎながら、コポアヌは京助にこんな話をした。

「あの男は若いに似合わずユーカラの名手でね、私たちは夜っぴてユーカラを謡い明かしましたよ。あとで婆さんから旦那に教えてやってくれといって、長いユーカラをひとつ丹念に教えてくれました」

この青年、木村留一は、こうして京助のユーカラ研究史にその名を留めただけでなく、のちにニオイ・コタンの先進的なリーダーとして知られることになった。

一行がやっとの思いで貫気別に到着すると、黒川トゥナレは明日をも知れぬ重病人だということがわかった。その兄の家を訪ねると、「弟はもう痩せ衰えて見る影もない。初めての人には会いたがらないだろう」という。そこをなんとかと頼んで何度も取り次いでもらったが、その都度おなじ答えが返ってきた。

「それではせめてお見舞いのことばだけでも述べさせてください」というと、兄は「それなら上衣の厚司《アッシ》だけでも着替えさせて来よう」といってしばらく待たせたあと、一行をトゥナレの小屋に案内した。

《中へはいると、右座の寝床にむしろのとばりを半分引き上げた下、枯木のようにやせ衰えた翁が、髪も鬚も銀のよう、鼻筋のみ細く立って、弱々しく開いた薄目が消えて暁の星のよう、ひっそりとして妻子もなしに、ひとり寝ている真っ白な神々しい顔を見出した時、胸をうたれながら思い浮べたのは、あのいばらの冠をいたゞいた名画の中のクリストの面ざしそっくりなことだった。痛々しく、静かに寝台《ショツキ》に近寄って長老に対する礼だから、両手をさし伸べてもみながら、初対面の会釈のことばを述べた》(「太古の国の遍路から」)

その「初対面の会釈のことば」とは「神の如き噂を世に伝うる人」に始まり、「今こそこうして相見ることのうれしさよ。つつしみて敬意を尊前にいたすものである」に終わる格調の高い韻文である。

これに対してトゥナレは「老いさらばえた身を、かかる慇懃なことばもて顧みたまうことのありがたさよ。つつしみて敬意を尊前にいたすものである」と返辞を述べたあと、天井から吊した帯につかまって身体を起こすと、やおら「虎杖丸」の最終戦を語りはじめた。

しかし、それはかつてワカルパの語った戦記とまったくおなじものだった。「虎杖丸」の戦記にはさまざまな数え方があって、大きく数えると四つだが、細かく分けると六つにも八つにもなる。ワカルパは、自分が知っているのは四回戦までだといったが、結局はそれで全部だったのである。

ところが、トゥナレによれば「虎杖丸」よりもっと長いユーカラがあった。それは「鹿の裘《かわごろも》」という十回戦の物語で、自分の最も得意とする曲目だから、息のつづくかぎりそれをお聞かせしましょうということになった。

そこで京助はトゥナレに喉を潤してもらうために一升(約一・八リットル)の酒を取り寄せた。噂を聞きつけた村人たちが集まってきて、小さな小屋は大入り満員になった。しかし、誰ひとり口をきく者はなく、室内には森厳の気がたちこめた。

我が伯父《イレシユアチヤ》、我が伯母《イレシユウナルベ》
我が兄《イレシユユピ》と、我が姉《イレシユサポ》と
我を育てて《イレシユパヒネ》、我らありたり《オカアニケ》……

《さすが翁の明晰な語音が陰森としてまず胸をうつ。しかしながら、一口一口に奄々《えんえん》たる気息がすぐにつまって、時々重く苦しい咳となってしまう。酒で口を湿しては、やっとあとを継いでいく。私は一音の微をも聞きもらさじと、全身の神経を二つの耳に集め、火の出るようにペンを走らす。だんだん知らず知らずにせり出して翁の膝へ乗るばかりに近寄り、ペンも折れよと書き継いでいると、翁の声が次第にかすれて、また昏々《こんこん》として咳にめいってしまう。時には喀痰して、五分、十分も休まなければならない》

　コポアヌが気をもんで、「翁《エカシ》は何の病気だ」と周囲の者に尋ねると、四年前の冬に熊を追って幌尻山《ぽろしりやま》の沼の縁に迷い込み、沼の蛇体の気に触れたのだという。幌尻山は人を寄せつけぬ神の山で、ひとたびそこに足を踏み入れた者は生きては帰れないとされていた。

《翁はあとをつづける。私はペンを取ってそのあとを追いかけながら——運命だな。今から中止したって、うつるものならもううつっているだろう。ああ、よくよくだ——ペンが熱を帯びてただまっしぐらに走る。だが、待てよ、爺さん！「お！　そこは今いったね、もう一度書くのか！」というと、聞いていた男女が「エカシ、エカシ、そこはいった。その先をやれ！」。爺さんあわてて、「あっそうか、おれぁ、書かれるのがはじめてだで、落としちゃいけない、落としちゃいけないと気遣うものだから、む、む、阿呆だなあ」と自分を責めて、また口を湿して後を継ぐが、いつかまたまた一つところをぐるぐるめぐる》

やがて一升の酒が底をついた。翁の髯面が真っ赤に染まり、呂律がますます怪しくなった。昔は四升の酒を平らげたというが、長患いの末に久しぶりにありついた酒にすっかり飲まれてしまったらしい。

「ニシパ、もうやめましょう。そんな後先《あとさき》したものをトゥナレのユーカラとして世に残されるのは恥ずかしい」と兄がいうと、トゥナレは「ニシパ、もう二度と会うことのない命だ。ちゃんとやるから書き残してくれ」といった。しかし、それはもう無理だった。

《私はペンを投じて目を閉じた。「ああ、これが、アイヌの民族的大叙事詩がこの世にも影を没する最終の幕か！」。すべてを地に返す夕が、奥沙流川のかなたに蒼然としてせまっているのであった》

この「最終の幕」について、瀕死の重病人に酒を飲ませてユーカラを語らせたのは非人道的な学者のエゴイズムだと批判する声があった。しかし、もしトゥナレの最後のことばが真実だとすれば、それはむしろきわめて人道的な行為だったといえなくもない。

2

その前年、大正十一年（一九二二）十一月に、京助一家は本郷区森川町から真砂町《まさごちょう》へ転居していた。知里幸恵の死から二ヶ月、その悲しみを忘れるための転居だった。相変わらずの借家住まいだったが、今度は部屋数がひとつ多かった。

大正十二年（一九二三）の夏、貫気別への旅を終えた京助は、八月三十一日にこの家に帰ってきた。そして翌九月一日、旅装を解く間もなく関東大震災に見舞われた。幸い一家は無事だったが、もう都心に住む気にはなれなかった。

京助は郊外に家を探した。静江の体調は相変わらず回復の兆しが見えず、長男の春彦も体が弱かった。震災で心身ともに打ちひしがれた家族に、せめて郊外の新鮮な空気を吸わせてやりたかった。

大正十四年（一九二五）二月一日、一家は住み慣れた本郷から豊多摩郡杉並町成宗三二二番地（現在の杉並区成田東三丁目）の新居に移転した。政府の住宅復興政策による、低利、二十年満期、一戸三千円までの融資制度を利用して建てたバラック（仮小屋）風の家だった。本当はもう少し立派な家になるはずだったが、性悪な大工にひっかかって「資金が尽きたからここまで」と完成前に投げ出されてしまったのである。引っ越しの日は雪で、赤いトタン屋根にうっすらと雪が積もっていた。

京助はこの家が気に入っていた。四十歳を過ぎてから初めて持った自分の城だった。周囲には畑が広がり、南へ十分ほど歩くと、なだらかな丘と赤松の林があった。春には蛙が鳴き、夏には蛍が飛びかった。「丘へ行ってくる」と告げて散歩に出かけるのが日課になり、子供たちへのおみやげに松ぼっくりを拾って帰ることもあった。

ある日、京助は近所の露店で数羽のひよこを買ってきた。安い買い物だったので、どうせオスばかりだろうとは思っていたが、案の定、いずれも赤い鶏冠《とさか》に白い尻尾をピンと跳ね上げた白色レグホンのオンドリに育ち、近所の農家の人に「やあ、この家はオンドリばっかり飼ってらあ」と笑われることになった。こうして時代は大正から昭和へと移っていった。

昭和三年(一九二八)三月、京助は東京帝国大学言語学科の助教授になった。四十五歳での助教授就任は、当時としては異例の遅さだった。しかも主要講座の「言語学概論」は持たせてもらえず、「アイヌ語入門」と「アイヌ語講読」という教養科目の担当にとどまった。

当時の主任教授は、上田萬年の後を継いだ藤岡勝二。蒙古語と満州語が専門で、京助の学生時代からの先生だったが、そのころからなぜか京助を嫌っていた。ひょっとすると、上田萬年や柳田国男にかわいがられる京助に嫉妬していたのかもしれない。

藤岡教授は定年を間近にひかえていた。後任は京助だろうと学内では見られていたが、藤岡は朝鮮の京城大学から小倉進平を呼び戻して後釜に据えた。小倉と京助は一級違いだが、言語学科では同期生だったから、これは明らかに面当て人事である。こうして京助は「万年助教授」の道を歩むことになった。

学界での不遇は、人事だけにとどまらなかった。京助は大正十一年（一九二二）に学位論文「ユーカラの研究」を大学に提出していたが、アイヌ語のわかる者がいなかったので、なかなか審査してもらえなかった。「あんなもので博士になれるなら、台湾の山奥の樹齢何百年というクスノキを眺めていれば、みんな博士になれるよ」と藤岡教授がいったという噂が流れた。この論文は結局、付属図書館に保管されたまま、関東大震災で灰になった。

捨てる神があれば、拾う神があらわれる。しょんぼりと肩を落とす京助を見かねた柳田国男は、これまでの研究を一冊の本にまとめることをすすめ、自著『雪国の春』の版元だった岡書院の岡茂雄を紹介した。また渋沢栄一の孫で民俗学者の渋沢敬三は、当面の研究費として毎月五十円（現在の約五万円）を名を秘したまま岡を介して届けてくれた。京助は学界では不遇だったかもしれないが、研究者としては異例の強運に恵まれていたのである。

この前後の経緯は、岡茂雄の『本屋風情』（平凡社、一九七四）にくわしい。藤本英夫『金田一京助』から孫引きさせてもらう。

《大正十五年の秋、私が所用で（柳田）先生をお訪ねした時に、「君一肌ぬいでみないか」と唐突にいわれた。「金田一君が畢生の仕事として、アイヌのユーカラの解説研究を欧文で書き上げ、学位論文として帝大に提出したが、だれも審査するものがなくて、付属図書館においたんで震災で焼けてしまった。金田一君は落胆して、もう私にはやり直す力がないといって消沈しきっている。そこで君にいうのだが、欧文ではなく和文でもいいから、ぜひ思い直してもう一度やってくれるように勧めて、できたら君の手で出版してやってくれないかということだ」といわれた》

岡はかねがね日本人でなければ成しえない研究を上梓して国際的な意義のある仕事をしてみたいと願っていたので「とにかくやってみましょう」と答えた。すると柳田は「厄介だろうが、金田一君が途中で挫けないように何遍でも行って催促してやってくれたまえ」と付け加えた。

岡はさっそく京助の新居を訪ねた。その家は中央線阿佐ヶ谷駅の東南約二十分のところにあり、いも畑と田んぼに囲まれていた。

《玄関の扉といい、柱また壁といい、お世辞にも立派とはいえないどころか、正しくいえば、粗末極まる建物に見えた。（中略）世界にただ一人という貴重なアイヌ語学者を、かような貧しげな陋屋にしか住まいできないように仕向けている、日本の文教政策のあり方に、烈しい憤りを覚えた》

岡が柳田から聞いた話を伝えると、京助は「それではもう一度、勇気を出してやってみましょう」と答えた。そこで岡は「そのご決意が鈍らないように、頻繁に社員をうかがわせて催促させていただきます。資料集めやカードの作成など、お手伝いできることがあれば、何でもその者にお申し付けください」と約束した。

後日、そのことを渋沢敬三に話すと「それはよかった。ぼくも研究費の足しに毎月五十円を進呈することにしよう。ただし、それは岡書院からのこととして、ぼくの名前は絶対に出さないでくれ」といった。岡は渋沢にいわれたとおり、毎月末に五十円を自分の金として京助に届けたが、その都度「なんともいえない面ばゆい思い」がしたという。

こうして周囲を固められてしまうと、京助としてはもう逃げるわけにはいかなかった。最初は遅々として筆が進まなかったが、そのうちに気分が乗ってきて次第に原稿が捗るようになった。こうして二年後の昭和三年（一九二八）秋には、全体の半分ほどが仕上がった。

岡は海外に出しても恥ずかしくない造本にしようと思い、親交のある岩波書店の岩波茂雄に「印刷所はどこがいいだろうか」と相談した。すると岩波は「それなら三秀舎に限る」と即答した。

三秀舎の仕事は早かった。入稿するとすぐに校正刷りが出るので、京助は後半の原稿を執筆するかたわら校正に追われ、寝るひまもないほど忙しくなった。岡はひやひやしながら京助の健康を気遣ったが、もともと体力に恵まれていた京助は、一度も倒れることなくこの難局を乗り切った。

いよいよ定価を決める段になって、岡は、はたと思い悩んだ。この本が何部売れるものか、さっぱり見当がつかなかった。当時は大学の数も少なく、公立図書館は全国でも数えるほどしかなかった。とすれば、売れるのはせいぜい三、四十冊だろう。これではとても元がとれず、印税も払えそうにない。

そこで東洋文庫で引き取ってもらえないかと渋沢敬三に相談すると、この話は渋沢から新村出へ、新村から上田萬年へ、上田から東洋文庫主幹の石田幹之助へと伝えられ、ようやく日の目を見ることになった。

こうして大著『アイヌ叙事詩ユーカラの研究』全二冊は、昭和六年（一九三一）一月、東洋文庫から刊行され、著者の京助には研究費という名目で四千円（現在の約四百万円）が支払われた。

昭和六年といえば金解禁後の不景気で東北の農村では娘の身売りがつづいた年である。

ちなみに東洋文庫は大正十三年（一九二四）に三菱財閥の岩崎久彌がG・E・モリソンから購入した和漢洋の東洋学関係文献を収蔵するために建てた図書館で、現在は国立国会図書館の支部になっている。渋沢といい岩崎といい、京助のアイヌ語研究は財閥系資本によって支えられていたことになる。

京助はこの著作によって翌七年（一九三二）五月に帝国学士院恩賜賞を受賞し、学界の頂点に上りつめた。それ以来、他の著作も次々に出版されるようになり、「アイヌ語の金田一京助」の名は学界の内外で広く知られるようになった。

ところが、京助は晩年の自伝『私の歩いて来た道』のなかで、恩賜賞へと至るこの道がまるで気楽な散歩道だったかのように語っている。

《昭和の初めごろのことですが、岡書院の岡さんという人が「先生の研究を本に書いてください」と言ってきました。「アイヌの本を出したって売れませんよ」と断わったのですが、引きさがらない。前後三十回ぐらい日曜毎に頼みにきました。その岡書院の裏には渋沢さんの紐がついていた。（中略）これが昭和五年に書いて六年に出版され、七年に恩賜賞をいただくことになったものです》

これではまるで、しつこく頼まれたので仕方なく、一年ほどでさっと書き上げて恩賜賞をもらったといっているようなもので、岡茂雄の五年間にわたる献身的な無償奉仕はもとより、柳田国男、渋沢敬三、石田幹之助らの行きとどいた配慮に対する感謝の姿勢は感じられない。

さすがの岡も腹にすえかねたらしく、「真を覆い、実を曲げ、更に幾分の傲りをもまぶして、まことしやかなお話の筋を、なぜ作り上げられなければならなかったのか、私には解せないのである」と書いている。

「ことば探偵」金田一京助は、他人のことばには敏感だが、自分のことばには意外と無頓着な人だったようである。

第十九章　ニシキギの家

1

大著『アイヌ叙事詩ユーカラの研究』は、昭和六年（一九三一）一月に東洋文庫から刊行され、京助は翌七年（一九三二）五月に帝国学士院恩賜賞を受賞した。その祝賀会が同年三月二十八日夜、新宿中村屋の二階和室で開かれた。当日はあいにくの雨で、出席者は二十六名と少なかったが、折口信夫が国学院の学生時代の思い出を語ったり、東洋文庫の石田幹之助が出版に至るまでのエピソードを披露したりして大いに盛り上がり、京助にとって生涯忘れられない一夜になった。

この年（一九三二）八月、旭川から金成マツが上京して半年間、杉並の京助宅に滞在した。幸恵の墓参と合わせて、亡母モナシノウク秘伝のユーカラを伝えるためだった。十年前に幸恵が亡くなったあと、モナシノウクは「幸恵が死んだ、幸恵が死んだ」と呟きながら泣き暮らし、とうとう病床に臥すようになった。

それを知った京助は、昭和二年（一九二七）に旭川に出かけてモナシノウクを見舞い、ついでにマツの語る「虎杖丸の曲」を筆録した。その後もときどき見舞いの品を送ったりして慰めてきたが、昭和六年（一九三一）四月、モナシノウクは自宅で息を引き取った。生年は不詳だが、享年はおそらく八十歳以上の長寿だったと思われる。

道南随一の伝承者といわれたモナシノウクのユーカラを、京助は筆録したことがなかった。機会あるごとに頼んではみたのだが、その都度、彼女は恥ずかしげに首を振った。娘のマツや孫の幸恵が伝えているのだから、自分が出しゃばる必要はないと遠慮したのかもしれない。

マツは四年前の昭和三年（一九二八）八月、幸恵の七回忌のときにも上京し、京助宅に三ヶ月間逗留した。このときは幸恵の遺志を果たすべく自分の知っているユーカラを全部口述するつもりだったが、当時の京助は東京帝大のほかに早稲田、国学院など五つの大学で言語学を講じて忙しく、マツのユーカラを聞く時間がなかった。

暇を持て余したマツは、退屈しのぎに自分でペンをとり、「投げ輪の曲」をローマ字でノートに筆記した。全部で十ページほどになった。その夜遅く帰宅した京助にそれを見せると、京助は一気に読み終えて、「僕はずっとこれを待っていたんですよ」といった。

マツは幼時からモナシノウクの薫陶を受けたユーカラの名手であり、人に教えるほど達者なローマ字の書き手でもあった。だから、京助は以前から、モナシノウク秘伝のユーカラを忘れないよう筆録しておくようにと勧めていたのだが、マツは「そんなことしなくたって、一度覚えたものは忘れませんよ」といって取り合わなかった。

「先生がそんなに喜んでくださるなら、これからは全部自分で筆録することにします」

マツの筆録は、それから二十四年にわたって休みなく続けられ、その総数は九十余篇、ノート七十余冊、一万五千ページに達した。それが京助のユーカラ研究の貴重な資料になったことはいうまでもない。

マツは自分のユーカラを筆録するだけでなく、自分と同じように上京して京助宅に逗留する他のアイヌのために筆録者の役を買って出た。京助があとでその筆録を朗読しながらチェックしていると、マツはまるで初めてそれを聞いたかのように面白がり、「それからどうなったんですか。早く続きを聞かせてください」とせがんだ。ユーカラはあくまで口承文芸だから、いったんそれを文字にしてしまうと、安心して忘れてしまうものらしい。マツ自身も、モナシノウクのユーカラを筆録したあとでは、全部を暗誦するのが難しくなっていた。

こうして長らく口から耳へと語り継がれてきた「声のユーカラ」は、語り手の死とともに消滅した。もしこの時代に『アクロイド殺し』のディクタフォン（録音機）があったなら、と改めて思わずにはいられない。

京助とマツは、折にふれて幸恵の思い出を語り合った。ある日京助は、かつて幸恵が筆録した平取のアイヌ、コタンピラの「葦丸の曲」のノートを持ち出して朗読した。それを聞いたマツは、ひとしきり涙にむせんだ。

「これは日高アイヌのことばです。私は平取の教会に十二年いたのでよく知っていますが、あの子は一度も日高へ行ったことがないはずなのに、なぜこれほど正確に日高ことばを筆録できたのか、不思議でなりません」

2

恩賜賞を受賞すると京助の名声が高まり、講演や執筆の依頼が殺到するようになった。京助はもともと人にものを頼まれるといやとはいえない性格だったので、時間と体力が許すかぎりそれを引き受けた。そのために忙しい身がさらに忙しくなったが、その「時間貧乏」とひきかえに、一家の経済状態は次第に好転していった。

しかし、家庭人としての京助は、あまり威厳のある人物とはいえなかった。家族はもちろん、京助が偉い学者らしいとは承知していたが、夫や父親としての彼に対しては、いろいろ不満な点が多かったのである。

たとえば、ことば遣いが女性的でおかしいとか、食事のあと、お茶でガボガボと口をゆすぐのはやめてほしいとか、さまざまな注文が出された。だが、京助はそうした意見にはいっさい耳を貸さず、翌日も同じことを繰り返した。家族が重ねて注意すると、京助はこういって開き直った。

「世間の人たちは、わたしのことを神様のように尊敬してるのよ。わたしを偉いと思わないのは、おまえたちだけなのよ」

息子の春彦はのちに『父京助を語る』の冒頭で《偉人郷土に容れられず、英雄凡婦の尻に敷かれる》と書いている。キリストが故郷では単なる「大工の息子」だったように、この神様は家庭内では「困ったお父さん」にすぎなかったのである。

そこで家族は、この神様を敬して遠ざけることにした。夕方、彼が帰宅すると、春彦は父の嫌いなラジオ番組を切り、妻の静江は「今夜もお父さんの好きな粕漬けのシャケと湯豆腐にしましたよ」といって、いそいそと出迎えた。

京助は豆腐が大好きで、静江が献立の相談をすると、「豆腐があれば何にもいらないよ」と答えた。夏は冷や奴、冬は湯豆腐が定番だった。豆腐の次にはトロロが好きだった。なぜか「お」をつけて「おトロロ」と呼んだので、「お父さんはあれがよっぽど高級な食べ物だと思ってるんだね」と家族の話題になった。

シャケノコ（イクラ）とウニも好きだった。総じて子供のころに盛岡で食べたものは何でも大好物だった。家族はウニを好まなかったので、自分で壜詰めのウニを買ってきて、ピチャピチャと音をたてながら食べていた。正月のお雑煮にシャケノコを入れてくれと頼んで、江戸っ子の誇り高い妻に「だめです」と手厳しく却下されたこともあった。

秋の一日、みんなで井の頭公園へハツタケ狩りに行くことになった。吉祥寺の横溝正史宅の隣に住んでいた弟の安三が京助宅に来たとき、「あそこの松林にはハツタケが生えていそうだ」という話をした。京助は少年時代に弟の次郎吉や安三とよくハツタケ狩りをしていたので、「よし、行こう」とすぐに相談がまとまった。

約束の日は絶好の秋晴れだった。京助は春彦と二人連れだったが、安三は妻と娘四人のほかに、お手伝いさんにゴザやカゴを積んだ乳母車を押させてやってきた。

当時の井の頭はまだ公園として整備されておらず、池の周辺には武蔵野の面影を残す樹林やススキ野が広がっていた。ハツタケは湿気の多い松林に自生する担子菌類《たんし》のきのこだから、このあたりは最適地だった。

その日の京助のはしゃぎようは、まさに子供そのものだった。真っ先に松林に飛び込んでハツタケを見つけると、「あったぞ！　あったぞ！」と叫んでみんなを呼び集め、探し方や見分け方を教えた。

京助と安三以外にはみんな初めての体験だったので、自分の採ったきのこがハツタケかどうか教えてもらいたいのだが、京助はその時間が勿体ないといわんばかりに、ひとりであちこち駆け回っていた。

子供たちがいちばん楽しみにしていた弁当の時間になっても、京助はなかなか戻って来なかった。やっと戻ってきたかと思うと、そそくさと食べ終えて、すぐにまた飛び出していった。京助にとってハツタケ狩りは単なるピクニックではなく、まさしく「狩り」だったのである。

秋の日暮れは早い。思ったほど収穫は上がらなかったが、また今度ということにして、一同は帰途についた。池のほとりに茶店があったので、そこで休んでいくことにした。京助はさっそく包みを広げて、「どうだ。わたしのハツタケはみんな立派だろう」といって自慢し、そのなかの特に大きいものを指でつまんで「昔はこれを味噌汁に入れて食べたものだ」と感慨深げにいった。

たまたまそれを耳にした茶店のおかみが、「じゃあ、うちで作ってみましょうか」と申し出た。京助は喜んで、ひとつかみのハツタケをおかみさんに渡した。

ちょうどそのとき、店のラジオから野球の早慶戦のニュースが流れてきた。京助は大正十五年

（一九二六）から早稲田大学の講師をしていた上に、母校の盛岡中学から早稲田の野球部に入る者が多かったので、熱烈な早稲田ファンだった。

当時、慶応には宮武、山下という二人のスーパースターがいて、早稲田は完全に圧倒されていた。ところが、その日は佐藤という外野手がセンターオーバーの本塁打を打って、六対二で早稲田が勝った。京助は人目もはばからず「やったあ！」と叫んで飛び上がった。

そこへおかみさんがハツタケの味噌汁を盆に載せてあらわれ、「お口に合いますかどうか」と差し出した。それをひと口すすった京助は、しばらく瞑目したあと、「うーん、これでもう思い残すことはない」といった。《私はあんなに純粋な喜びに浸っている父の顔を見たことがない》と、春彦は「ハツタケ狩りの一日」という文章のなかで書いている。

昭和九年（一九三四）四月、春彦は旧制浦和高校から東京帝国大学文学部国文学科に進学した。数年前、春彦が将来の進路を相談すると、京助は教え子の服部四郎が書いた「近畿アクセントと東方アクセントとの境界線」「国語諸方言のアクセント概観」という二つの論文を示し、「これを読んでみなさい」といった。それを読んだ春彦は、日本語のアクセントを生涯の研究テーマにしようと決心し、父のすすめる国文科に入った。

ちなみに浦和高校で春彦と同級だった文芸評論家の福田恆存《つねあり》は「大学ではきみのおやじさんの言語学を聴きたいのだが、アイヌ語ではなあ」といって英文科に進んだ。福田はのちに京助と激烈な「仮名遣い論争」を展開することになる。

学科こそ違え、同じ学部の教師と学生になった父と子は、毎朝八時に家を出て、中央線阿佐ヶ谷駅から電車に乗って本郷の大学へ通った。駅までの十五分間、二人は日本語の音韻組織について論じあった。議論に熱中して思わず声が高くなり、前を行く人が何事ならんと振り返ることもあった。

京助は二年前に柳田国男のすすめで『国語音韻論』を刀江書院から刊行していたが、そこではアクセントの問題に触れる余裕がなかったので、いずれ増補版を出したいと思っていた。東京で生まれ育った春彦は、いまだに東北なまりのとれない京助にとって、標準語アクセントの格好のお手本だったのである。

このころ京助は、アイヌをテーマにした随筆を頼まれることが多かった。原稿を書き上げると、いつも家族の前で読んで聞かせた。それは蓋平館別荘で同宿していたころの啄木にならったもので、聴き手の反応を見ながら原稿を手直しするためだった。家族はみんな、やりかけの仕事を中断して、その朗読を謹聴しなければならなかった。

樺太アイヌの子供たちとの交流を描いた「片言を言ふまで」も、こうして仕上げられた。昭和九年（一九三四）に梓書房から出た随筆集『北の人』に収められ、のちに「心の小径」と改題して岩波書店の中等学校用国語教科書に掲載され、広く知られることになった。

3

昭和七年（一九三二）三月、京助は、杉並区東田町一の一一五（現在の成田東四の二一の四）

に土地を購入して家を新築した。それまでのバラック建てと違って、今度は自分で設計した和風本建築の二階家だった。庭に大きな松の木を二本植え、書斎の窓から見える場所にニシキギを植えて、この書斎を「錦木の屋」と称した。

ニシキギは初夏のころ黄緑色の小花を無数に咲かせ、晩秋には鮮紅色に紅葉する。盛岡の生家にはニシキギの群落があり、秋になると庭が紅色に染まった。京助は何よりもその紅色が好きで、自分の本の装丁には紅色を所望することが多かった。三省堂の『明解国語辞典』をはじめ、京助が監修した国語辞典の表紙の色は、ほぼ例外なく紅色である。

昭和十年（一九三五）三月、京助の学位論文「ユーカラの語法――特にその動詞に就て」が東京帝国大学教授会の審査を通り、京助は文学博士の学位を取得した。このとき京助は五十二歳。その経歴と実績に照らして、あまりにも遅い博士号だった。

奇しくもその日、京助のアイヌ語研究を「台湾のクスノキ」と揶揄した言語学科の前主任教授、藤岡勝二の葬儀が行われていた。その式場で京助に論文審査の結果を耳打ちした当時の主任教授、橋本進吉は「もし教授会があれを否決したら、おれは辞表を出すつもりだった」と告白した。橋本は自分が京助を押しのけるかたちで教授に就任したことに、ある種の後ろめたさを感じていたのである。

昭和十二年（一九三七）七月に勃発した盧溝橋事件をきっかけに、日本は戦争への急坂を駆け下りつつあったが、このニシキギの家では、比較的平穏な日々が続いた。夕飯の食卓に一家四人がそろうと、京助はいつも満足そうに「やあ、みんな集まったな」といった。

京助が少し遅れて席につくと、なぜかみんなが笑っていた。「どうしたの?」とわけを訊くと、娘の若葉が「お父さんは今夜もきっと、あのセリフをいうだろうって話していたのよ」と答えた。京助はその夜ももちろん、「やあ、みんな集まったな」といい、いつものように音を立てながら豆腐を食べた。

この年(一九三七)一月、幸恵の弟、知里真志保の『アイヌ民譚集』が郷土研究社から刊行された。幸恵の葬儀で父の高吉が上京した折、京助は弟たちの教育について訊いた。高吉は高央と真志保の兄弟を室蘭中学校(現在の室蘭栄高校)に通わせていたが、真志保は授業料を滞納して休学中だった。

「バチェラー先生から援助の申し入れがありましたが、私は断わりました。西洋人のお世話にはなりたくなかったのです」

「では、日本人の私がお世話するのはかまいませんか?」

「それはもう願ってもないことでございます」

こうして京助は知里兄弟の教育の手助けをすることになった。小樽高等商業学校(現在の小樽商科大学)へ進んだ高央のために学資の一部を補助し、室蘭中学校を卒業して地元の役場に勤めていた真志保には高校進学の準備をするように励ました。

真志保は昭和二年(一九二七)、室蘭中学四年生のときに、教師に勧められてアイヌのウエペケレ「山の刀禰《とね》浜の刀禰物語」を和訳した。滞りがちな授業料の足しにするためだった。その原稿は京助の仲介で雑誌『民俗』に掲載された。京助は真志保に幸恵の再現を見ていた。

昭和五年（一九三〇）三月、真志保は高校受験のために上京した。京助がどこを受けるのかと尋ねると、まだ決めていないという。そこで試しに前年度の第一高等学校（現在の東京大学教養学部）の入試問題をやらせてみると、ほぼ満点に近い出来だった。

同年七月に一高を受験した真志保は、受験者百五十人中十二番の成績で合格した。盛岡中学を卒業した野村長一（胡堂）が二浪してやっと一高に合格したことを思えば、真志保はきわめて優秀な学生だったことがわかる。

真志保は九月から向ヶ丘の学生寮に入った。アイヌの寮生は彼が初めてだった。成績がよかったので教室で差別されることはほとんどなかったが、軍隊の内務班ともいうべき寮では、陰湿ないじめを受けた。同期の寮生たちは彼と同室になることをいやがり、食堂で彼と一緒に食事をすることを避けた。最大の悩みは寮の風呂に入れてもらえないことだった。そのため彼は数日おきに京助宅を訪れて、もらい風呂をするようになった。

知里家では子供たちを最初から日本語で育てていたので、真志保のアイヌ語の知識は京助に及ばなかった。「アイヌ語には単数と複数の区別があるのですか」といった初歩的な質問をして、かつてアイヌの長老に同じ質問をした京助を苦笑させた。その都度、京助は丁寧にアイヌ語文法の特性を教え込んだ。

翌年、文科甲類二年に進級した真志保に、京助はアイヌの昔話を訳してみないかとすすめた。真志保は学校の昼休みの時間に三篇の小話を訳して持ってきた。この「アイヌの民譚」の訳稿は、京助の短い解説をつけて民間伝承の会（のちの日本民俗学会）の機関誌『民間伝承』に掲載された。

『アイヌ民譚集』は、それらの小話を集大成したもので、三年の春休みに一気に書き上げられた。姉幸恵の『アイヌ神謡集』と並んで、アイヌの口承文芸を今に伝える古典的な名作である。

その序文で、京助はいつもながらの熱すぎてわかりにくい文体で、こう賞揚した。

《本書は胆振《いぶり》方言を胆振人なる君の筆で記録し、君の筆で訳出したものであるから、アイヌ語の綴り方、切り方、又邦訳の一語一語の全く手に入った訳出は、何人も追随を許さないものである。(中略)姉さんの『アイヌ神謡集』が已にさうであった様に、今度も、吾々ストレンヂャーに由って歪められざる、純真な話し手の言語感情を知る為に、故意に、一言の干渉も注意もせずに原稿も校正も全然著者自身の創意に任せて成る本書はこの点、永くアイヌ語学界に不滅の光を点ずるものであると言ってよからう》

ここで京助は「ストレンヂャー」ということばを一種の謙譲語として使っているのだが、真志保はそれを誤解したらしく、「矢張一般の先入観念によって、不用意にも歪められたお言葉である」と同じ本の後書きで反論している。確かに京助は自分をわざわざ「余所者」などと卑下してみせる必要はなかったのである。

真志保はその生い立ちからして他人のことばに敏感で傷つきやすい人だったのに対して、京助はどちらかといえば他人の気持ちに少し鈍感な人だったようである。

こうした小さな誤解や行き違いは、その後もしばしば師弟の関係を危うくし、やがて決定的な離反を招くことになる。

第二十章　父と子

1

昭和十二年（一九三七）八月十一日、横浜市鶴見区の病院から京助に電話がかかってきた。「入院中の金田一ヨネさんが重篤です。すぐに来てください」。それはまさしく寝耳に水の知らせだった。京助は取るものも取りあえず横浜へ急いだ。

病院では枯木のように痩せ衰えた姉が弟の到着を待っていた。医師は「衰弱がひどくて、もう回復の見込みはない」といった。京助はすぐ自宅に引き取ることにした。苦労をかけつづけた姉に対する、それがせめてもの恩返しだった。病院に車を頼み、担当の医師に同乗してもらって、深夜一時に杉並区東田町の新居に到着した。

ヨネはすでに重湯も喉を通らず、氷水やジュースをするのがやっとの状態だったが、それでも炎暑の夏を二十三日間生き延び、九月二日に帰らぬ人となった。波乱に満ちた五十八年の生涯だった。

この夏、京助は病人の介護をしながら、秋に人文書院から出る『採訪随筆』の推敲と校正をつづけた。そういえば、大正元年（一九一二）夏に父久米之助の看病をしていたときにも、『新言語学』の校正刷に目を通していた。初めての著書となった同書の扉に、京助は父と姉への献辞を捧げた。

ヨネの初七日の法要を終えた九月八日の夜、京助は『採訪随筆』の序文と献辞を書いた。「虔《つつし》みて此の書を永芳院玉宗妙心大姉の御霊に捧ぐ」。この献辞には、長男の自分に代わって一家を支えてくれた姉に対する感謝と贖罪の思いが込められていた。

久米之助が金田一本家の義父（京助たちにとっては母方の祖父）直澄から分与された屋根瓦製造工場の経営に失敗し、大沢川原小路の家屋敷を借金の形《かた》に取られたあと、ヨネはこれも直澄から譲られた盛岡駅前の割烹旅館「清風館」をひとりで切り回して一家の家計を支えた。

京助は盛岡中学校を卒業する前に、野村長一（胡堂）、石川一（啄木）らの文学仲間を「清風館」に招いて短歌の会を催した。胡堂がのちに「生まれて初めてライスカレーというものを喰べた」と書いたのはこのときのことである。

久米之助の死後、ヨネは番頭の豊治と結婚した。長男として「清風館」を相続した京助は、実印を姉夫婦に預けて、それまで通り経営を任せることにした。旅館の景気はよくなかったが、それでも夫婦が食べていけるだけの収入はあった。

しかし、豊治はもともと山っ気の多い人物で、貧乏旅館の亭主の座には満足しなかった。金鉱山でひと山当てようともくろんで、京助の実印を使って盛岡銀行から借金を重ねたが、もくろみはことごとく裏目に出て、莫大な債務が残った。

当時、盛岡銀行の経営は、京助の伯父勝定から娘婿の国士（京助の従妹りうの夫）の代に移っていた。豊治夫妻にはまだ「うちの銀行」という甘えがあったようだが、国士は金田一家と血のつながりがないだけに取り立てが厳しく、問題はついに裁判所に持ち込まれた。

京助が帰郷して親族会議が開かれた。盛岡とその周辺に住む弟妹が久しぶりに顔を揃え、豊治の弁護士も同席した。議論の大勢は、罪はすべて実印を無断使用した豊治にあるのだから、この際きっぱりと縁を切って、刑務所へでもどこへでも行ってもらおうというところに落ち着きそうになった。するとそれまで黙って項垂れていたヨネが突然顔を上げ、「わだすはこの人にどこまでもついて行ぐ《え》」といって泣き出した。

ここは京助の出番だった。「借用証に私の実印が捺されている以上、私の責任は免れない。豊治さんはともかく、姉さんに罪はない。私が被告人として法廷に立つことにしましょう」

それを聞いて感動した弁護士が法廷で熱弁をふるった結果、「学者である被告人に法的な瑕疵はない。返済の保証もなしに金を貸した銀行側にも責任がある」という判決が出て一件は落着した。

その直後に、豊治は出奔した。仙台へ逃げたとか、横浜で見かけたとかいう噂が流れた。そのうちにヨネも姿を消した。豊治の後を追ったものと思われたが、そのまま消息を絶って長い歳月が流れた。

ヨネは流浪の末に行き倒れて、鶴見の病院に収容された。名前だけは名乗ったが、素性を明かそうとはしなかった。金田一という珍しい姓に気づいた医師が「もしや、あの金田一京助さんの身内では?」と問い質すと、最初は否定していたが、何度目かの問いにしぶしぶ京助の姉であることを認め、「ここさは呼ばねえでくなんせ。弟には迷惑かげたくねがら」といった。

しかし、病院にしてみれば、入院治療費の問題もあって、親族に連絡しないわけにはいかなかった。京助は有名人だったから、電話番号を調べるのに時間はかからなかった。

「弟さんはすぐ来るそうですよ」と医師が告げると、ヨネは黙って頷いたという。

昭和十年代といえば、戦争一色の暗い時代だったと思われがちだが、実は意外に華やかな一面もあって、浅草のオペラ館や新宿のムーラン・ルージュが人気を集めていた。オペラ館の主役がナンセンス・コメディーのエノケンこと榎本健一だとすれば、ムーラン・ルージュの花形は岩手県釜石出身の美人女優明日待子《あしたまつこ》で、京助はこのトップスターの熱烈なファンだった。

京助がムーラン・ルージュに通い始めたのは、国学院大学の教え子の伊馬春部《いまはるべ》がこの劇場で軽演劇の台本を書いていたからである。「先生、たまにはレビューでも観て頭を休めてくださいよ」と伊馬に誘われたのがきっかけで病みつきになり、特に同郷の明日待子をかわいがった。息子春彦の回想「父京助と女性」によれば、そのかわいがり方がまたいかにも京助流だった。

《京助の死後、待子さんに聞いてみると、自分はウナギがきらいであるのに、京助に誘われて竹葉へ行き、目をつぶって食べたときの苦しかったこと、朱色のワンピースで、衿元を白のフリルで飾ったのがあって、お地蔵様のよだれ掛けのようでいやだったが、京助が目を細めて「とても似合いますねえ」とほめるのでうれしかったというような思い出の数々が口をついて出てくる。いろいろの出会いがあったらしい》

明日待子は戦後、ムーランをやめて北海道の大きなデパートの社長夫人に収まっていたが、京助の死を新聞で知ると空路上京して漆黒の喪服姿で式場に現れ、遺影の前ではらはらと大粒の涙を流した。その姿は《どんな芝居の名場面にもまして感動的だった》という。

2

昭和十二年（一九三七）三月に東京帝国大学国文科を卒業した春彦は、五月に本籍地の盛岡で徴兵検査を受けた。第二乙種合格で、十二月に「第一補充兵籤外《せんがい》七番」の通知が届いた。不適格者が七人出た場合は盛岡連隊に応召せよという意味である。この年七月に日華事変（日中戦争）が始まっていたので、いつ赤紙（召集令状）が来るかわからなかった。

春彦は、父の故郷とはいえ自分にとっては見知らぬ土地の盛岡で入隊するのはいやだった。東京からあまりにも遠く、ことばもうまく通じないように思われた。そこで東京に本籍を移してほしいと京助に懇願した。

《父は、私の頼みを聞いて、開闢《かいびゃく》以来の渋い顔をした。何と答えていいかわからぬ風だった。が、私の主張の強さに根負けして、本籍を移してくれた。これ以来、金田一京助は、東京都杉並区東田町一ノ一一五の人間ということになった》（「父ありき」）

このとき京助は、自分の家族だけでなく、吉祥寺に住んでいた弟の安三一家も同じ戸籍に移した。盛岡の戸籍には戸主の京助以下おびただしい数の弟妹とその子供たちの名が並んでいたのに、いきなり自分の家族四人だけにしてしまうのがさびしかったのである。安三は鉄道省に勤めていたので、春彦たちにも鉄道の無料パスがもらえたのは思わぬ余得だった。

ちなみに京助は、それから二十二年後の昭和三十四年（一九五九）に盛岡市の名誉市民に選ばれた。本籍を移したことで故郷に背いたような気がしていた京助は、それをことのほか喜んだという。

昭和十三年（一九三八）の四月に召集令状が来て、春彦は甲府の第一師団第四十九連隊に入隊した。京助は「本籍を変えたから召集が早く来たんだ」といって嘆いたが、春彦には何とも答えようがなかった。

入営の日、京助は甲府まで春彦に付き添い、息子が営門に入るのを見守った。その後、甲府に三日間滞在し、朝鮮は京城郊外の龍山に出征する春彦ら新兵の一隊を甲府駅頭に見送った。そのとき詠んだ「弱卒行」十二首のうちの一首。


ひとり子を君に捧げてわが帰る甲斐の山里花盛りなり

龍山に到着してまもなく、春彦は胸を病んで陸軍病院に入院した。余談だが、松本清張は昭和十九年（一九四四）六月、三十四歳で福岡の第八十六師団歩兵第百八十七連隊補充隊に応召し、この龍山陸軍病院に衛生二等兵として勤務した。もし春彦の入院が数年遅れていたら、彼はあるいは清張の看護を受けていたかもしれない。

春彦の入院を知った京助は、居ても立ってもいられなかった。君（天皇）に捧げた命ではあっても、学業半ばで病没させるわけにはいかなかった。そこで春彦とともに仕上げた『国語アクセントの研究』二冊を持って海を渡った。訂正すべきところがあれば、いまのうちに聞いておきたいと思ったのである。

春彦は白衣姿で病院のベッドに横たわっていた。まさか京助が朝鮮までやって来るとは思わなかったので、「お父さん！」と叫んで絶句した。京助は荷物を放り出して駆け寄り、黙って息子の手を握りしめた。

「戦友が次々に戦地へ発って行くのに、自分はここで寝ているしかない。それがいちばんつらいのです」

春彦はそういって唇を噛んだ。京助には慰めることばがなかった。その夜、京助は「病卒行」十四首を詠み、翌日清書して春彦に渡した。

をとこじもの夥《たお》れて後に止まむのみ弱卒の努力を父は買ふべし

「をとこじもの」は「男であるのに」を意味する古語で、『万葉集』に「脇挟む児の泣く毎にをとこじもの負ひみ抱きみ」という用例がある。この父子にしか通じない「心の小径」といえるだろう。

半年後に除隊して帰国した春彦は、京助から少しずつ距離を置くようになった。「何でも一方的に進めようとする父に反発したくなった」からだという。石川啄木がそうだったように、名家の長男として大切に育てられた京助には、いつまでたっても惣領意識が消えなかったようである。

帰国後も大学院に残って日本語アクセントの研究に励むようにとすすめる京助に対して、春彦は「いや、私は働きながら研究を続けます」といって府立第十中学校の国語教師になった。そしてそれを機会に家を出て独立することにした。

府立十中は現在の都立西高で、昔も今も杉並区の宮前にある。東田町の家からは井の頭線の浜田山駅まで歩き、三つ目の久我山駅で降りれば片道三十分ほどで行ける距離である。しかし、どうしても家を出たかった春彦は、「その学校は家から遠いのか」と京助に訊かれたとき、こんな嘘をついた。

「阿佐ヶ谷から新宿に出て小田急線に乗り換え、下北沢でまた井の頭線に乗り換えなくてはならないので、どうしても一時間以上かかります。ですから、赤坂のほうに下宿して、そこから通うことにします」

方向音痴で地理に疎い京助は、頭からそれを信じた。「そうか、そんなに遠いところなら仕方がないな」。ちょっと調べればすぐわかるはずなのに、専門以外のことにはまったく頭のはたらかない、典型的な学者馬鹿だったのである。

春彦が浦和高校在学中に下宿していた三上という一家が、この頃、東京の赤坂に越してきていた。そこで今度も三上家に間借りすることにし、赤坂から一時間以上かけて久我山の学校へ通った。その後、春彦は昭和十七年（一九四二）に三上家の長女珠江と結婚する。ひょっとすると、お目当ては最初からこの女性だったのかもしれない。

春彦は母の静江が貧乏学者の父と結婚して苦労するのを幼時から目の当たりにしてきた。金銭的な迷惑をかけられ通しだった啄木との「美しい友情」、次々に上京しては長期滞在していくアイヌの老人たちとの息のつまるような生活。そうした苦労が積み重なって、もともと病弱だった母の心身を蝕んでいくのを見てきた。

だから、自分が結婚するときは、父の希望する良家の令嬢ではなく、母と気の合うやさしい娘を選びたいと思っていた。珠江はその条件にぴったりの女性だった。

《妻が、その後、母と仲よく行っていることは私にとって幸せである。しゅうとめと嫁の間の争いの苦労を、私はほとんど経験しない。母の性質を思うと、これは奇跡に近い。私は学問の上でもその他の点でも、色々の意味で父のような輝かしいことはできなかったが、結婚だけは父より成功したと思う》(「父ありき」)

静江にとっては、仲のいい嫁に恵まれた晩年が、生涯でいちばん幸せな時期だったのかもしれない。

3

太平洋戦争が始まった昭和十六年(一九四一)十二月、京助は東京帝国大学教授に昇進した。六十歳の定年を一年後にひかえた、お情け人事ともいえる昇進だった。京助は八年前に高等官三等、従五位に任じられていたが、教授就任とともに高等官二等に昇級した。

教授への道を開いてくれたのは、博士号取得のときと同じく同期の橋本進吉だった。教授会で昇任が認められた日、橋本は京助を自宅に招き、ビールで乾杯しながら、こんな打ち明け話をした。

「これまで君の昇進を阻んできたのは、じつはこの私なんだ。何度か昇進の話はあったのだが、藤岡（勝二）先生の手前もあって、私が抑えてきた。君と同期だということで、逆に公正さを疑われる恐れもあったしね。しかし、いまやその心配もなくなったので、遅まきながら君を言語学科の教授に迎えることにした。どうか私を許してほしい」

少し意地悪な見方をすれば、これは先に教授になった橋本が同期の万年助教授に邪魔をした詫びを入れながら同時に恩も売るという、いささか調子のいい弁明に聞こえなくもない。しかし、生来信じやすい京助は、ただただ橋本の友情に感謝し、感涙にむせんだのである。

昭和十八年（一九四三）三月、京助は東京帝大教授を退職した。書類上は「依願免官」となっているが、要するに定年退職である。この間に大著『国語研究』を上梓し、勲四等瑞宝章を受章した。退職した年の五月には三省堂から京助が監修した『明解国語辞典』の初版が刊行された。京助と辞書については、章を改めて詳しく見ていくことにしたい。

昭和十九年（一九四四）に入ると戦局が悪化し、東京は空襲の危険にさらされるようになった。近隣の住民は次々に疎開していったが、京助は膨大な蔵書とともに杉並の家にとどまった。そもそも皇国日本が鬼畜米英に負けるはずはないと信じていた。

春彦が心配して、珠江の弟を連れて防空壕づくりにやってきた。庭の松の木の下に、家族三人がやっと入れるだけの小さな穴を掘った。静江と若葉が不安そうにそれを見守っていた。

故郷の岩手県内なら、父もあるいは疎開する気になるかもしれないと考えた春彦は、紫波郡日詰町に住む叔父（京助の四弟）の直衛に頼んでみるようにと京助を説得した。京助はしぶしぶ「自分は東京にとどまるつもりだが、妻子だけそちらへ疎開させたい」という手紙を書いた。

すると、すぐに返事が来た。「いま、盛岡の市民は続々と日詰に疎開し、日詰の町民は山奥の村へ疎開し、山奥の村民はもっと深い山の中へ逃げ出そうとしている。疎開などというものは臆病者の気休めにすぎない。まして兄貴ひとりを東京に残して逃げ出そうとするようなご婦人方のお世話はできません」。

静江は結婚当初から異邦人ともいうべき盛岡の人たちが苦手で、親戚づきあいを避けてきた。そのこともあって、安三を除く京助の弟妹たちは、この兄嫁をあまり快く思っていなかったらしい。

京助の教え子で春彦の先輩にあたる言語学者の服部四郎が、青梅の養蚕農家の一室に疎開していた。春彦は服部を訪ねて、母と妹、父の蔵書の一部を預かってもらえないかと頼んだ。幸い、蚕室のひとつが空いていたので、そこを借りることにした。

こうして杉並の家にひとり取り残された京助は、慣れない自炊をしながら著作に励んだ。前年の『明解国語辞典』と『アイヌの神典』につづいて、この年の六月には『言霊をめぐりて』を上梓した。その直後に初孫が誕生して京助は「おじいちゃん」になった。

同年八月には登別に金成マツを訪ね、マツが筆録したユーカラのノートが無事手元にあることを告げた。そして、この際それを知里真志保に託して研究に役立ててもらってはどうかとすすめた。もとよりマツに異存はなかった。こうしてマツのノートは真志保の手元に置かれることになった。

やがて米の配給が途絶え、代わりにときどき酒と煙草が配給されるようになった。そこで仕方なく、栄養補給のために飲めない酒を飲み、それまで吸わなかったきざみ煙草を、父の遺品の煙管《きせる》に詰めて吸った。煙にむせて涙が止まらなくなることもあった。

昭和二十年（一九四五）六月末、春彦が奥多摩で手に入れたジャガイモをリュックにつめて持ってきた。春彦は自分の妻子も母たちの近くに疎開させていた。青梅から立川まで歩き、満員電車で三鷹へ、そこからまた徒歩で杉並へという、およそ半日がかりの行程だった。

京助は頬がこけて皺が深くなっていたが、意外に元気そうだった。都内で焼け出されて静江の部屋に間借りしていた一家の主婦にジャガイモを茹でてもらい、みんなで食べた。「アイヌのコタンでは、これさえあれば生きていけるのよ」と上機嫌で食べ終えた京助は、ぽつりとこう呟いた。

「沖縄へ米軍が上陸したそうだが、もしここへ米兵が攻めて来たら、私は竹槍で刺し違えて死ぬつもりだよ」

しかし、米兵は攻めて来ず、京助の家は奇跡的に空襲をまぬがれた。

第二十一章　監修名義人

1

金田一京助と聞いて、最初に国語辞書を思い浮かべる人は多いだろう。昭和時代の後半に書店の辞書コーナーを覗くと、「金田一京助編」あるいは「金田一京助博士監修」と銘打った国語辞書や学習辞典がずらりと並んでいて、それ以外の辞書を求めるのは難しかった。おそらく当時の日本の家庭には、学習用も含めて一家に一冊以上の金田一辞書が置かれていたはずである。

ところが不思議なことに、このうち京助自身が編纂に携わった辞書はごくわずかで、大半は名義を貸しただけ、なかには本人がその存在さえ知らなかったものも含まれていたらしい。京助の長男で自らも辞書編纂者だった金田一春彦が『父京助を語る』のなかで、こんなことを書いている。

《読者各位は、街角の本屋の店頭の辞書のたなに、金田一京助博士編、あるいは金田一京助博士監修と銘打ったおびただしい種類の大小の辞書が並んでいることにお気付きであろう。あれは何を物語るものか。

その性善なる方は、あれだけ沢山の辞書を作られるとは何という偉い学者であろうと感心されるであろう。が、その性善ならざる向きは、あれだけ名前を売って礼金を受け取ろうとするとは何という欲深な人であろうと眉をひそめられるであろう》

「その性善ならざる向き」の一人だった私は、べつに眉をひそめたりはしなかったが、この人はこんなにたくさんの辞書を作って、いったいどれほどの印税を稼いだことだろうと、羨ましくてならなかった。しかし、春彦によれば《両方とも違う。有体《ありてい》は、父は、頼まれたらいやと言えないお人よしの人間だった》からだという。

昔、芳賀矢一という学者がいた。東京帝国大学国文学科の初代主任教授で、「われは海の子」など多くの文部省唱歌の制作にかかわったことでも知られる。卒業生が訪ねてくると客間に通して酒を飲ませ、金がないと聞くと懐から五円札を取り出して渡した。

ある日、怠け者の学生がやってきて金を無心した。そのときはあいにく懐に金がなかった。芳賀は着ていた羽織を脱ぐと、「これを質に入れて金に換えなさい」といって渡したという。

京助はこの芳賀に心酔していた。だから卒業生がいい加減な辞書の原稿を持ってきて「先生の監修をいただければ、妻子が飢えずにすみます」などと頼まれると、内容を調べもせずに名義を貸し与えた。また正体不明の出版社が卒業生の紹介で訪ねてくると、報酬の約束もせずに名義だけの監修を引き受けることもあった。

《そんなわけで、金田一京助という名のついた辞書はまことに玉石混淆——というよりも、よいものは実は少ない。中には三省堂の『明解国語辞典』のように、京助の生活の大きな支えとなったものもあるが、中には恐らく死ぬまでその存在さえも知らず、一文の報酬ももらわないで、名

前だけ出しているものもあったにちがいない》

名義貸し自体は、当時それほど珍しいことではなかった。上田萬年の流れを汲む東大言語学科の卒業生たちは、ほぼ例外なく辞書の監修を引き受けたが、その多くは名義だけのものだった。京助もその監修名義人の一人だったのである。

そのことは業界では周知のことだったらしい。三省堂の『コンサイス日本人名事典』の「金田一京助」の項にはわずかに《国語辞典の編纂にも力をそそいだ》とあるが、小学館の『日本国語大辞典』の項目には国語辞書に関する記述は見られない。

2

とはいえ、京助は辞書の仕事をまったくしなかったわけではない。前述のように、東大の学生時代には金澤庄三郎の下で『辞林』の編集を手伝ったし、明治四十一年（一九〇八）に海城中学校の国語教師の職を失ったあとは三省堂の『日本百科大辞典』編修所に校正係として勤め、名物編集長斎藤精輔の下でみっちりと鍛えられた。

金澤庄三郎編の『辞林』（明治四十年四月初版）はその後、中型辞典の『広辞林』（大正十四年九月初版）に発展し、昭和三年（一九二八）には、それを小型化した『小辞林』が刊行された。このシリーズは三省堂のドル箱となり、編者の金澤は印税で「赤銅御殿」と呼ばれる豪邸を建てた。

ところが、昭和十年（一九三五）に博文館から新村出編の『辞苑』（『広辞苑』の前身）が出ると、『辞林』はさっぱり売れなくなった。『辞苑』の語釈はわかりやすい口語文で書かれていたが、『辞林』シリーズは昔ながらの文語文だったので、新時代の読者に敬遠されたのである。

あせった三省堂は『小辞林』を口語文にして巻き返しを図りたいと編者の金澤に申し入れたが、金澤はこれを拒否した。売れ行き不振にともなう印税（一パーセント）の引き下げをめぐって、以前から少し関係が悪化していたらしい。

そこで三省堂は『辞林』刊行当時から縁のあった金田一京助に「語釈を口語化できる優秀な人材を紹介してほしい」と依頼した。三省堂では、語釈を口語文に改めさえすれば『辞苑』に対抗できると考えていた。

京助は熟考した末に、東京帝大大学院に在学中の見坊豪紀《けんぼうひでとし》を推薦することにした。見坊の父親の田鶴雄《たづお》は当時盛岡市長をつとめていたが、母校の盛岡中学では京助の二年後輩で、以前から親交があった。あの男の息子なら自分の期待に応えてくれそうだと考えたのである。

見坊豪紀は大正三年（一九一四）十一月に東京で生まれた。内務省の地方官だった父親が満鉄（南満州鉄道株式会社）に出向した関係で満州（中国東北部）で少年時代を過ごした。その後、山口県の山口高等学校をへて昭和十一年（一九三六）に東京帝大国文学科に入学した。金田一春彦の二年後輩にあたる。

東大では橋本進吉に師事して国語学を専攻した。国文学ではなく国語学を選んだのは、『国語学概論』を著した橋本の綿密な学風に惹かれたからである。橋本は非常に厳しい教師で、予習や下調べをきちんとしていかないと、露骨に険しい顔をした。生涯に百四十五万例のことばを集めた見坊の辞書編纂者としての原点は、橋本のこの几帳面な学風にあったといえるかもしれない。

見坊にとって、京助はあくまで「アイヌ語の先生」だった。学部時代の三年間、京助のアイヌ語の講義を聴いたが、それはあくまで「教養」の範囲にとどまっていた。『明解物語』（三省堂、二〇〇一）の編者、武藤康史のインタビューに答えて、見坊はこう語っている。

《大学を卒業したので、おやじが私を連れて京助先生のお宅に伺って、卒業の挨拶と、「まだ就職していないから、何か仕事があったらお願いします」と言って帰ってきたことがあるんですがね。ぼくが卒業して間もなくの話ですよ。そうしたら、半年ぐらいたって、「三省堂で辞書を出すからやらないか」ということになったんですね》

見坊の記憶が正しければ、これは昭和十四年（一九三九）九月ごろのことで、彼はまもなく二十五歳になろうとしていた。三省堂からの呼び出しを受けて、神田の神保町にあった本社へ出向くと、応接室に出版部長、辞書課長、校正係などの関係者が待ち構えていた。

一方の見坊は《華奢な体を学生服に包み、丸眼鏡に丸坊主頭という風貌》だったというから、これはどう見ても入社試験の面接風景である。

《向こうからいろいろ細かな質問は出ましたね。説明の合間、合間で、ウサギという字は、三種類書き方があるけれども、そのうちのどれにしますかなんて。テストですね、文字の知識について。だから、校正係の人が同席してたんだな》

テストにはどうやら合格したらしい。社員の一人が一冊の小型辞書（『小辞林』）を差し出していった。

「この辞書の語釈は文語文で書かれています。それをすべて口語文に直してください。その際、新規に入れたい項目があれば、少しは入れてもかまいませんよ」

それに対して、この無名の大学院生は「わかりました。それじゃ、少し研究してからご返事します」といって、さっさと帰ってしまった。大役を与えられて歓喜するだろうと予想していた社員たちはあっけにとられ、なんという生意気な学生だろうと舌打ちした。

それから二週間後、詰襟の学ランに角帽というスタイルで再び三省堂を訪れた見坊は、社員を前に三つの編集方針を提案した。まず第一に「引きやすいこと」。当時の国語辞書は見出し語がすべて「歴史的かなづかい」になっていて、クワウ（鉱）、コフ（劫）、カウ（校）、カフ（甲）の区別のつかない一般大衆は、必要なことばをどの音で引けばいいのかわからなかった。

そこで見坊は見出し語をすべて表音式で統一することにした。たとえば従来の辞書では「エイヤウ」または「エィヨウ」と表記されていた「栄養」は「エエヨオ」に、「ロウドウ（労働）」は「ロオドオ」と純表音式に変えようというのである。これは現行の「現代かなづかい」による表記よりも一歩踏み込んだ画期的な提案だった。

見坊は次に動植物などの百科項目について「図鑑の丸写しみたいなことはやめて、専門用語を一般の読者にもわかるように説明する」という「わかりやすさ」を提案した。さらに外来のカタカナことばが「敵性語」として排斥された時代にもかかわらず、日常的に使われている外来語は積極的に取り入れるという方針を打ち出した。

「引きやすさ」「わかりやすさ」「現代的であること」の三大方針を説明する見坊のプレゼンはいつしか独演会の様相を呈し、熱弁は二時間を超えた。最初はお手並み拝見と鷹揚に構えていた社員たちは、やがてその熱弁に打たれて静まり返り、結局はそれがそのまま新辞書の編集方針となった。

この日をもって正式に辞書の編纂を委嘱された見坊は、さっそく作業に取りかかった。最初にやったのは『小辞林』とライバル辞書『言苑』との突き合わせ。『言苑』にあって『小辞林』にないことばを拾い出し、それに口語の語釈をつけた。さらに新聞や雑誌から新しいことばを探して付け加え、その数は八千項目にも及んだ。三省堂からの依頼は『小辞林』の口語版を一年でつくれということだったが、こうしてまったく新しい辞書が生まれようとしていた。

そのころ、見坊は新宿区新小川町に建てられたばかりの同潤会江戸川アパートメントの独身者棟に住んでいた。当時としては珍しいエレベーターやセントラルヒーティングを備えた最先端の集合住宅だった。その快適な環境で、彼は日夜語釈の原稿書きに取り組んだ。

見坊と同期の東大国文科には定員いっぱいの三十人の学生がいたが、そのうち国語学を専攻したのは三人だけだった。一人は渡辺綱也《わたなべつなや》。見坊とは対照的な快男児だったが、この男とは不思議にウマが合った。もう一人は山田忠雄《やまだただお》。こちらは空気のように無口で目立たない男で、いつも図書館にこもって本を読んでいた。

山田は大正五年（一九一六）八月生まれ。見坊より二つ年下だが、見坊が病気で二年休学したため大学では同期になった。山田の父親は国粋派の国語学者として知られた山田孝雄《よしお》。戦前には東北帝大教授、神宮皇學館大学学長、貴族院議員などを歴任、戦後は公職追放になったが、解除後の昭和三十二年（一九五七）に文化勲章を受章した。しかし、山田はこの父親のことを誰にも語ろうとせず、昭和十四年（一九三九）に東大を卒業すると、岩手県師範学校の教師として赴任した。

見坊は自分が書き上げた原稿の校閲を山田に依頼することにした。実は最初に渡辺綱也に頼んだのだが、原稿料のことで揉めて喧嘩別れしたため、やむなく山田に頼むことにしたのである。それとは知らぬ山田は「ほい来たとばかりに」この仕事を引き受けた。日中は教師の仕事を続けながら、夜は見坊から郵送されてくる大量の生原稿に目を通した。のちに戦後の国語辞書づくりを牽引し、天才見坊、鬼才山田と並称された二人の共同作業は、こうして約一年間続けられた。

昭和十六年（一九四一）一月の末、最後の原稿を三省堂に引き渡して予定通りに大役を果たした見坊は、四月から岩手県師範学校に赴任し、勤務のかたわら『明解国語辞典』と改名されることになった辞書の校正を続けた。一方、その名付け親とされる山田は、見坊と入れ違いに陸軍士官学校に転任した。

昭和十七年（一九四二）八月二十五日の日付で金田一京助の「序」が仕上がり、翌十八年（一九四三）五月十日付けで『明解国語辞典』（略称『明国』）の初版が刊行された。『小辞林』改訂の話が持ち上がってから約四年の歳月が流れていた。

監修者金田一京助はこの間、何をしていたかといえば、実は何もしていなかった。三つの編集方針から新語の選定に至るまで、すべてを見坊が一人で考えて実行し、京助には連絡もしなかったらしい。自著『辞書をつくる』（玉川大学出版部、一九七六）のなかで、見坊は書いている。
《企画、立案、交渉、執筆、校正その他を通じ、世なれぬ私は、ろくに京助先生にご報告もご相談もせず、独断専行、春彦さんにはアクセントをつけていただき、山田忠雄君には校閲、助言をたのむなど、勝手に事をはこんでしまった》

アクセントをつけた春彦は、のちに武藤康史の「京助先生は、原稿を一行もお書きにならなかった？」という問いに対して「一行も書きません。そういうことには向きませんよ、あの人は。二、三枚読むと、もう飽きちゃうんです」と、見坊の証言を裏付けている。

『明国』の背表紙には「文学博士　金田一京助編」と大書されていたが、この編者はろくにゲラも見ていなかった。一方、「独断専行」の編集者だった見坊は完全にその陰に隠れて、一部の関係者以外には名を知られることもなかった。「金田一京助編」という名義だけのブランドは、その後『三省堂国語辞典』や『新明解国語辞典』にも引き継がれ、「辞書といえば金田一」という共同幻想をつくり出していく。

3

『明国』は画期的な国語辞書として戦中戦後の日本国民に広く受け入れられ、累計六十一万部を売り上げた。それにつづく『三省堂国語辞典』（略称『三国』）や『新明解国語辞典』（略称『新明解』）の原典となっただけではなく、日本の現代語辞典の可能性を一挙に押し広げた。現行の小型国語辞書の多くは、大なり小なり『明国』の流れを汲んでいるといっていい。

昭和二十年（一九四五）八月、日本の長い戦争が終わった。岩手大学で教鞭を執っていた見坊は、日本大学の教授になった山田の研究室を訪ねて『明国』の改訂について相談した。かつては見坊の「助手」の地位に甘んじていた山田も、今度は積極的に語釈の改良を提案した。この会合にはやがて彼らの先輩の金田一春彦も加わり、それぞれが理想とする国語辞書をめぐって熱い議論を繰り広げた。

敗戦から七年後の昭和二十七年（一九五二）四月、『明国』改訂版（第二版）が世に出た。背表紙は相変わらず「金田一京助編」となっていたが、今度は奥付に見坊ら三人の編者名が記されていた。

改訂版は初版にも増してよく売れた。各地で新制中学校の指定辞書に採用されたこともあって空前のベストセラーとなり、初版と合わせて累計六百万部を売り上げた。二年前に三省堂から刊行された金田一京助編の中学・高校国語教科書がそれに拍車をかけた。

こうして金田一ブランドは、教科書と辞書の二方面から日本国民の間に浸透していった。ちなみに「アイヌ語の金田一」の名が定着したのも、前に見たように、中学校の国語教科書に「心の小径」が掲載されて以後のことである。

『明国』改訂版には、しかし、大きな問題があった。かつて見坊が提案して『明国』の特色となっていた表音式の見出しが、学校で習う「現代かなづかい」と合わなくなっていたのである。

たとえば「右往左往」は、現代かなづかいでは「うおうさおう」だが、『明国』では「うおおさおお」となっていた。学校ではすでに現代かなづかいを採用していたので、漢字の読み方のテストで「うおおさおお」と書くと間違いとされた。

次章で詳しく見るように、この現代かなづかいを策定したのは、京助を主要メンバーの一人とする国語審議会だった。つまり、同じ編者名を冠した辞書と教科書の間に重大な齟齬が生じてしまったのである。

そこで三省堂は急遽、『明国』を現代かなづかいに改めた「学習版」を作ることにした。再び見坊を中心に改訂作業が進められ、昭和三十五年（一九六〇）に『三省堂国語辞典』として刊行された。『三国』は当初の狙いどおり中学生用の国語辞書としてヒットし、以後の十三年間で百十七刷、累計発行部数は五百六十万部に達した。

人気の秘密は何といっても語釈の新しさにあった。たとえば「水」を『明国』改訂版で引くと《水素二、酸素一の割合で化合した、無色・無味の液体》と化学式のような説明になっていたが、『三国』では《われわれの生活になくてはならない、すき通ったつめたい液体》と、誰にもわかりやすく実感的な語釈に改められた。

見坊と山田が激論の末に案出したとされるこの「ことばによる写生」方式は、無味乾燥な語釈、単なる言い換え、先行辞書からの無断盗用が横行していた国語辞書界に革命をもたらし、「辞書なんてどれを引いても大同小異」という従来の常識を覆した。

『三国』のヒットに刺激されて出版界には時ならぬ小型辞書ブームが起こった。迎え撃つ三省堂は直ちに『明国』第三版と『三国』第二版の改訂に取りかかったが、見坊はこのころから脇目もふらずに用語採集に没頭して編集作業が進まなくなった。そこで『明国』のほうは山田が単独で作業を進め、昭和四十七年（一九七二）一月に『新明解国語辞典』として刊行された。

《れんあい【恋愛】特定の異性に特別の愛情をいだいて、二人だけで一緒に居たい、出来るなら合体したいという気持を持ちながら、それが、常にはかなえられないで、ひどく心を苦しめる状態》といった独特の語釈で知られた、あの「新解さん」（赤瀬川原平『新解さんの謎』文春文庫、一九九九）である。

その序文にはこう書かれていた。

《このたびの脱皮は（中略）見坊に事故有り、山田が代行したことにすべて起因する。言わば、内閣の更迭に伴う諸政の一新であるが、真にこれを変革せしめたものは時運であると言わねばならぬ》

一月九日に四谷の料亭で開かれた打ち上げパーティの席上、初めてこの「裏切り」を知った見坊は激怒し、それまでも軋轢がささやかれていた二人の関係は完全に決裂した。しかし、二人の仲を修復すべき役割を持つ金田一京助はすでにこの世にいなかった。

第二十二章　新しい日本語

1

アイヌ語の研究者、国語辞典の監修者と並ぶ金田一京助の第三の顔は、国語国字の改革者としての顔である。私たちがいま読んだり書いたりしている日本語の表記法がその影響下に成立したことを思えば、この第三の顔こそ彼の正面の顔だといえるかもしれない。

『アイヌ叙事詩ユーカラの研究』で帝国学士院恩賜賞を受賞した昭和七年（一九三二）の三月、京助は新著『国語音韻論』を刊行した。これは「民族生活に生きて語られた言葉そのまゝの姿」を記録すべく藤岡勝二、新村出らによって企画された方言研究叢書の一冊で、そこには柳田国男の『蝸牛考』や、方言研究の大家、東条操の『南島方言資料』といった名著も含まれていた。

企画者側が京助に期待したのは、アイヌ語研究で培ったノウハウを日本の方言研究者に伝授してほしいということだったはずだが、この本はそれ以上に踏み込んだ内容になっていた。国語学会編『国語学大辞典』は同書を次のように評価している。

《音韻変化や音韻法則などについて、本書は諸方言の例を適切に駆使して著者独自の組織を立てながら、しかも熟達した文章で平易に解説したため、特に方言学者に研究指針を与え、音韻変化

の実態を教えることに成功し、後学に大きな影響を与えた》（平山輝男）

一方、東京帝国大学言語学科で京助の後輩にあたる小林英夫は、同書の書評のなかで《自己の信念とよく調和した学説の上に立ち、長年の鋭敏なる観察によってのみ獲ることの出来る無数の例を自在にこなし、それを平明に叙述し得るものは、氏を除いて他に求めることは困難である》と前置きして、《氏の性格を知るものは、本書の談話的なる文章の中に、本書の論述行程の中に、それの如実の顕現を見出すであろう。氏は情熱の詩人である。冷静なる学究ではない》と評した。『金田一京助と日本語の近代』（平凡社新書、二〇〇八）の著者、安田敏朗がいうように、これは「褒めているのかけなしているのか、よくわからない文章」である。少なくとも「情熱の詩人」が褒めことばでないことだけは間違いなさそうだ。フェルディナン・ド・ソシュールの言語学を初めて日本に紹介した「冷静なる学究」である小林にとって、京助の「談話的なる文章」はどうやら気に入らなかったようである。

それはともかく、京助は同書の第一章「緒論」で、言語を「体《たい》としての言語（国語）」と「用《よう》としての言語（言語活動）」の二つに区分し、《体としての言語の研究は、用としての言語の観察に由るべく、又それが唯一、当然の方法である》と説いた。この区分は《西洋碩学の説を無視しはしないが、飽く迄日本人として、東洋流の考へ方と、国語の述語で、敢て独自の見を立てた》ものだと自解しているが、実はソシュールのラング（langue）とパロール（parole）の区分に似ているという指摘があり、京助も第二版ではそれを半ば認めるような註を付した。

京助があえて「東洋流の考へ方」を強調した背景には、大日本帝国による大東亜新秩序の建設という当時の国策があった。日本語を大東亜共栄圏の「共通語」とするためには、それを整理し統一する必要があった。京助はいわばその国策推進者の一人だったのである。

　昭和十七年（一九四二）五月、奈良女子高等師範学校（現在の奈良女子大学）で開かれた日本諸学振興委員会主催の国語国文学特別学会で、京助は「大東亜新秩序の建設と国語学」と題する講演をおこなった。諸学振興委員会とは、昭和十一年（一九三六）に文部省に設置された、哲学、国語国文学、歴史学から法学、自然科学にいたる諸学の総動員体制をめざす官製組織である。

　そこで、京助はまずこんな風に切り出した。

《西洋の文化、西洋の科学から、吾々は色々なことを学んだ。（中略）唯新たに入り来る大きな文化に対しては、嘗《かつ》て奈良朝の昔に一度経験したやうに、現代も亦、心酔したり、目がくれたり、動《やや》もすれば、己れのものを忘れて前へ行過た嫌ひがあり、（中略）知らず識らず其の弊に陥つて居ることがある。今こそ澎湃《ほうはい》たる時世の大浪の音に我れに返つて、自己精算をせずにゐては、申訳がない》

　要は行きすぎた西洋崇拝を反省して日本のよさを見直そうということなのだが、その行きすぎの例のひとつとして、京助は音韻の問題を取り上げる。

《吾々の日本語には「音響」と云ふ言葉の他に「音声」と云ふ言葉があり、「音声」と云ふ言葉の他に更に「音韻」と云ふ言葉があつて、三段に言葉がある。（中略）英語だつたらいつもSoundで間に合はして居り、ドイツ語だつたらLaut、フランス語だつたらSonひとつで通してゐる。「言語といふもの」と「言語といふこと」の差別がはっきりせず、「言語といふこと」の方のみを見て、「言語といふもの」の方を見落とし、つひ言語を単にサウンドと云ふことを以て定義してゐた。（中略）吾々が若しそれを真似して、言語を定義するに「音声」だけでやるとしたら、「猿真似」になつてしまふであらう》

これはどうやらソシュール言語学に対する批判らしい。言語を「音声」だけで定義するのは不十分で、「音韻」を考慮しなければならない。なぜなら、言語というものは音韻（音声観念）を形式とし、意義（事物観念）を内容として成り立つものだからだ。音韻という概念はこれまで西洋にはなかったが、ソシュールはPhonemeという言葉を持ってきてそれにあてた。われわれが昔から持っていたものを忘れて西洋の足跡ばかり追いかけていたことが恥ずかしくなる。

《一体日本語は、古往今来、やつて来るあらゆる先進国の文化と言語を、どしどし摂取消化して来た。が、言語をば、常に何でもたゞ名詞並みに取込んで語彙を豊富にするが、その為に文法は少しも影響されない。此は儒教や仏教やその外の教へを取入れても、国本の養ひに摂取するだけで、建国以来の根本精神、固有の皇室中心の思想には依然として微動だもないのと同じことである》

先進文化をいくら取り込んでも日本語の文法が揺るがなかったのは、建国以来の根本精神、つまり皇室中心の思想が微動だにしなかったのと同じことだというのだから、京助の皇室崇拝もまた一貫して揺るぎのないものだったといわねばならない。

2

ここまで京助の音韻論を詳しく見てきたのは、他でもない。それがいま私たちの使っている現代かなづかいの基礎になっているからである。

昭和十六年（一九四一）に日本語教育振興会の雑誌『日本語』に発表した「文字と言語」のなかで、京助は「文字は言語表出（言語といふこと）をそのまま書き記すのではなく、それを言語体系（言語といふもの）に還元した上で、その音韻を表記するものである」と前置きして、その方法を次の三つに分類して見せた。

第一は言語大系の個々の語彙を書きつける方法で、漢文がこれにあたる。この方法は語彙の数だけ文字が必要になるので学習が困難である。

第二は言語形式の音韻をそのまま書き下ろしていく方法で、かな文字表記がこれにあたる。これは誰にでも読みやすい反面、文章が長くなって読むのに時間がかかる。

第三は第一、第二の長所を取って欠点を補う漢字かな交じりの方法である。適度に漢字を使うことによって早く読める上に、ルビを付けることによって難読の弊を避けることもできる。

日本はすでに仮名の発明によって、第一の段階から第二の段階へ、さらに第三の段階へと自然な発展を遂げてきた。文字によって言語を書き記す方法としては、この漢字かな交じり方式が最も理想的な表記法である。

京助のこの漢字かな交じり論が明治以来の漢字全廃論やローマ字採用論を抑えて日本語教育振興会の基本路線となり、ひいては戦後の現代かなづかい論の基調となったことはいうまでもない。

これより少し前、昭和十六年（一九四一）三月に九段の軍人会館で開かれた国語協会主催の「時局と国語問題講演会」で、京助は「国語国字問題について」と題して講演した。国語協会は戦前戦後を通じて国語改良運動を主導した官製の組織で、京助もその一員だった。

そこで京助は、従来から対立してきた仮名遣い改訂反対論者、つまり歴史的仮名遣い擁護論者を「無窮に変遷する言語の仮名遣いを、未来永劫、不変に置くべしといふ理論は、どこからも出て来ようが無い」と一蹴したあと、こういう論理を展開した。

長らく行われてきた歴史的（古典的）仮名遣いを改めるのは容易ではない。しかし、中国や「南洋」で日本語を教えるためには、思い切って表音式仮名遣いで統一したほうがよい。内地の小学初年生にも同じ教え方をし、古典的仮名遣いは興味のある者に徐々に教えていけばいい。いまは国語国字改革の絶好の機会なのだから、この機を逸してはならない。

《むしろこの際、小さくなった旧日本の童衣をかなぐり捨てゝ、新日本の新仮名遣の国民服を着せて大陸へ送り出してやるのである。内地も亦これに応じて、内地に相応した新時代の服装をする。時まさに新体制下、万事が面目を一新する時なのである。千載の好機、正に半世紀に余る年来の宿題を解決すべき時ではなかろうか。機会は逸したら再び来難い。国民と政府と挙って、思い切ってこの際にこそ断行すべきではあるまいか》

革新派陸軍将校のアジ演説を思わせるこの語り口には、当時の京助の精神的な高揚感と使命感が如実にあらわれている。愛国の言語学者金田一京助は、いま戦争という「千載の好機」に遭遇して、「世界に冠たる国語の確立」という恩師上田萬年以来半世紀の「宿題」を果たそうとしていたのである。

ちなみに、国語協会の機関誌に掲載されたこの講演要旨は「捨てゝ」以外はすべて現代かなづかいになっているが、京助の自著『国語研究』では歴史的かなづかいになっている。つまり京助は従来の歴史的かなづかいで演説草稿を書いたのだが、国語協会の編集者はそれをいちはやく現代かなづかいに改めて掲載したのである。

戦局の進展につれて、京助の論調はますます激しくなっていく。昭和十七年(一九四二)四月の講演「大東亜建設と国語問題」では、「武力戦は一億一心の体あたりで完勝成らむとして居るが、次いで来るものは文化戦である。文化戦の一等先に立つものは、どうしても言葉である。これを思ふと、我々の国語は、これからの戦の、飛行機とも戦車とも爆弾とも魚雷ともなる武器である」として、ここでもまた漢字かな交じり表記法の強みを強調する。

《何が日本をして斯様《かよう》な強大を致さしめたか、今後、世界の人々が日本を見直し、研究をし出す時、世界に独得なこの書記法なども、新しくその効果、その長所が考へられて来ないものでもないであらう》

日本を世界の強国にしたのは漢字かな交じりの書記法だったというのだから、すごい。この時期の京助はまさに「情熱の詩人」だった。この詩人はさらにこう語る。

《勿論我々は、大東亜戦の一挙に米英を抑へたからとて、すぐ有頂天になつて、何でも日本のしてゐることが世界一だと自惚れてはならない。けれども又、米英と異る点を、異るが故に卑下することは無い。この国柄のいみじさ、かしこさ、皇室中心・忠孝一如の家族主義の尊さ、日本の母のよさ、婦道のよさ、それと共に、深い陰影をたゝんだ奥床しい国語の、そのまた表記法の独特のうまさは、見直してよい美点であり、長所であつて、断じて気の引けるものではなかったのである》

この日本語礼讃論は、私たち現代人にはいささか「気の引ける」ところがあるが、京助はあくまで本気だった。そして日本語のよさの極めつけは敬称にあると考えていた。

《我々は正に、個人主義、平等主義の、どこ迄も“I”“you”で通して行く英語・オランダ語に代るに、親称きみ・ぼく、愛称おまへ・おれ、敬称あなた・わたくし、と深く陰影をたゝんだ、長幼序なり、男女別ある家族主義のこの暖かい国語を以て、八紘為宇《はっこういう》の手をさしのべてやるのである》

ところが、戦後の昭和二十七年（一九五二）四月、国語審議会が「これからの敬語」を建議したとき、敬語部会長として取りまとめにあたった京助は、自称・他称を「わたし」「あなた」で統一しようと提案している。

《「わたし」「あなた」でもって、ちょうど英語の“I”“you”のように行ったら、民主主義の代名詞がはっきり成立するのではあるまいか》

かつては相手かまわず“I”と“you”だけで通していく英語やオランダ語の単純さをけなしたくせに、今度は一転して「わたし」「あなた」が民主主義的でいいというのだから、これは明らかに思想的転向だといわざるをえない。「長幼序なり、男女別ある家族主義」を称揚したあの国語学者は、いったいどこへ行ってしまったのだろう。

3

敗戦翌年の昭和二十一年（一九四六）十一月十六日、国語審議会の答申に基づいて「当用漢字表」と「現代かなづかい」が、内閣総理大臣吉田茂の名で公示された。この二つはのちに何度か改訂されはするものの、私たちがいま読んだり書いたりしている日本語表記の事実上の基準となっている。

こうした国語国字改革を、財閥解体や農地解放と同じＧＨＱ（連合国軍総司令部）による日本改造計画の一環だと思っている人が多いようだが、実は明治以来持ち越されてきた国語改良運動のひとつの帰結だった。

国語審議会のこの答申は、基本的には昭和十年（一九三五）に文部省から下された「国語の統制に関する件」「漢字の調査に関する件」「仮名遣の改定に関する件」「文体の改善に関する件」という諮問に答えたものである。したがってＧＨＱとは直接関係がない。ただし、この年の三月に来日したアメリカの教育使節団が日本語のローマ字化を提案しているから、その後の審議にまったく影響がなかったとはいえないかもしれない。

漢字制限の問題は明治三十五年（一九〇二）に設置された文部省の国語調査委員会以来の懸案

事項で、それまでにもさまざまな案が示されてきた。昭和十七年（一九四二）に国語審議会の答申によって「標準漢字表」がつくられ、常用漢字一一三四字、準常用漢字一三二〇字、特別漢字七四字、計二五二八字が制定されたが、右翼の頭山満が反対の建白書を提出するなどの騒ぎもあって、実際にはほとんど守られなかった。

昭和二十年（一九四五）十一月に開かれた戦後第一回（通算八回目）の国語審議会は、この「標準漢字表」の再検討から手をつけ、前後十二回にわたる審議を通じて一八五〇字の「当用漢字表」と「現代かなづかい」の策定にこぎ着けた。ちなみに新しい仮名遣いを「現代かなづかい」と名づけたのは、第九回会議における京助の提案によるものだとされている。

「当用漢字表」と「現代かなづかい」の公布は、強制力こそ伴わないものの、法令や公用文をはじめ、新聞、雑誌、教科書など、あらゆる日本語の表記のあり方を規制することになった。

たとえば、この漢字表には「偵」の字が含まれていなかったので、探偵小説の関係者は頭をかかえることになった。新聞雑誌は当初「探てい小説」と交ぜ書きにしていたが、これではいかにも見ばえが悪い。そこで「探偵小説《たんていしょうせつ》」とルビを振ることにしたが、当用漢字はそもそも難読漢字を減らすために制定されたものだから、それにルビをつけるのはおかしいという人もいて、なかなか定着しなかった。

そんな折、雄鶏社から「推理小説叢書」全十五巻の刊行が開始された。推理小説ということばは戦前からあったが、それが刊本の表題として採用されたのは、これが初めてである。

監修者の木々高太郎《たかたろう》は、その序文で《推理と思索を基調とした小説という意味で、探偵小説をもそれに含ませることにしたい》と書いた。つまり、「推理小説」は戦前の探偵小説よりもはるかに広い概念だったわけで、現にこの叢書には江戸川乱歩、大下宇陀児、木々高太郎、海野十三、小栗虫太郎と並んで、芥川龍之介、森鷗外、小島政二郎の作品が収録されていた。

これに対して江戸川乱歩は、本来の探偵小説、つまり本格物だけを推理小説と呼ぶべきだと主張し、自分では従来どおり探偵小説という名を使いつづけた。

しかし、この名称論議には、案外あっけなく片がついた。「探てい小説」に困っていた新聞や雑誌が見た目に座りのいい「推理小説」のほうを採用したので、いつしかそれが戦後ミステリーの名称として流通するようになったのである。

こうして当用漢字のほうは割合スムーズに国民に受け入れられたが、現代かなづかいには異論や反論が相次いだ。国語審議会の答申では「このかなづかいは、大体、現代語音にもとづいて、現代語をかなで書きあらわす場合の準則を示したもの」であり、「原文のかなづかいによる必要のあるもの」つまり古文の引用などには準用されないことになっていたが、その「現代語音」の何たるかについては明確な指針が示されなかったからである。

これに対して京助は、現代かなづかい擁護の論陣を張りつづけた。たとえば歴史学者津田左右吉の「いはゆる新かなづかひに対する疑ひ」に対しては、「現代語音にもとづいて、現代語をかなで書きあらわす」という原則は、ことばを発音通りに表記するという意味ではないと断わった上で、こう反論した。

《発音とか音声とかいう時は、耳にひびく音であるが、音韻という時は、耳へひびく音のことではなく、耳にひびく音声の表象、しかもそれを整理して頭にもっている音声理念のことである。語音と言ったのもその含みである。仮名遣いは、この音声理念を書くものであって、耳にひびく発音どおりに書くものではないのである》

その証拠に、新しい仮名遣いでは、主語や目的語を表す助詞は「は」「へ」「を」で表記し、オ列長音「コー」「ソー」「トー」などは、発音とは違う「う」で表記している。それは最初から承知のことだから、表記法が一貫しないという非難はまったく当たらない、というのである。

京助はその後も、現代かなづかいは表音式ではなく、「現代語音」にもとづく音韻体系を文字化したものだという主張を繰り返すのだが、この理論はもともと致命的な欠陥をかかえていた。たとえば「通り」の表記は「とおり」と「とうり」のどちらが正しいのか、音韻論では説明がつかない。歴史的仮名遣いでは「とほり」だったから「とおり」が正しいということになっているようだが、ここで歴史的仮名遣いを持ち出したりするのは本末転倒もいいところだろう。

その点をするどく突いたのが劇作家で文芸評論家の福田恆存である。福田は昭和三十年（一九五五）に『知性』十月号に発表した「国語改良論に再考をうながす」で、国語審議会の議論の密室性を指摘し、「たゞちに歴史的かなづかひに戻れとは申しません。現行のまゝでいゝから、議論は十分に明るみでしてもらいたい」などと批判した。これに対して京助は同誌十二月号に「かなづかい問題について」を書いて反論し、世にいう「仮名遣い論争」が始まった。

福田が長男春彦の旧制浦和高校時代の同級生だったことを知った京助は、途中からにわかに威丈高になり、『中央公論』に場所を移して「福田恆存氏のかなづかい論を笑う」を書き、福田も負けずに「金田一老のかなづかひ論を憐れむ」と応戦した。

《「現代かなづかひ」は表音式ではない、「現代語音にもとづく」だけだと、金田一さんはいふのです。が、私には、現代語音にもとづいて、表音式にならずにすませるための原則がわからないのです。それを示してくれない以上、「現代かなづかひ」は「表音式かなづかひ」論に、さらに「ローマ字」論にかなはないと思ひます》

福田のこの痛切な問いかけは、ついに答えられないまま現代まで持ち越されている。

第二十三章　天真一路

1

海外ミステリーのファンで「ブラウン神父」を知らない人はいないだろう。二十世紀初頭のイギリスの作家、G・K・チェスタトンが創り出した名探偵。本職はローマン・カトリックの司祭だが、聖職者らしい威厳や重厚さとはまるで無縁な、風采の上がらない小男で、いつも大きな傘を持ち歩き、しばしばそれを置き忘れる。それでいて、ときどき人の肺腑をえぐるような警句を吐く。

沈思黙考型で粘りづよい性格。不審なことがあれば放っておかず、腑に落ちるまで考え抜く。その推理法は、証拠や証言を集めて帰納的に判断するのではなく、もし自分が犯人だったらどうするかという心理的な側面から演繹的にアプローチする。最大の武器は人生で培われた知恵と洞察力、そしてローマン・カトリックの世界観。そのあざやかな推理力によって、オーギュスト・デュパン、シャーロック・ホームズと並ぶ世界三大探偵のひとりに数えられる。

そんな彼が手がけた五十一の事件はすべて五冊の短篇集に収められており、日本でも数社の文庫シリーズで手軽に読むことができる。

第一の事件簿の題名は“The Innocence of Father Brown”。日本には最初『ブラウン神父の無知』として紹介されたが、のちに中村保男が『ブラウン神父の童心』と改訳して評判になり、以後はこの題名が定着した。原題のニュアンスは「無知」に近いが、主人公の天真爛漫な性格と考え合わせて「童心」のほうが適訳だと思われる。

のっけからこんな話を持ち出したのはほかでもない。「ことば探偵」金田一京助の性格と生き方が、この古典的な名探偵にとてもよく似ているからである。

京助はもちろん、ローマン・カトリックの司祭でもなければ、「ノーフォーク州のシチューの団子そっくりのまん丸な間抜け顔」や「北海のように虚ろなどんぐり眼」の持ち主でもない。本職は言語学者。容貌はといえば、高く鼻筋の通った、なかなかの好男子である。

しかし、物事の細部を疎かにせず、最後までとことん考え抜くという粘りづよい性格、「冷静なる学究」というよりも「情熱の詩人」の直感力でもって物事の本質を見抜こうとする姿勢、そして何よりも長い人生経験に裏打ちされた知恵と洞察力を武器とするその研究法は、ブラウン神父の推理法とそっくりである。「ローマン・カトリックの世界観」のところに「天皇中心の国家主義」を代入すれば、名探偵のキャラクターはそのまま「ことば探偵」のそれにあてはまるといっていい。

イノセンスという英語には、無知や童心のほかにも、無実、潔白、無邪気、天真爛漫、愚直、無害、間抜けなど、さまざまな意味合いがある。よくいえば純粋で穢れがなく、わるくいえば世間知らずで子供っぽい性格をあらわすことばといえるだろう。

金田一京助は、これらのニュアンスを全部ひっくるめた意味で、とびっきりイノセントな人柄だったらしい。長男春彦の回想記「父よ　あなたは強かった」（一九七二年）には、そのイノセンスぶりを示す逸話がたくさん出てくる。

国学院大学の教え子に久保寺逸彦という学生がいた。京助の影響を受けてアイヌ語を専攻し、京助は自分の後継者として目をかけていた。久保寺には弥生という妹がおり、彼女もまた実践女子専門学校（現在の実践女子大学）で京助の教え子だった。

昭和十五年（一九四〇）ごろ、弥生が医者と結婚することになり、京助はその披露宴に主賓として招かれた。スピーチの予行演習までして早めに家を出たが、途中で道を間違えたらしく、式場に着いたときにはすでに会食が始まっていた。主賓の席には誰かが座っていたので、京助は仕方なく隅のほうに席を取って豪華な料理に箸をつけた。

やがて司会者が立って「来賓のお祝辞を」という段になった。いつ自分の名が呼ばれるかと耳を澄ましていると、しきりに出てくる新婦の名前がどうも弥生とは違うように思われた。そこで給仕を呼んで確かめると、マネージャーらしき男が歩み寄って、うやうやしく耳元でささやいた。

「せっかくでございますが、その方の結婚式は昨日終わっております」

手洗いに立つふりをしてそっと会場を抜け出し、あたふたと家に帰った京助は、出迎えた家族にひとこと、こう告げた。

「ああ、今日は大変だった」

戦後、京助と春彦の家族は、同じ杉並区内の少し離れた家に住んでいた。ある日、春彦は留守中の父の家を訪ね、書斎の本棚から本を抜き出して読んだ。そのとき本の間にはさまっていた封書が机の上に落ちたらしい。

やがて外出から帰った京助が封書に気づいて開封すると、それは某出版社からの原稿依頼状で「日本語の敬語についてご意見を」云々と書かれていた。敬語は当時の京助にとって最重要のテーマだった。彼はさっそく二十枚ほどの原稿を書き上げ、速達で送った。すると、数日後に丁重な手紙が届いた。

「せっかく玉稿をいただきましたが、あの雑誌は昨年をもって廃刊いたしましたので、掲載することができません。玉稿はお返し申し上げます」

調べてみると、その原稿依頼状は二年ほど前に来たもので、何かの拍子に本にはさんだまま忘れてしまったものだとわかった。後日、再び父の家を訪れた春彦は、その出版社から手紙といっしょに送られてきたという月餅を食べながら、「お前が変なものを机の上に出しておくからいけないんだ」というお叱りを受けた。

そのころ、春彦はあるラジオ番組で評論家の古谷綱正と対談することになっていた。予定の時刻になっても迎えの車が来ないので局に電話すると、とっくに着いているはずだという。それでもやっぱり来なかったので、収録の時間に遅れてはまずかろうと、電車とタクシーを乗り継いで局に駆けつけると、そこにはなんと京助が待っていて、うれしそうに笑いかけてきた。

杉並の金田一先生といえば、なんといっても京助のほうが有名である。「金田一先生のお宅へ」といわれた運転手は、迷うことなく京助宅にお迎えに上がった。

普通の人ならここで「そんな予定はなかったはずだ」と思うところだが、京助は普通の人ではない。「それはどうもご苦労さま」といって、さっさと車に乗り込んだ。そして道中、運転手を相手にお得意の敬語論を一席ぶったというから念が入っている。

驚いたのは番組のプロデューサーである。いま目の前にいる大先生を「あなたに用はありません」といって追い返すわけにもいかない。そこで春彦と古谷の了解を得た上で、対談を急ぎ鼎談に切り替えることにした。

収録後、相乗りのハイヤーで自宅へ送られる途中、京助は「今日は思いがけずお前と共演できてよかったよ」と終始上機嫌だった。後日、春彦の出演料は臨時の共演者の分だけ削られていたが、彼はそれを日頃の親不孝に対する罰金だと思うことにした。

2

戦後の混乱もようやく収まった昭和二十九年（一九五四年）五月、京助は民俗学の柳田国男、言語学の泉井久之助《いずいひさのすけ》、服部四郎とともに、皇居吹上御苑の花蔭亭で、昭和天皇に「北奥地方のアイヌ語起源の地名について」と題する進講をおこなった。

持ち時間はひとり十五分ということになっていたが、アイヌ語の地名は京助のいちばん得意なテーマだから、話し始めると終わらない。机上の懐中時計を見ると、すでに四十五分が過ぎていた。隣席の柳田に「どうしましょう」と小声でお伺いを立てると「あと五分で切り上げなさい」。

しかし、五分ではとても足らず、結局さらに十五分かけて、ようやく話し終えた。ご進講の時間をこんなに長引かせたのは、後にも先にも京助のほかにはいないという。

京助は少年時代から一貫して「天皇中心」の愛国者だった。敗戦直後、天皇制の存続が危ぶまれていた時期に「大君《おおきみ》のまけのまにまに国民《くにたみ》のふたたび国を起こさざらめや」という歌を作って朝日新聞に投稿し、賛否両論の渦を巻き起こした。

「父よ　あなたは強かった」では「昭和二十一年の新春」のこととなっているが、これは春彦の記憶違いで、正しくは昭和二十二年（一九四七）一月十一日の朝日新聞「声」欄である。いずれにしろ、当時「大君のまけのまにまに」（天皇の命じるままに）などといえば、「右翼反動」としてパージされる危険があったことはいうまでもない。

そんな自称「天皇ファン」にとって、陛下の御前で自分の専門分野について進講するのは、まさしく身に余る光栄だった。それだけにこの失態のショックは大きかったのだが、それから約一ヶ月後の六月九日、講師四人が宮中で午餐を賜ったとき、天皇は頭を垂れる京助に「金田一」と声をかけられた。京助がハッと顔を上げると、「この間の話はおもしろかったよ」といわれた。

京助は感激のあまり涙が止まらなくなり、その日のテーブルにどんな料理が並び、自分が何を食べたか、まったく覚えていなかった。ただ、そのときの天皇のおことばと温顔だけは、終生忘れることがなかった。

その年（一九五四）十一月三日、京助は文化勲章を受章した。同時受章者は、名古屋大学学長勝沼精蔵、日本画家鏑木清方、俳人高浜虚子、東京天文台長萩原雄祐の四人。皇居西の間で天皇臨席のもと、緒方竹虎臨時首相代理から勲章を授与された。昼食会のあとで記者会見がおこなわれ、京助は大略こんな話をした。

「自分がやらなければ永久になくなってしまう。こう気がついて忘れられた人々(アイヌ)の研究をやったんです。世の中にすぐ役立つものではなく、こんどのようにおほめにあずかって、かえって恐縮です」

「(この研究は)もちろん収入はなし、うちのものにもずいぶん迷惑をかけました。横紙破りの仕事でしたから。(中略)あの人たち(アイヌ)は文字以前の生活をしていたんです。口伝えの記録を、北海道中を歩き回って筆記したんです。一言も間違えないよう、聞きのがさないようにと思うと、汗じゃなくてアブラが出ました」(朝日新聞十一月十四日付け朝刊)

朝日新聞の記者は、この談話のあとに「生涯をかけたアイヌ語の研究をささえてきたのは、おそらくアイヌに対するこの無限の愛情なのだろう」と付け加えた。

「無私のアイヌ語研究者」という評価はそれ以前からあったが、受章以後はそれに石川啄木との友情神話や青年期の貧乏物語が加味されて、京助は文系の学者としては珍しい近代立志伝中の一人となった。

こうした「偉人」のイメージはもちろん、新しいヒーローの登場を待望してやまない当時のジャーナリズムが作り上げたものだが、京助自身の回想や随想がそれに輪をかけた部分もなかったとはいえないようだ。

たとえば、晩年の啄木が杖をついて京助の家を訪ね、涙ながらに社会主義からの転向を語ったという追想「啄木逝いて七年」の一節は、両者の友情物語の仕上げとして欠かせないエピソードだといっていいが、のちに啄木研究家の岩城之徳によって、それは社会主義嫌いの京助が夢見た幻想にすぎなかったらしいことが論証された。

また、学生時代にアイヌ語調査のために樺太に渡った京助が、ふとしたことから「ヘマタ（なに？）」ということばを知り、それを手がかりにアイヌの子供たちと次第に心を通わせていったという「心の小径」の感動場面については、愛弟子の知里真志保から「樺太アイヌは北海道に来たことがあるので、北海道のアイヌ語がまったく通じないとは考えられない」とクレームが付けられた。

これに対して京助は「最初のうちは村人たちに警戒されて話してもらえなかっただけで、話が通じなかったとはどこにも書いていない」などと苦しい弁明をした。後輩の言語学者小林英夫に「情熱の詩人」だと揶揄された京助は、しばしば思い込みによって話をおもしろくする傾向があったようである。

さらに前述のように、学士院恩賜賞を受賞した出世作『アイヌ叙事詩ユーカラの研究』の出版に際しては、岡書院の岡茂雄をはじめ、柳田国男、渋沢敬三、石田幹之助ら、周囲の人々の献身的な奉仕や援助を受けていながら、晩年の自伝『私の歩いて来た道』では、「しつこく頼まれたので仕方なく書いたら賞をもらった」と、まるで些事にすぎなかったかのような語り方をした。

この自伝は口述筆記なので、あるいは筆記者によって省略された部分もあったかもしれないが、それにしても、このイノセントにすぎる語り口は、やはり忘恩の徒として非難されねばならないだろう。

3

文化勲章はもらったものの、京助の言語学者としての学知は、もはや時代遅れになっていた。春彦によれば、その学者としての進歩は、太平洋戦争が始まった昭和十六年（一九四一）ごろにはすでに止まっていたらしい。

《一体父の書いたもので、学界の先端を行っていたものは（中略）昭和六年の『ユーカラの研究』、昭和十三年の『新訂国語音韻論』あたりまでで、同じ年の『国語史系統篇』になると、まあ昔の勉強が物を言っているものであり、十六年の『新国文法』になると、もう大分おくれたところを歩いている。結局五十九歳ぐらいまでで、六十歳以後は相撲ならば年寄というところである》（「父ありき」）

五十九歳は京助が東京帝大の助教授から教授になった年、六十歳は春彦が三上珠江と結婚した年である。京助は六十歳で東大を退官しているから、現代のサラリーマンでいえば、ちょうど定年の時期にあたる。

この「年寄」に残された仕事は、生涯をかけて筆録してきたユーカラ・ノートの整理と、金成マツが亡母モナシノウクのユーカラを筆録した膨大なノートの翻訳だった。

マツのノートは、戦争末期に空襲を避けて札幌の知里真志保宅に保管されていた。京助と真志保はこのノートを訳して世に出したいと思っていたが、戦後の混乱と紙不足がそれを許さなかった。ようやく昭和三十一年（一九五六）になって、国学院大学の日本文化研究所と三省堂の協力で出版の話がまとまった。

そのころ、真志保は持病の心臓病が悪化して入退院を繰り返していた。京助は日本文化研究所と相談して毎月二万円を協力謝礼金として真志保に送ることにした。また登別のマツの家が老朽化していたので、マツのノートを文部省に寄付して、その代償を改修資金にあててはどうかと提案している。

先年、真志保の朝日賞受賞を京助が妨害したような誤解を与えたことから冷え込んでいた両者の関係は、これでようやく改善され、晩年にはまた昔ながらの親密な師弟関係が復活した。

京助は日夜、ユーカラ・ノートの訳註に取り組んだ。妻の静江を伴って熱海伊豆山の水葉亭や奥湯河原の青巒荘に籠もって仕事をすることも多かった。

《朝起きるとペンを握り、床に入っても寝つかれない時はまた電燈をつけて稿を継ぐという風だった。日常生活では頭は次第にぼけてきたが、ユーカラに関しては、永く曇らず、これが父の老化を防ぐのに役立った》（「父ありき」）

そのとき、京助はおそらく単なるユーカラ研究者ではなく、アイヌの叙事詩人《ユーカラクル》の一人になりきっていたのだと考えられる。

こうしてマツのノートは昭和三十四年（一九五九）に『アイヌ叙事詩ユーカラ集』第一巻として刊行された。京助は七十七歳、マツは八十四歳になっていた。

この『ユーカラ集』シリーズは、第七巻までは「金成マツ筆録・金田一京助訳注」となっている。つまり、マツがモナシノウクの口伝をローマ字で記録した七十余冊、約一万五千ページのうちの十五冊分の邦訳だったが、昭和四十三年（一九六八）一月刊の第八巻からは京助が直接アイヌの古老から筆録した四十六冊のノートから順次訳載することになっていた。第八巻の「序」で、京助はこう述べている。

《生き残る伝承者を探し回って危うくその口から筆録したユーカラの帳面四十六冊は、私が亡くなったら、ただの反古《ほご》に終ることを惜しんで、邦訳の筆を執って五十年、その一部は辛うじて公刊することが出来たが、老齢八十を越えること五才、あと幾年、生きてこの筆をつゞけることが出来るか。（中略）せめてあと八冊、総計十五冊を出して死んだら、後の人が、あとの三十四冊も翻訳することが出来ようかと、（中略）私は生きる限りこの筆を続けよう》

しかし、京助の「せめてあと八冊」という願いは叶えられなかった。昭和四十四年（一九六九）五月、上野の精養軒で岩手県人会主催の「金田一京助先生米寿の賀」が催されたころからにわかに老化が進んで筆が執れなくなったのである。

昭和五十年（一九七五）に出たシリーズ第九巻『草人形、八串の肉串、いくさ物語』が京助の事実上の遺稿集となった。「京助嗣子春彦」名義の序文によれば、この巻の校正を始めたころに急に老耄が進んだので、一番弟子の久保寺逸彦に応援を頼んだ。久保寺も癌を患っていたので、余命を数えながらの作業になった。京助が赤字を入れた部分を見ると、ときどき意味不明のところがあった。大先生の書き入れだから何か意味があるだろうと思案して長い時間が過ぎた。その無理がたたったのか、久保寺は京助より九日早く、昭和四十六年（一九七一）十一月五日に没した。

京助はそれまでに多くの死者を見送ってきた。長女郁子、次女弥生、三女美穂をいずれも幼いうちに失った。四女若葉は病弱ながら成人して工学士に嫁いだが、昭和二十四年（一九四九）秋、太宰治と同じ玉川上水の万助橋の近くで入水自殺した。これより早く、京助の弟妹からも二人の自殺者が出ている。

学問上の後継者たちにも、次々に先立たれた。アイヌ叙事詩《ユーカラ》の知里幸恵、真志保の姉弟につづいて、日本語音韻論の有坂秀世を失い、今またアイヌ文学の久保寺逸彦に先立たれた。病床でそれを告げられた京助は瞑目したまま涙を流しつづけたという。

このように、金田一京助八十九年の生涯は、決して平穏でもなければ無事でもなかった。盛岡での少年時代はともかく、仙台での高校時代は孤立感に苛まれ、大学の言語学科ではいちばん潰しのきかないアイヌ語を専攻し、卒業後は失業と貧困に喘ぎ、東大では長らく助教授のまま据え置かれ、関東大震災で学位論文を焼失し、六十六歳のときには完成間近だったアイヌ語辞典の原稿を泥棒に盗まれている。

どちらかといえば楽しみより苦しみの多い人生だったといってよさそうだが、にもかかわらず、あるいはむしろそれゆえに、彼は一貫して見事なまでにイノセントな人生をノンシャランに生き抜いた。京助七十六歳のときの歌。

ありのままに取りつくらはず天真の
心になりて老いんと願ふ

昭和四十六年（一九七一）十一月十四日午後八時三十分、京助は家族、友人、門弟に見守られて「天真一路」の生涯を閉じた。法名は寿徳院殿徹言花明大居士。雑司ヶ谷霊園の一画に眠る。

あとがき

昭和の時代を生きてきた日本人のなかで、金田一京助の名を知らない人はいないだろう。アイヌ語の研究者として、国語辞典や国語教科書の編者として、そして現代かなづかいの提唱者として、その名はあまねく日本列島のすみずみにまで知れわたっていた。

ところが、平成をへて令和も六年目を迎えた現在、その業績を知る人は意外に少ないようだ。先年、ある推理小説ファンの集まりで、『銭形平次捕物控』の作者野村胡堂は、岩手県の旧制盛岡中学校で金田一京助や石川啄木と同窓だったという話をしたところ、「金田一耕助が実在の人物だったとは知りませんでした」と言ってきた人がいる。この人はもちろん、京助を耕助と聞きまちがえたのだが、それにしても金田一京助のことを多少でも知っていれば、こんな頓珍漢なまちがいはしなかったはずである。

そのとき会場にいた三十人ほどの会員に「金田一京助を知っていますか」と訊いてみると、さすがに大半の人が名前だけは知っていたが、何をした人かまでを知っている人は二割にも満たなかった。つまり昭和の時代に一世を風靡した偉大な言語学者は、その名前の漢字の八割までを無断借用された名探偵の盛名のかげに隠れて、すっかりかすんでしまったのである。

その昔、金田一京助編の『中等国語』で国語を学び、金田一京助監修の『明解国語辞典』でことばの意味を知り、金田一京助が中心となって策定した現代かなづかいで詩や文章を書き始めた私は、これではならじと一念発起して、大恩ある金田一京助の評伝を書こうと思い立った。

しかし、アイヌとアイヌ語についてはまったくの無知、言語学についてはソシュールとヤーコブソンを少しかじった程度、国語辞典については単なる（ただし、かなり頻度の高い）利用者にすぎない私にとって、これは予想以上に困難な作業だった。

金田一京助の死からすでに半世紀以上たっていて、もはや新たに取材する余地は残されていないようだったので、その事績に関してはもっぱら先学の著書や論考に頼ることにしたのだが、これが諸説まちまちで錯雑を極め、初学者としては途方に暮れることが多かった。参照した資料については、文中に書名と刊行年を記して敬意を表したつもりだが、もし事実関係に誤りがあるとすれば、それはもちろん私の責任である。

前著『清張とその時代』『日本推理小説論争史』『乱歩と清張』『胡堂と啄木』につづいて、今回もまた双葉社の秋元英之氏に一方ならぬお世話になった。ここに記して深謝の意を表したい。

令和六年（二〇二四）二月

金田一京助年譜

明治十五年（一八八二）当歳

五月五日、岩手県盛岡市四ッ家町三三番戸、金田一勝定（伯父）方で、父久米之助、母ヤスの長男として生まれる。姉一人、弟六人、妹三人の十一人きょうだいの第二子。生家は米穀商を営む名門。久米之助は盛岡市の郊外、厨川村の検断（大庄屋）梅里家に生まれ、二十四歳のとき金田一家の末娘ヤスの入り婿となった。京助の生後十ヶ月目にヤスが弟次郎吉を身ごもったため、久米之助は乳母を求めて京助を近郊農家の主婦に預け、さらに市内の士族の家に預けた。次郎吉が生まれたあと、生家に戻される。

明治二十一年（一八八八）六歳

四月、仁王尋常小学校（現在の盛岡市立仁王小学校）に入学、二つ上の姉ヨネと一緒に通学した。翌年、弟次郎吉と従妹（勝定の娘）りうが入学すると、今度は年下の二人と通学した。りうは日本女子大学に学び、金田一家の養子となった国士（のちの盛岡銀行頭取）と結婚する。二年生のころ、京助はクラスの優等生、米田しゅんに秘かに好意を抱いていたが、ある日の試験で一番になったうれしさのあまり、「やーい、米田に勝った」とはやしたてて彼女を泣かせてしまった。それを悔いて後年「両の袖に顔をうずめて泣き入りし幼きおもかげ忘れかねつつ」と詠んだ。

明治二十三年（一八九〇）　八歳

九月、久米之助一家は分家して盛岡市大沢河原小路三四に移住した。その家は奇しくも米田しゅんの家の隣にあった。分家に際して義父直澄は久米之助に盛岡駅前の料理旅館「清風館」を買い与え、さらに屋根瓦の製造工場を経営させたが、いずれもうまくいかず、一家の生活は長らく本家の援助によって支えられた。

明治二十五年（一八九二）　十歳

四月、盛岡高等小学校（現在の盛岡市立下橋小学校）に入学。同級生にのちの衆議院議長、田子一民がいた。このころから本家の伯父勝定の文庫蔵に出入りして『史記』『十八史略』『日本外史』などを拾い読みする。夏、母の部屋のランプからボヤが発生、あわてて火を消そうとして割れたガラスで右手の掌を負傷し、中指と薬指が曲がらなくなった。そのために日本画家になる夢をあきらめ、さらに読書に熱中した。

明治二十八年（一八九五）　十三歳

四月、新入生の石川一（啄木）と校門前で出会う。「色の白い、利口そうな顔をした、かわいい男の子」という印象だった。「たまには面白い本も読め」という父のすすめで『三国志』を読み始める。このころ日清戦争の勝利に刺激されてにわかに尚武の気運が高まり、市内にできた剣道場に次郎吉とともに入門した。京助と次郎吉はそれまで取っ組み合いの兄弟喧嘩が絶えなかったが、剣道大会で一緒に入賞したころから「あの仲のいい兄弟を見習いなさい」と後輩たちの模範にされるほどになった。

明治二十九年（一八九六）十四歳
四月、岩手県尋常中学校（のちに盛岡尋常中学校、盛岡中学校と校名変更。通称は盛中。現在の県立盛岡第一高校）に入学。同級に郷古潔、田子一民、及川古志郎、野村胡堂、弓館小鰐など、上級に米内光政、板垣征四郎などがおり、のちに「盛中の黄金時代」と称された。入学後まもなく上級の原抱琴、同級の小笠原鹿園らの影響で文学に開眼し、短歌、俳句を作り始める。

明治三十二年（一八九九）十七歳
盛中三年のこの年から金田一花明名義で投稿誌『文庫』、短歌誌『心の花』に短歌の投稿を始める。

明治三十三年（一九〇〇）十八歳
『文庫』四月号に短歌七首が掲載され、そのうちの一首「松くらき畷（なわて）の夜みち妹と我がかざす袂に雪こぼれきぬ」が選者与謝野鉄幹によって三席に選ばれた。鉄幹に手紙を出して新詩社社友となり、『明星』に短歌を発表。このころ、後輩の石川啄木らと短歌同好会「白羊会」を結成、筆写回覧誌『白羊』に作品を発表する。

明治三十四年（一九〇一）十九歳
国語教師として赴任した秋山角弥の指導で『万葉集』を読み、将来は万葉学者を志す。三月、盛岡中学校を卒業。五月、姉ヨネの経営する料理旅館「清風館」で石川啄木、野村胡堂らと歌会を開き、当時は珍しかった「ライスカレー」をふるまう。九月、仙台の第二高等学校第一部（文甲一）に入学、誠志寮に入寮する。バンカラ気風の横溢する寮で孤立感を深める。校友会機関誌『尚友会雑誌』に詩や短歌を発表する。

明治三十五年（一九〇二）二十歳

バンカラ気風の強い寮生活になじめず一年で退寮、仙台市内の「唖の夫婦の家」に下宿。七月、数少ない学友の栗林三作死去。

明治三十六年（一九〇三）二十一歳

このころから短歌のほかに新体詩を書き始める。一高生藤村操が「厳頭之感」という遺書をのこして日光華厳の滝に投身自殺。十一月発行の校友会機関誌『尚友会雑誌』第五十七号に金田一花明名義で詩「露くさ」を、同五十八号に栗林三作への挽歌二首を発表。

明治三十七年（一九〇四）二十二歳

九月、東京帝国大学文科大学（現在の東京大学文学部）に入学。本郷区（現在の文京区）湯島新花町蒔田方に下宿。上田萬年、新村出の講義を聴いて言語学科を選択。この年の学科生は京助だけで、一級上に橋本進吉、小倉進平、伊波普猷がいた。学科の共通テーマである諸国語研究のなかで京助はアイヌ語を専攻。十月、本郷区菊坂町八二、赤心館に移る。

〈2月、日露戦争始まる〉

明治三十八年（一九〇五）二十三歳

三月、方言研究のため信州各地を歴訪。

明治三十九年（一九〇六）　二十四歳

七月、アイヌ語調査のため伯父勝定から七十円の援助を受けて初めて北海道に渡る。室蘭の故栗林三作の実家を振り出しに有珠、虻田、幌別、白老、鵡川、沙流太を歴訪、平取でユーカラを筆録。帰途、札幌のジョン・バチェラーを訪問、旧知の札幌農学校（現在の北海道大学）学長佐藤昌介と会う。

〈9月、ポーツマス条約調印〉

明治四十年（一九〇七）二十五歳

六月、卒業論文「世界言語の助辞」を脱稿。七月、東京帝国大学文科大学を卒業。坪井正五郎らの樺太調査に刺激されて樺太アイヌ語調査を計画。八月、東海岸のオチョボッカに上陸して四十日間滞在。樺太アイヌ文法の大要を会得し、叙事詩ハウキ三千行を筆録、のちに『北蝦夷古謡遺篇』として発表。このときの体験から名随筆「心の小径」が生まれた。

明治四十一年（一九〇八）　二十六歳

初の評論「あいぬの文学」を『中央公論』一～三月号に連載。四月一日、海城中学講師嘱託。同月末、石川啄木上京し赤心館に同宿。啄木の下宿代捻出のため文学書を古本屋に売り払い、以後はアイヌ語研究に専念することを決意。九月、啄木とともに本郷区森川町一、蓋平館別荘に移る。十月、国語教師の資格がないことがわかって海城中学を辞し、無職となる。金澤庄三郎の推薦で三省堂「日本百科大辞典」編修所に校正係として入所し、国学院大学嘱託講師を兼務。啄木は十一月から東京毎日新聞に長編『鳥影』を連載。

明治四十二年（一九〇九）　二十七歳

十二月二十八日、林義人五女静江（二十歳）と結婚、本郷区追分町三十番地で新生活。啄木は二月から東京朝日新聞社に校正係として勤務、六月に上京した家族と本郷区弓町二丁目の床屋「喜之床」二階に住む。

明治四十三年（一九一〇）　二十八歳

三月末、本郷区森川町一（妻の実家の隣り）に移住。〈8月、日本が朝鮮を植民地化〉

明治四十四年（一九一一）　二十九歳

一月二十八日、長女郁子誕生。

明治四十五・大正元年（一九一二）　三十歳

一月七日、郁子死去。三月、『新言語学』脱稿。四月十三日、啄木死去。同月十五日、父久米之助危篤の報で帰郷、東京の病院に転院させる。六月、『新言語学』刊行。七月、明治天皇崩御、大正と改元。九月二十六日、久米之助死去。同月、三省堂倒産により失職、義姉カヲルから物心両面の援助を受ける。十月、上野公園で開かれた拓殖博覧会に日参し、樺太で採録したハウキの不明点を質す。十一月、ハウキ三千行の訳註成る。同月、『日本国内、諸人種の言語』刊。

大正二年（一九一三）　三十一歳

年初、柳田国男に招かれて歓談、『郷土研究』創刊号（三月刊）の編集に参加。四月三日、長男春彦誕生。六月、東京帝国大学文科大学アイヌ語取調講師嘱託（七月一日〜十月末日、月給二十五円）。

七月、「アイヌのホメロス」こと紫雲古津（しうんこつ）村の古老ワカルパを自宅に招き、ユーカラ「虎杖（いたどり）丸」「葦丸の曲」などを筆録。十月三十一日、文科大学講師嘱託となり「アイヌ語学」を講ず。十一月、『あいぬ物語　樺太アイヌ語大要・樺太アイヌ語彙』刊。

大正三年（一九一四）　三十二歳

三月、『北蝦夷古謡遺篇』刊。〈8月、日本、第一次世界大戦に参戦〉

大正四年（一九一五）　三十三歳

四月四日、次女弥生誕生後まもなく死去。七〜八月、東大と北海道庁の命により北海道、樺太に出張し、各地でユーカラとハウキの伝承者を訪ねて筆録。

大正五年（一九一六）　三十四歳

七月、本郷区森川町一、牛屋横町に転居。十一月二十五日、三女美穂誕生するも百日咳で翌年死去。

大正六年（一九一七）　三十五歳

四月六日、日高のコポアヌ上京し逗留、ヤヤシ所伝の「葦丸の曲」筆録。

大正七年（一九一八）　三十六歳

六月八日、義姉カオル死去。八月、北海道アイヌ語調査旅行。厚岸、釧路、帯広、名寄、美幌を回り、旭川市近文で金成マツ宅を訪問、知里幸江と出会う。札幌のジョン・バチェラー宅でバチェラー・八重子、宮本百合子と語る。〈シベリア出兵〉〈米騒動起こる〉

大正八年（一九一九）　三十七歳
七月十六日、母ヤス死去。十二月、日高のコポアヌ、娘ハルとともに上京し逗留。

大正九年（一九二〇）　三十八歳
十一月二十六日、五弟他人（おさと）自殺。十一月三十一日、伯父勝定死去。

大正十年（一九二一）　三十九歳
四月二十二日、四女若葉誕生。静江はこのころから病みがちとなる。十二月、コポアヌ逗留。〈6月、臨時国語調査会官制公布〉

大正十一年（一九二二）　四十歳
四月、コポアヌ逗留。五月、知里幸江上京して寄留。六月、国学院大学教授に就任。七月、日高のコタンピラほか逗留して「葦丸の曲」を口述。九月十八日、幸恵死去、雑司が谷霊園に葬る。十一月、本郷区真砂町に転居。

大正十二年（一九二三）　四十一歳
一月、『アイヌ聖典』刊。五月、ワカルパの娘ユキ逗留。八月、北海道調査旅行。同月、知里幸江『アイヌ神謡集』刊。九月一日、関東大震災発生、東大図書館に保管中の学位論文「ユーカラの研究」焼失。

大正十四年（一九二五）　四十三歳

二月、杉並区成宗三三二に家を新築して転居。同月、『アイヌの研究』刊。八月、コポアヌ逗留。

大正十五年・昭和元年（一九二六）　四十四歳

四月、早稲田大学講師嘱託。

昭和二年（一九二七）　四十五歳

八月、北海道調査旅行。金成マツロ述「虎杖丸の曲」を筆録。

昭和三年（一九二八）　四十六歳

二月、ワカルパの娘ユキ逗留。三月、東京帝国大学助教授に就任。八月、金成マツ上京し、三ヶ月間逗留して自らユーカラをローマ字で筆録。この作業は帰道後も継続、昭和十九年（一九四四）までに筆録ノート七十二冊を京助に送りつづける。

昭和四年（一九二九）　四十七歳

十二月、渋沢敬三、岡茂雄らのすすめで書き始めた『ユーカラの研究』中の「ユーカラ概説」「虎杖丸」脱稿。〈1月、国語協会設立〉

昭和五年（一九三〇）　四十八歳

一月、『ユーカラの研究』中の「ユーカラ語法」脱稿。四月、知里真志保上京して第一高等学校に入学、以後頻繁に京助宅に出入りする。

昭和六年（一九三一）　四十九歳

一月、『アイヌ叙事詩　ユーカラの研究』上下二巻刊。〈9月、柳条湖事件〉

昭和七年（一九三二）　五十歳

三月、『国語音韻論』刊。同月、杉並区東田町一ノ一一五に家を新築して移転。五月、『ユーカラの研究』により帝国学士院恩賜賞を受賞。十二月、「北奥知名考」を発表。〈3月、満洲国建国〉

昭和八年（一九三三）　五十一歳

五月、高等官三等、従五位叙任。『国語音韻論』をめぐって小林英夫と論争。

昭和九年（一九三四）　五十二歳

五月、随筆『北の人』刊。七月、久保寺逸彦・弥生らと千歳、平取へアイヌ語調査旅行。〈12月、国語審議会官制公布〉

昭和十年（一九三五）　五十三歳

三月二十八日、文学博士となる。

昭和十一年（一九三六）　五十四歳

七月、知里真志保との共著『アイヌ語法概説』刊。〈9月、日本諸学振興委員会発足〉

昭和十二年（一九三七）　五十五歳

九月二日、長姉ヨネ死去。十月、上田萬年死去。〈7月、盧溝橋事件〉〈12月、南京事件〉

昭和十三年（一九三八）　五十六歳

四月、『国語史系統篇』刊。三省堂で京助監修の『辞海』編集を開始。

昭和十五年（一九四〇）　五十七歳

八月、NHK放送用語委員になる（昭和三十七年三月まで）。

昭和十六年（一九四一）　五十九歳

三月、国語協会主催「時局と国語問題講演会」で講演。五月、日本諸学振興委員会国語国文学特別学会に参加。十二月、東京帝国大学教授（高等官二等）に昇進。〈12月、太平洋戦争始まる〉

昭和十七年（一九四二）　六十歳

八月、勲四等瑞宝章を受章。十二月六日、長男春彦、三上珠江と結婚。

昭和十八年（一九四三）　六十一歳

三月三十一日、東京帝国大学教授を定年退官。四月、従四位に昇進。四月、春彦甲府歩兵連隊に応召。

五月、名義監修『明解国語辞典』刊。国語審議会臨時委員に就任（昭和二十四年まで）。

昭和十九年（一九四四）　六十二歳

六月、『言霊をめぐりて』刊。同月二十五日、初孫（春彦長女）美奈子誕生。八月、登別に金成マツを訪う。

昭和二十年（一九四五）　六十三歳

八月、終戦。戦後の混乱のなか、登別に金成マツを訪う。その後、知里真志保と網走に米村喜男衛を訪ねてモヨロ貝塚を見学。十一月、国語審議会戦後初の総会。〈3月、東京大空襲〉〈8月敗戦、天皇「玉音放送」〉

昭和二十一年（一九四六）　六十四歳

六月、山本有三らの「国民の国語運動」に参加。九月、登別に金成マツを訪う。原田淑人、島村孝三郎らとモヨロ貝塚調査打合せのため網走の米村喜男衛を訪問。〈1月、天皇「人間宣言」〉〈11月、日本国憲法公布〉

昭和二十二年（一九四七）　六十五歳

一月、朝日新聞に短歌「おほきみ」を投稿。九月、モヨロ貝塚調査に参加。登別に金成マツを訪う。〈5月、日本国憲法発布〉〈6月、第一回国会開会式〉

昭和二十三年（一九四八）　六十六歳

三月、日本学士院会員となる。十二月、四女若菜結婚。同月、自宅に泥棒が入り、完成間近の『アイヌ語辞典』の原稿とジョン・バチェラー著『アイヌ英和辞典』二冊（一冊には自分の、もう一冊には知里幸江の書き入れあり）を盗まれる。十月、『新日本の国語のために』刊。〈12月、国立国語研究所

設置〉

昭和二十四年（一九四九）　六十七歳

一月、男孫（春彦長男）真澄誕生。十二月、四女若葉、玉川上水で入水自殺。七月、第一期国語審議会委員に就任（第四期、昭和三十三年十一月まで）。

昭和二十五年（一九五〇）　六十八歳

三省堂『中等国語』刊。全国で半数近くの中学校で採用される。随筆集『心の小径』刊。夏、奥湯河原青巒荘に滞在。六月、国語審議会報告「国語問題要領」提出。〈6月、朝鮮戦争勃発〉

昭和二十六年（一九五一）　六十九歳

五月五日、参議院議員会館で古稀を祝う会。同月、国語審議会「人名漢字に関する建議」提出。六月、登別に金成マツを訪う。その後釧路に赴き、近江屋旅館で小奴（近江ジン）から啄木との思い出を聞く。

昭和二十七年（一九五二）　七十歳

三月、『現代かなづかいの意義』刊。三月、弟子の有坂秀世死去。四月、国語審議会建議「これからの敬語」提出。〈4月、サンフランシスコ平和条約発効〉

昭和二十八年（一九五三）　七十一歳

三月、早稲田大学講師を定年退職。五月五日、春彦次男秀穂誕生。六月、『古稀記念言語民俗論叢』

刊。九月三日、折口信夫死去。

昭和二十九年（一九五四）　七十二歳

一月八日、皇居で柳田国男らとともに昭和天皇にご進講。五月十八日、日本国語についてご進講。予定時間を大幅に超過する。同月十九、二十一、二十四、二十五日と連続進講。十一月三日、文化勲章を受章。〈3月、国語審議会標準語部会報告「標準語のために」〉

昭和三十年（一九五五）　七十三歳

一月八日、皇居で「内地のアイヌ語地名について」ご進講。四月、知里真志保朝日賞受賞。三月、NHK放送文化賞を受賞。十一月から二年にわたり福田恆存と「現代かなづかい」について論争。この年以後、冬を伊豆水葉亭で過ごす。

昭和三十一年（一九五六）　七十四歳

二月、養子正弘（四女若葉の夫）死去。十一月、金成マツ紫綬褒章受章。

昭和三十二年（一九五七）　七十五歳

一月十日、宮中歌会始に召人として参列。三月、国学院大学日本文化研究所で金成マツと自身のユーカラ筆録ノートをマイクロフィルムに収録、以後その訳註作業に専念。十月、神経痛の療養を兼ねて静江と湯河原青巒荘に翌年二月まで滞在。

昭和三十三年（一九五八）　七十六歳

五月五日、椿山荘で京助の喜寿、静江の古稀、夫婦の金婚を祝う会。金盃を贈られた返礼に自選歌集『錦木抄』を配る。

昭和三十四年（一九五九）　七十七歳

四月一日、盛岡市政七十年記念式典で盛岡名誉市民第一号に。五月四日、NHKテレビ番組「ここに鐘が鳴る」収録のため久保寺逸彦、知里真志保、日高紋別のアイヌ鍋沢元蔵ら参集。六月、『日本の敬語』刊。十二月、金成マツ筆録／金田一京助訳註『アイヌ叙事詩ユーカラ集』第一巻「小伝」（三省堂）刊。〈東京オリンピック〉

昭和三十五年（一九六〇）　七十八歳

四月、三省堂顧問となる。七月、三弟安三死去。〈六〇年安保闘争〉

昭和三十六年（一九六一）　七十九歳

四月十日、金成マツ死去。五月、『アイヌ叙事詩ユーカラ集』第二巻「大伝」刊。六月九日、知里真志保死去、札幌で葬儀に参列。同月、岩城之徳と啄木晩年の転向問題について論争。十月、函館で講演したあと登別、札幌で金成マツ、知里真志保を追悼。

昭和三十七年（一九六二）　八十歳

八月八日、柳田国男死去。同月、日本テレビ「ある旅」収録のため登別、釧路へ行き、江差で知里真志保・幸恵の母ナミと会う。

昭和三十八年（一九六三）　八十一歳
一月、次弟次郎吉死去。二月、『アイヌ叙事詩ユーカラ集』第三巻「小和人・神造頭・神造胴」刊。三月、西武百貨店「アイヌ文化展」で「アイヌ研究の思い出」講演。五月、『明解国語辞典』百版祝賀会。八月、田子一民死去。十月、渋沢敬三死去。

昭和三十九年（一九六四）　八十二歳
三月、『アイヌ叙事詩ユーカラ集』第四巻「朱の輪」刊。

昭和四十年（一九六五）　八十三歳
五月、『アイヌ叙事詩ユーカラ集』第五巻「ニシマク姫」刊。

昭和四十一年（一九六六）　八十四歳
五月、『アイヌ叙事詩ユーカラ集』第六巻「余市姫」刊。九月、岩手・金田一温泉緑風荘前に建立された石碑「祖宗発祥の地」除幕式に参列。十一月、『アイヌ叙事詩ユーカラ集』第七巻「耳輪の曲・悪伯父物語」刊。

昭和四十二年（一九六七）　八十五歳
八月、新村出死去、その後任として日本言語学会会長に就任。九月、四弟直衛死去。

昭和四十三年（一九六八）　八十六歳
一月、『アイヌ叙事詩ユーカラ集』第八巻「蘆丸の曲・詞のあやかし」刊。四月、国学院大学名誉教授。九月、札幌で開かれた北海道開拓百年記念祝賀会に出席。十月、平取町ニ風谷に建立された歌碑の除幕式に参列。これが最後の北海道旅行となる。〈6月、東大闘争〉

昭和四十四年（一九六九）　八十七歳

五月、上野精養軒で岩手県人会主催「米寿の賀」。八月、杉並区の自宅改築のため本郷赤門前のマンション「赤門アビタシオン」六〇四号室に転居。

昭和四十六年（一九七一）　八十九歳

五月五日、知人・門弟八十人、杉並の自宅に参集し卆寿の会。書庫「錦木文庫」を寄贈される。八月ごろからほぼ寝たきりとなる。十一月五日、久保寺逸彦死去。同月十四日夜八時半、家族・友人・門弟に見とられて永眠。法名は寿徳院殿徹言花明大居士（じゅとくいんでんてつごんかみょうだいこじ）。従三位勲一等に叙し瑞宝章を追贈される。同月十五日、本郷・喜福寺で密葬。二十三日、青山斎場で三省堂主催の葬儀と告別式。十二月五日に盛岡市で「名誉市民金田一京助先生追悼会」、八日に国学院大学で「金田一京助先生追悼式」。遺骨は喜福寺境内の墓地に、のちに雑司が谷霊園に埋葬される。

『金田一京助全集』第十五巻所載「金田一京助年譜」を基本に、藤本英夫『金田一京助』、安田俊朗『金田一京助と日本語の近代』所載の年譜を参照して作成。

参考文献一覧

全集編集委員会編『金田一京助全集』全十五巻（三省堂、一九九二〜九三年）
編集委員会編『金田一博士米寿記念論集』（三省堂、一九七一年）
記念会編『金田一京助先生思い出の記』（三省堂、一九七二年）
金田一京助『私の歩いて来た道』（日本図書センター、一九九七年）
金田一春彦『父京助を語る』補訂版（教育出版、一九八六年）
金田一春彦『ケヤキ横丁の住人』（東京書籍、一九八三年）
金田一秀穂『金田一家、日本語百年のひみつ』（朝日新書、二〇一四年）
関根達人ほか編『アイヌ文化史辞典』（吉川弘文館、二〇二二年）
瀬川拓郎『アイヌ学入門』（講談社現代新書、二〇一五年）
知里幸恵編訳『アイヌ神謡集』（岩波文庫、一九七八年）
知里真志保編訳『アイヌ民譚集』（岩波文庫、一九八一年）
石村博子『ピㇼカチカッポ（美しい鳥）知里幸恵と『アイヌ神謡集』』（岩波書店、二〇二二年）
児島恭子『エミシ・エゾからアイヌへ』（吉川弘文館、二〇二二年）
新谷行『アイヌ民族抵抗史』（三一書房、一九七二年）
塩澤光儀『金田一京助物語』（三省堂、一九九二年）
藤本英夫『金田一京助』（新潮選書、一九九一年）
藤本英夫『銀のしずく降る降る』（新潮選書、一九七三年）

藤本英夫『知里真志保の生涯』(新潮選書、一九八二年)
藤本英夫編『ユーカラの人びと　金田一京助の世界Ⅰ』(平凡社ライブラリー、二〇〇四年)
岡茂雄『本屋風情』(平凡社、一九七四年)
安田俊朗『金田一京助と日本語の近代』(平凡社新書、二〇〇八年)
安田俊朗『国語審議会――迷走の60年』(講談社現代新書、二〇〇七年)
安田俊朗『「国語」の近代史――帝国日本と国語学者たち』(中公新書、二〇〇六年)
福田恆存『私の国語教室』(新潮文庫、一九六一年)
斎藤精輔『辞書生活五十年史』(図書出版社、一九九一年)
倉島節尚『辞書と日本語　国語辞典を解剖する』光文社新書、二〇〇二年)
赤瀬川原平『新解さんの謎』(文春文庫、一九九九年)
柴田武監修／武藤康史編『明解物語』(三省堂、二〇〇一年)
佐々木健一『辞書になった男　ケンボー先生と山田先生』(文藝春秋二〇一四年)
石山茂利夫『国語辞書誰も知らない出生の秘密』(草思社、二〇〇七年)
石山茂利夫『裏読み深読み国語辞書』(草思社、二〇〇一年)
石山茂利夫『国語辞書事件簿』(草思社、二〇〇四年)
宮本百合子『宮本百合子全集』第一巻(新日本出版社、一九七九年)
バチェラー八重子『若きウタリに』(岩波現代文庫、二〇〇三年)
野村胡堂『胡堂百話』(角川書店、一九五九年)
横溝正史『本陣殺人事件』(角川文庫、一九七三年)
郷原宏『胡堂と啄木』(双葉社、二〇一九年)

本書は「小説推理」'22年1月号から'23年11月号に連載されました。

郷原 宏　ごうはら・ひろし

詩人・文芸評論家、日本現代詩人会会長（二〇二三年〜）。一九四二年島根県出雲市生まれ。早稲田大学政治経済学部卒。元読売新聞記者。七四年詩集『カナンまで』でH氏賞、八三年『詩人の妻――高村智恵子ノート』でサントリー学芸賞、二〇〇六年『松本清張事典決定版』で日本推理作家協会賞（評論部門）を受賞。その他の著書に新日本現代詩文庫『郷原宏詩集』、『岸辺のない海　石原吉郎ノート』、『立原道造　抒情の逆説』、『清張とその時代』、『日本推理小説論争史』、『乱歩と清張』、『胡堂と啄木』などがある。

ことば探偵《たんてい》　金田一京助《きんだいちきょうすけ》の秘密《ひみつ》

二〇二四年三月二三日　第一刷発行

著者　郷原宏
発行者　箕浦克史
発行所　株式会社双葉社
〒162−8540
東京都新宿区東五軒町3−28
電話　03−5261−4818（営業部）
03−5261−4831（編集部）
http://www.futabasha.co.jp/
（双葉社の書籍・コミック・ムックが買えます）
印刷所　大日本印刷株式会社
製本所　株式会社若林製本工場
カバー印刷　株式会社大熊整美堂
DTP　株式会社ビーワークス

ISBN978-4-575-24730-5 C0095